中华人民共和国
文物保护标准汇编（一）

国家文物局 编

文物出版社

图书在版编目（CIP）数据

中华人民共和国文物保护标准汇编.1/国家文物局
编．—北京：文物出版社，2010.11（2016.9重印）

ISBN 978-7-5010-3059-0

I.①中… II.①国… III.①文物保护－标准－汇编
－中国 IV.①K87-65

中国版本图书馆CIP数据核字（2010）第205244号

中华人民共和国文物保护标准汇编（一）

编　　者：国家文物局

责任编辑：李　睿
责任印制：陈　杰
封面设计：周小玮

出版发行：文物出版社
社　　址：北京市东直门内北小街2号楼
邮　　编：100007
网　　址：http://www.wenwu.com
邮　　箱：web@wenwu.com
经　　销：新华书店
印　　刷：北京达利天成印刷有限公司
开　　本：880mm×1230mm　1/16
印　　张：33.5
版　　次：2010年11月第1版
印　　次：2016年9月第2次印刷
书　　号：ISBN 978-7-5010-3059-0
定　　价：128.00元

目　录

中华人民共和国国家标准

文物保护单位标志（GB/T 22527—2008）···1

文物保护单位开放服务规范（GB/T 22528—2008）··································8

文物运输包装规范（GB/T 23862—2009）··18

博物馆照明设计规范（GB/T 23863—2009）··31

中华人民共和国文物保护行业标准

古代壁画病害与图示（WW/T 0001—2007）··45

石质文物病害分类与图示（WW/T 0002—2007）····································60

馆藏出土竹木漆器类文物病害分类与图示（WW/T 0003—2007）··············75

馆藏青铜器病害与图示（WW/T 0004—2007）·······································84

馆藏铁质文物病害与图示（WW/T 0005—2007）····································93

古代壁画现状调查规范（WW/T 0006—2007）·······································103

石质文物保护修复方案编写规范（WW/T 0007—2007）·························119

馆藏出土竹木漆器类文物保护修复方案编写规范（WW/T 0008—2007）····139

馆藏金属文物保护修复方案编写规范（WW/T 0009—2007）···················153

馆藏金属文物保护修复档案记录规范（WW/T 0010—2008）··················165

馆藏出土竹木漆器类文物保护修复档案记录规范（WW/T 0011—2008）···176

石质文物保护修复档案记录规范（WW/T 0012—2008）·························187

馆藏丝织品病害与图示（WW/T 0013—2008）·······································198

馆藏丝织品保护修复方案编写规范（WW/T 0014—2008）····················208

馆藏丝织品保护修复档案记录规范（WW/T 0015—2008）····················222

馆藏文物保存环境质量检测技术规范（WW/T 0016—2008）·················236

馆藏文物登录规范（WW/T 0017—2008）··278

馆藏文物出入库规范（WW/T 0018 - 2008）···289

馆藏文物展览点交规范（WW/T 0019—2008）······································297

文物藏品档案规范（WW/T 0020—2008）··302

陶质彩绘文物病害与图示（WW/T 0021—2010）···347

陶质彩绘文物保护修复方案编写规范（WW/T 0022—2010）·························358

陶质彩绘文物保护修复档案记录规范（WW/T 0023—2010）·························375

文物保护工程文件归档整理规范（WW/T 0024—2010）································390

馆藏纸质文物保护修复方案编写规范（WW/T 0025—2010）·························417

馆藏纸质文物病害分类与图示（WW/T 0026—2010）·································432

馆藏纸质文物保护修复档案记录规范（WW/T 0027—2010）·························444

砂岩质文物防风化材料保护效果评估方法（WW/T 0028—2010）·····················457

长城资源要素分类、代码与图式（WW/T 0029—2010）······························470

古代建筑彩画病害与图示（WW/T 0030—2010）······································486

古代壁画脱盐技术规范（WW/T 0031—2010）··501

古代壁画地仗层可溶盐分析的取样与测定（WW/T 0032—2010）·····················510

田野考古出土动物标本采集及实验室操作规范（WW/T 0033—2010）·················519

中华人民共和国国家标准

ICS 01.140
A 16

中华人民共和国国家标准

GB／T 22527—2008

文物保护单位标志

Standards for the nameplates of officially protected sites

2008-11-03发布

2009-02-01实施

中华人民共和国国家质量监督检验检疫总局
中国国家标准化管理委员会 发 布

1

前　言

本标准的附录A为资料性附录。

本标准由中华人民共和国国家文物局提出。

本标准由全国文物保护标准化技术委员会归口。

本标准起草单位：敦煌研究院。

本标准主要起草人：王旭东、樊锦诗、陈港泉、王进玉、苏伯民、王小伟、徐淑青。

引 言

本标准是根据文化部1963年8月12日颁布的《全国重点文物保护单位保护标志制作说明和标志式样》[（63）文物平字第1160号]、国家文物局1991年3月25日发布的《全国重点文物保护单位保护范围、标志说明、记录档案和保管机构工作规范（试行）》以及《中华人民共和国文物保护法实施条例》等相关文件、法规的要求编写的，增加了对文物保护单位说明牌的部分要求。

为适应我国文化遗产保护、管理领域标准化的战略要求，制定本标准。

文物保护单位标志

1 范围

本标准规定了文物保护单位标志的形式、内容和使用规范。

本标准适用于我国各级文物保护单位。

2 规范性引用文件

下列文件中的条款通过本标准的引用而成为本标准的条款。凡是注日期的引用文件，其随后所有的修改单（不包括勘误的内容）或修订版均不适用于本标准，然而，鼓励根据本标准达成协议的各方研究是否可使用这些文件的最新版本。凡是不注日期的引用文件，其最新版本适用于本标准。

《中国文化遗产标志管理办法》，国家文物局文物政发〔2006〕5号，2006年2月6日发布

3 术语和定义

下列术语和定义适用于本标准。

3.1

文物保护单位 officially protected site

具有历史、艺术、科学价值的古文化遗址、古墓葬、古建筑、石窟寺、石刻、壁画、近代现代重要史迹和代表性建筑等不可移动文物，经各级人民政府核定公布成为文物保护单位。

3.2

文物保护单位级别 the grade of officially protected site

文物保护单位根据其所保护的不可移动文物的历史、艺术、科学价值，分为全国重点文物保护单位，省级文物保护单位，市、县级文物保护单位三个级别。

4 文物保护单位标志的形式

4.1 规格

标志形式采用横匾式，标志牌大小规格为3种格式，分别是60cm×40cm、105cm×70cm、150cm×100cm，可根据文物保护单位的具体情况选择适宜的格式。

4.2 材质

标志的材质应使用石材等坚固耐久材料。

4.3 颜色

标志牌的颜色应与字的颜色有明显区别。

4.4 式样

标志牌可以加边框装饰，但其式样应与标志牌、文物保护单位周围环境相协调。

5 文物保护单位标志的内容

5.1 标志牌正面内容

5.1.1 文字内容

标志牌正面应标示该文物保护单位的级别、名称、公布机关与公布日期、树立标志机关与树立日期。树立标志机关为省、自治区、直辖市或市级、县级人民政府。参见附录A的图A.1。各级文物保护单位的公布机关和树立标志机关如下：

a）全国重点文物保护单位由国务院公布，树立标志机关为省、自治区、直辖市人民政府；

b）省级文物保护单位由省、自治区、直辖市人民政府公布，树立标志机关为市、县人民政府；

c）市、县级文物保护单位由市、县级人民政府公布，树立标志机关为市、县人民政府。

5.1.2　中国文化遗产标志图案的使用

标志牌正面应使用中国文化遗产标志。文化遗产标志置于标志牌正面的左上角，其大小要根据文物保护单位标志牌文字的内容和编排做适当选择。文化遗产标志的使用规定按照《中国文化遗产标志管理办法》执行。参见附录A的图A.1。

5.1.3　归入已公布的全国重点文物保护单位的文物保护单位名称书写格式

若某文物保护单位归入已公布的全国重点文物保护单位，标志牌的文物保护单位名称应书写已公布的全国重点文物保护单位的名称，被归入的文物保护单位名称加括号表示。

5.2　标志牌背面内容

标志牌的背面应书写文物保护单位的说明，内容为简要介绍文物保护单位名称、时代、性质、内容、价值和保护范围、建设控制地带等。其内容应根据文物保护单位的级别，全国重点文物保护单位、省级文物保护单位由省级文物行政管理部门审定，市、县级文物保护单位由市、县级文物行政管理部门审定。若不便于在标志牌的背面书写文物保护单位的说明，应另立说明牌。参见附录A的图A.2。

6　文物保护单位标志字体的格式

6.1　标志牌字体及要求

除文物保护单位名称的字体可用仿宋字体或楷书（含魏碑）、隶书外，其余一律采用仿宋字体。标志牌（含需要另外设立的说明牌）上的文字应当符合国家通用语言文字的规范。

6.2　民族自治地方标志牌

民族自治地方的文物保护单位，还宜另外树立用当地少数民族文字书写（镌刻）的标志牌和需要设立的说明牌。

少数民族语言文字的使用依据宪法、民族区域自治法及其他法律的有关规定。汉字与少数民族文字的内容应一致。

6.3　标志牌文字的编排

文物保护单位按名称字数多少的不同，应有适当的安排，书写（镌刻）均为自左至右（少数民族文字按照其书写要求可以自右向左）。参见附录A的图A.1、图A.2。

7　文物保护单位标志的树立

7.1　标志牌树立数量和地点

标志牌可根据文物保护单位的范围或文物分布情况设立数处，不分主次标志牌。标志牌应设立在文物保护单位出入口，设置多处的应树立在其他显明易见的地点。标志牌的树立应兼顾到游客参观和拍照的方便。

7.2　标志牌树立方式

标志牌采用基座树立的方式。基座式样应与标志牌、文物保护单位周围环境相协调。也可以根据场地状况，采用悬挂、镶嵌的方式。悬挂、镶嵌的标志牌和说明牌不应设置在文物的本体上，也不能影响文物的展示。

7.3　说明牌的要求

需要另外设立的说明牌宜和标志牌的式样、大小、颜色、质地保持一致。树立方式参照7.2。文物保护单位也可以根据场地、对外开放等情况设置外文说明牌，其内容应与汉字说明牌的内容保持一致。

全国重点文物保护单位

安阳天宁寺塔

中华人民共和国国务院2001年6月25日 公布

河南省人民政府2001年10月1日 立

图A.1 文物保护单位标志示例（正面）

天宁寺塔简介

天宁寺塔（又称文峰塔）位于安阳市老城区文峰南街西端的天宁寺院内。始建于五代后周广顺二年（公元952年），宋、元、明、清历代均有修葺。

该塔为砖木结构密檐式佛塔，通高38.65米，由塔基、塔身、塔刹三部分组成。塔体平面为八角形，塔身自下而上逐层增大，塔檐逐层外展，形成上大下小的伞状外观。

一层塔身南面辟真门，东、西、北三面为砖雕假门，四隅面为砖雕假直棂窗。八面门窗之上为砖雕佛传故事，八根倚柱为砖雕龙柱形。外塔由砖制斗拱承托出檐，共分五层。各层均有四个通风拱券门洞，层层错置。塔体内部中空为筒状，其内梯级旋转而上，可达塔顶平台。塔刹为喇嘛塔形式，高10.8米，八角形刹基，覆钵式刹身，塔刹周围平台可容二百余人眺览安阳古城。

该塔历史悠久，造型奇特，雕刻工艺精湛，是我国古代劳动人民智慧的结晶，为全国罕见之珍品。

一般保护范围：自塔中心向东155米到唐子巷西沿，向西175米至西南营街西沿，向南153米，向北至西钟楼巷。

重点保护范围：以塔基外沿为准，向东、西、南、北四面各扩60米。

图A.2 文物保护单位标志示例（背面）

参　考　文　献

［1］　中华人民共和国国家通用语言文字法（2000年10月31日第九届全国人民代表大会常务委员会第十八次会议通过）

————————

ICS 03.080.99
A 16

中华人民共和国国家标准

GB/T 22528—2008

文物保护单位开放服务规范

Criterion of open services of officially protected sites

2008-11-03发布

2009-02-01实施

中华人民共和国国家质量监督检验检疫总局
中国国家标准化管理委员会　　发　布

8

前　言

本标准由中华人民共和国国家文物局提出。

本标准由全国文物保护标准化技术委员会（SAC/TC 289）归口。

本标准起草单位：敦煌研究院。

本标准主要起草人：王旭东、樊锦诗、王进玉、陈港泉、李萍、马学礼、宋子贞、罗瑶。

引　言

　　为贯彻《中华人民共和国文物保护法》，适应当前我国旅游产业突飞猛进的发展状况，在有效保护、加强管理的前提下，充分发挥文物保护单位的社会教育作用、历史借鉴作用和科学研究作用，弘扬我国的优秀文化传统和文物价值，传播有益于社会进步的思想道德、历史和先进文化科技知识，解决文物保护与开放的矛盾，特制定本规范。

文物保护单位开放服务规范

1 范围

本标准规定了文物保护单位开放服务中所涉及的术语和定义、总则、开放管理机构应具备的基本条件、开放、开放服务、安全等内容。

本标准适用于全国各级开放文物保护单位的服务。

2 规范性引用文件

下列文件中的条款通过本标准的引用而成为本标准的条款。凡是注日期的引用文件，其随后所有的修改单（不包括勘误的内容）或修订版均不适用于本标准，然而，鼓励根据本标准达成协议的各方研究是否可使用这些文件的最新版本。凡是不注日期的引用文件，其最新版本适用于本标准。

GB 2894—1996 安全标志（neq ISO 3864:1984）

GB 3095—1996 环境空气质量标准

GB 9669—1996 图书馆、博物馆、美术馆、展览馆卫生标准

GB 13495—1992 消防安全标志（neq ISO 6309:1987）

GB/T 15624.l—2003 服务标准化工作指南 第1部分：总则

GB/T 16571—1996 文物系统博物馆安全防范工程设计规范

GB/T 18883—2002 室内空气质量标准

GB/T 19004.2—1994 质量管理和质量体系要素 第2部分:服务指南（idt ISO 9004—2:1991，IDT）

GB 50016—2006 建筑设计防火规范

GB 50348—2004 安全防范工程技术规范

GA 27—2002 文博系统博物馆风险等级和安全防护级别的规定

GA/T 75—1994 安全防范工程程序与要求

3 术语和定义

下列术语和定义适用于本标准。

3.1

文物保护单位 officially protected site

具有历史、艺术、科学价值的古文化遗址、古墓葬、古建筑、石窟寺、石刻、壁画、近代现代重要史迹和代表性建筑等不可移动文物，经各级人民政府确定成为文物保护单位。

3.2

文物保护单位级别 the grade of officially protected site

文物保护单位根据其所保护的不可移动文物的历史、艺术、科学价值，分为全国重点文物保护单位，省级文物保护单位，市、县级文物保护单位三个级别。

3.3

保护范围 protected area

文物保护单位的保护范围，是指对文物保护单位本体及周围一定范围实施重点保护的区域。应当根据文物保护单位的类别、规模、内容以及周围环境的历史和现实情况合理划定，并在文物保护单位本体之外保持一定的安全距离，确保文物保护单位的真实性和完整性。

3.4

建设控制地带 buffer zone

文物保护单位的建设控制地带，是指在文物保护单位的保护范围外，为保护文物保护单位的安全、环境、历史风貌，对建设项目加以限制的区域。应当根据文物保护单位的类别、规模、内容，以及周围环境的历史和现实情况合理划定。经省、自治区、直辖市人民政府批准，不同级别的单位由相应文物行政主管部门会同城乡规划行政主管部门划定并公布。

3.5

文物单体 individual heritage

文物保护单位的一类组成部分，以独立形式存在的文物个体。

3.6

展陈 exhibition

开放的文物保护单位，为真实地展示其自身的历史形象，恰当地使用多种艺术与技术手段和导游方案，准确地向公众阐释其价值。

3.7

参观点 visiting sight

文物保护单位开放区内的文物单体或规定向公众开放的区域。

3.8

游客服务中心 visitor center

开放的文物保护单位设立的为游客提供票务、信息、咨询、讲解、邮政、休息等游览设施和服务功能的专门场所。

3.9

游客承载量 visitor carrying capacity

是指在文物本体及其背景环境文物不受威胁与破坏的前提下，文物保护单位开放区在某一时段内，其所能承受的游客数量。

3.10

讲解员 interpreter

文物保护单位管理机构内专门从事引导参观、讲解本单位开放内容的服务人员。

3.11

管理人员 administration staff

文物保护单位管理机构内从事组织、协调游客管理事务，承担文物安全的工作人员。

3.12

突发事件 emergency events

本标准所界定的突发事件，一是指文物保护单位损毁、破坏、被盗的事件。二是指因自然灾害、事故灾难、公共卫生和社会安全等引发的突发公共事件。

4 总则

4.1 文物保护单位开放服务应坚持"保护为主、抢救第一、合理利用、加强管理"的工作方针。

4.2 所有的开放服务活动必须在保护好文物的前提下进行。

4.3 开放服务应以展示文物价值为主要内容，给公众留下难忘的参观经历。

5 开放管理机构应具备的基本条件

5.1 开放管理机构应设有专门的服务接待部门，配备专职人员。

5.2 应设有专门的文物保护专门机构，配备专职保卫人员。

5.3 应配备与开放服务相适应的文物保护设施和设备。

5.4 应具有适宜于对游客开放的内容和与之相适应的展示手段。

5.5 对因人为或自然因素而构成文物损害的潜在威胁已采用了相应的防护措施。

5.6 文物保护单位由多个机构管理的，应明确各机构之间的职责和协调方式。

5.7 文物保护单位管理机构应在符合本单位文物保护的前提下，制定开放服务的质量方针和目标，并组织实施。

6 开放

6.1 开放区域

6.1.1 应根据文物保护单位的级别、性质、特点、游客承载量确定开放区域。

6.1.2 开放活动对文物保护单位保护范围及其环境景观造成潜在威胁的区域不应开放。

6.2 开放内容

应展示文物保护单位的历史、艺术、科学价值。除特殊情况外，不得在文物保护单位展示与文物性质无关的内容。

6.3 开放方式

6.3.1 应根据文物保护单位的性质、特点和条件，采用人工讲解、语音导览和自由参观的方式进行。讲解内容应按照文物的价值编写，科学、准确、通俗，兼具知识性和趣味性。

6.3.2 应根据文物本体及景观的特点，精心设计合理的开放路线供游客参观。

6.3.3 应有整个文物保护单位的综合性介绍，文物保护单位整体与单体的解释宜设置中、英文简介。

6.3.4 需要通过遗址博物馆展陈的文物保护单位，应不断探索最有效的展陈形式，恰当地使用多种展示手段，准确、生动地向公众阐释文物价值。

7 开放服务

7.1 开放服务人员

7.1.1 应配备讲解员和管理人员，讲解员和管理人员应遵守职业道德和职业规范。

7.1.2 讲解员应具备以下工作能力：应熟练掌握本岗位的服务规范，熟悉文物保护单位的价值和文物保护基础知识；具有一定的文化素养和业务技能；具备较好的语言表达能力，普通话应达到规定的要求，少数民族地区讲解员还应具备使用当地少数民族语言讲解的能力。

7.1.3 根据游客需求，宜配备受过专业训练的外语讲解员。

7.1.4 讲解员、管理人员应穿着工作服或指定的服装，佩戴统一制作的工作牌。

7.1.5 文物保护单位的参观、讲解应由本单位的讲解员承担。非本单位人员引导参观、讲解的，应遵守文物保护单位开放参观及其讲解内容的规定和要求。

7.1.6 管理人员应熟练掌握本岗位的服务规范，具备较好的语言表达能力，普通话应达到规定的要求。

7.2 接待服务

7.2.1 文物保护单位对外开放时为满足公众的需要提供的接待服务，其服务质量应符合 GB/T 15624.1—2003 的有关要求。

7.2.2 开放区应设入出口，其设置位置应合理，方便公众购票和咨询。售、收票处应有遮阳避雨措施和一米线等设施。其形式、规模应与文物环境风貌协调。

7.2.3 开放区域应公开服务项目和服务价格。设置分参观点售票的单位，应分别设置单一门票或套票，由游客自主选择购买。

7.2.4 游客服务中心位置合理，规模适度，设施齐全，功能完善。

7.2.5 宜建立游客预约制以控制游客承载量。

7.2.6 入出口、售票处、主要参观点等场所，宜设置宣传文物本体的导游全景图、导览图、参观须知、参观点介绍牌、游览范围等。

7.2.7　应设置小件物品寄存处。

7.2.8　门票的背面可印有参观须知、游览路线，或专门提供相关印刷品。

7.2.9　开放区内游览（参观）路线布局合理、顺畅。应为残疾人提供特殊服务。

7.2.10　应向符合国家规定享受免费或优惠待遇的公众提供相应的优惠开放服务。

7.2.11　宜向游客提供与文物保护单位相关的出版物和音像制品供其选购。

7.2.12　不准拍摄或限制拍摄的文物保护单位开放参观点及馆藏文物，应设立中英文说明和相应的警示标志。

7.2.13　应建立开放服务投诉机制，及时、妥善地处理投诉，投诉档案记录完整。

7.3　开放服务人员的培训

7.3.1　应建立开放服务人员的培训机制。

7.3.2　特殊工作人员上岗前应进行必要的素质和技能检查、培训，国家规定应持证上岗的工作人员应取得相应的证书。

7.4　参观环境

7.4.1　文物开放区内为公众服务的各项设施，应符合国家关于文物保护、环境保护的规定，不能造成环境污染和其他公害，不能对文物保护单位的景观造成不良影响。

7.4.2　文物开放区内的各项营业性服务场所及从业人员应实施统一、规范管理，定点经营。

7.4.3　文物开放区内的环境空气质量应符合GB 3095—1996 一类区、二类区标准。室内空气质量应符合GB/T 18883—2002中的"化学性"、"生物性"、"放射性"的规定。噪声值不应高于60 dB。卫生标准应符合GB 9669—1996 的规定。

7.4.4　应科学监测、控制文物保护单位的游客承载量。

7.5　开放服务质量的保证与评估、监督

7.5.1　文物保护单位管理机构应按GB/T 19004.2—1994 建立服务质量保证体系。

7.5.2　应开展游客调查项目，向游客发放并回收具有一定调查目的的"游客调查表"，并使其制度化。

8　安全

8.1　安全防范

8.1.1　符合 GB 50348—2004、GB/T 16571—1996、GA 27—2002、GA/T 75—1994的有关规定。

8.1.2　安全标志符合GB 2894—1996的规定，标识应齐全、醒目、规范。

8.2　消防安全

8.2.1　应按照《中华人民共和国消防法》、公安部《机关团体企业事业单位消防安全管理规定》等法规及标准，制定本部门消防管理规范，定期对所有工作人员进行消防安全教育、培训和演练。

8.2.2　在文物保护单位其开放区和其他高火险重点要害场所，应设置禁止烟火的明显标志。

8.2.3　消防安全标志应符合 GB 13495—1992 的规定，标识应齐全、醒目、规范。

8.2.4　文物保护单位依法修建的所有建筑物、构筑物及有关设施，都应符合 GB 50016—2006 的防火规范。

8.2.5　各类消防器具、设备等设施的摆放，既方便使用又不影响文物的展陈。

8.3　游客安全

8.3.1　文物保护单位管理机构必须制定与游客有关的安全制度，建立责任追究制。

8.3.2　在文物保护单位开放区及其建设控制地带，要严格禁止可能造成重大安全事故的活动。

8.3.3　对可能危及游客人身、财物安全的场所，应向游客作出真实说明和明确的警示，设置安全标志和方便游客参观的设施。险峻地段应有专人负责安全提示，引导游客活动。

8.3.4　在游客集中和有安全隐患、偏僻、分散的参观点，应设有流动的安全保卫人员，其数量应与参

观区域规模及性质相适应。

8.3.5 对文物开放区游客不能进入的地段、场所，应设置警示、禁止进入标志和防护设施。进行文物维修等施工的地段和场所，应设有明显的施工标志，并有有效的防护隔离措施。

8.3.6 有条件的单位应当设有救护站，配备救护人员。

8.4 突发事件的应急预案

应建立游客安全、文物安全以及自然灾害、事故灾难、公共卫生、社会安全等突发事件的应急预案，当突发事件发生时，立即启动相应的应急预案。

参 考 文 献

1 标准类：

[1] GB 3096—93 城市区域环境噪声标准
[2] GB 3838 地表水环境质量标准
[3] GB 5749—1985 生活饮用水卫生标准
[4] GB 5768—1999 道路交通标志和标线（旅游区标志）
[5] GB/T 6583—1994 质量管理和质量保证 术语（ISO 8402:1994 IDT）
[6] GB 8978—1996 污水综合排放标准
[7] GB 10001.1—2000 标志用公共信息图形符号 第1部分：通用符号（ISO 7001:1990 NEQ）
[8] GB 10001.2—2000 标志用公共信息图形符号 第2部分：旅游设施与服务符号
[9] GB/T 15565 图形符号 术语
[10] GB/T 16766—1997 旅游服务基础术语
[11] GB/T 19000—2000 质量管理体系 基础和术语（ISO 9000：2000 IDT）
[12] LB/T 004—1997 旅行社国内旅游服务质量要求

2 文件类：

[1] 《中华人民共和国文物保护法》（2002年版），2002年10月28日第76号主席令公布。
[2] 《中华人民共和国文物保护法实施条例》，中华人民共和国国务院令第377号，2003年5月13日公布，自2003年7月1日起施行。
[3] 《长城保护条例》，[中华人民共和国国务院令（第476号）]，2006年12月1日起施行。
[4] 《中国文物古迹保护准则》，国际古迹遗址理事会中国国家委员会2000年10月发布。
[5] 《世界文化遗产保护管理办法》公布实施，文化部令（第41号），2006年11月14日公布施行。
[6] 《国际文化旅游宪章》，古迹遗址国际理事会（ICOMOS）、国际文化旅游委员会，2002年12月发布。
[7] 《中国公民国内旅游文明行为公约》，中央文明办、国家旅游局，2006年10月2日。
[8] 《中华人民共和国残疾人保障法》，1990年12月28日第七届全国人民代表大会常务委员会第十七次会议通过。
[9] 《文物拍摄管理暂行办法》，国家文物局，2001年6月7日公布。
[10] 《文化部、国家文物局关于公共文化设施向未成年人等社会群体免费开放的通知》，2004年3月19日发布，自2004年5月1日起施行。
[11] 《中国文物、博物馆工作者职业道德准则》，国家文物局2001年12月10日修订。
[12] 《中华人民共和国环境保护法》，第七届全国人民代表大会常务委员会第十一次会议于1989年12月26日通过，自公布之日施行。
[13] 《博物馆安全保卫工作规定》，公安部、文化部联合制定，1985年1月25日，国家文物局文物字[85]第59号通知。
[14] 《风景名胜区安全管理标准》，建设部建城（1995）159号。
[15] 《中华人民共和国消防法》，1998年4月29日发布。
[16] 《古建筑消防管理规则》，文化部、公安部联合制定，1984年3月12日施行。
[17] 《突发公共卫生事件应急条例》，中华人民共和国国务院令（第376号），2003年5月9日公布。

[18] 《国家文物局关于发布〈国家文物局突发事件应急工作管理办法〉的通知》，文物办发[2003]87号，2003年11月21日。

[19] 《中华人民共和国突发事件应对法》，第十届全国人大第二十九次会议通过，自2007年11月1日起施行。

ICS 03.220
A 16

中华人民共和国国家标准

GB/T 23862—2009

文物运输包装规范

Specification of shipping packaging of cultural relics

2009-05-04发布

2009-12-01实施

中华人民共和国国家质量监督检验检疫总局
中国国家标准化管理委员会 发 布

前　言

本标准的附录A为资料性附录。

本标准由国家文物局提出。

本标准由全国文物保护标准化技术委员会（SAC/TC 289）归口。

本标准起草单位：秦始皇兵马俑博物馆、华协国际珍品货运服务有限公司。

本标准主要起草人：吴永琪、张颖岚、汤毅嵩、赵昆、马生涛、方国伟、邓壮、杨广波、郑宁、王东峰。

本标准是首次发布。

文物运输包装规范

1 范围

本标准规定了文物运输包装过程中的基本技术要求。

本标准适用于由公路、铁路、航空承运的文物运输包装。

注：海路运输另行处理。

2 规范性引用文件

下列文件中的条款通过本标准的引用而成为本标准的条款。凡是注日期的引用文件，其随后所有的修改单（不包括勘误的内容）或修订版均不适用于本标准，然而，鼓励根据本标准达成协议的各方研究是否可使用这些文件的最新版本。凡是不注日期的引用文件，其最新版本适用于本标准。

GB/T 191—2008　包装储运图示标志（ISO 780：1997，MOD）

GB/T 1413　系列1集装箱　分类、尺寸和额定质量（GB/T 1413—2008，ISO 668：1995，IDT）

GB/T 4122.4　包装术语　木容器（GB/T 4122.4—2002，ISO 2074：1990，NEQ）

GB/T 4456　包装用聚乙烯吹塑薄膜

GB/T 4768　防霉包装

GB/T 5048　防潮包装

GB/T 6543—2008　运输包装用单瓦楞纸箱和双瓦楞纸箱

GB/T 6544　瓦楞纸板

GB/T 7284　框架木箱

GB/T 7350　防水包装

GB/T 9846.3—2004　胶合板　第3部分：普通胶合板通用技术条件

GB/T 10802—2006　通用软质聚醚型聚氨酯泡沫塑料

GB/T 12626　硬质纤维板

GB/T 16299　飞机底舱集装箱技术条件和试验方法

GB/T 16471—2008　运输包装件尺寸与质量界限

GB 18580　室内装饰装修材料　人造板及其制品中甲醛释放限量

GB 18581　室内装饰装修材料　溶剂型木器涂料中有害物质限量

GB/T 18944.1—2003　高聚物多孔弹性材料　海绵与多孔橡胶制品　第1部分:片材（idt ISO 6916–1：1995）

JT/T 198—2004　营运车辆技术等级划分和评定要求

3 术语和定义

GB/T 4122.4确立的以及下列术语和定义适用于本标准。

3.1

文物运输包装　shipping packaging of cultural relics

使用适当的包装材料、包装容器，并利用相关的技术（并不局限于包装技术），保证文物在运输过程中的安全的过程。

3.2

文物包装容器　container for cultural relics

为保证文物安全存放、运输而使用的盛装器具总称，包括内、外包装箱。

3.3

内包装箱　innerbox

用于直接盛装文物的内层包装容器。

3.4

常规外包装箱　normal outer container

用于盛装内包装箱的固定规格的集装式直方体包装容器。

3.5

特殊外包装箱　special outer container

针对特殊形体、特殊重量、特殊材质文物的实际需要，而制作的特殊规格外包装容器。

3.6

防水包装　waterproof packaging

为防止水浸入文物包装箱内部而采取一定保护措施的包装。

3.7

防潮包装　moistureproof packaging

为防止潮气浸入文物包装箱内部而采取一定保护措施的包装。

3.8

防震包装　shockproof packaging

为减缓文物受到的冲击和振动，保护其免受损坏，而采取一定保护措施的包装。

3.9

防霉包装　mouldproof packaging

为防止文物出现霉变而采取一定保护措施的包装。

3.10

包装材料　packaging materials

用于制造文物包装容器和进行包装的过程中使用的材料。

3.11

表面防护包装材料　packaging materials for surface protection

可以直接接触文物的包装材料。

3.12

阻隔包装材料　packaging materials for blocking

用来阻隔文物包装容器内部与外部环境的温度、湿度以及气体等环境因素变化，保证文物保存环境稳定性的包装材料。

3.13

防震与缓冲包装材料　packaging materials for shockproof and cushion

为减缓文物受到的冲击和振动而垫衬在文物周围的包装材料。

3.14

箱体包装材料　packaging materials for container

制造箱档、箱板等构件的包装材料。

3.15

滑木　skid

构成底座或底盘的纵向主要构件。

3.16

枕木　load bearing or floor member

垂直于滑木且横向安装在滑木上，用于承受内装物载荷的构件。

3.17

垫木　filler piece

横向安装于滑木下面，用于调整起吊及叉车进叉方向的位置或垫于内装物下面以调整包装箱受力状态的构件。

3.18

框架木箱　wooden framed case

侧面和端面采用框架式结构的箱档与箱板结合，底盘采用滑木结构制成的木箱。

3.19

箱板　boards

构成箱面的板材，一般分为顶板、侧板、端板、底板等。

3.20

箱档　cleat

箱面上与箱板结合并起加固作用的板材。

3.21

堆码载荷　superimposed load

由包装箱框架承受的堆积载荷。

3.22

包装储运图示标志　indicated marks

在包装、运输过程中，为使文物包装箱存放、搬运适当，按标准格式在文物包装箱一定位置上，以简单醒目的图案和文字标明的特定记号和说明事项。

4　技术要求

4.1　基本要求

4.1.1　文物包装应结构合理、材料环保、确保文物安全。

4.1.2　包装时应注意对文物内部结构、质地及表面层的保护。

4.1.3　文物包装应做到防水、防潮、防霉、防虫、防震、防尘和防变形。

4.1.4　内包装箱、特殊外包装箱应根据文物的质地、外形、尺寸、包装运输条件进行设计。

4.1.5　包装箱外形尺寸应符合GB/T 16471—2008的要求。

4.1.6　重量超过100kg的装有文物的包装箱，在进行移动的过程中，应使用机械设备。起重、搬运设备的承载重量不应超过设备设计能力的50%。

4.2　包装材料要求

文物包装材料主要分为：表面防护包装材料，阻隔、防震与缓冲包装材料、箱体包装材料三大类。

4.2.1　表面防护包装材料

应使用对文物无污染、柔软的材料，如：绵纸、无酸纸、浅色纯棉制品。

4.2.2　阻隔、防震与缓冲包装材料

包装容器内部应采用无污染的包装材料，不宜使用会排放有害介质的材料。

4.2.2.1　聚乙烯吹塑薄膜

应符合GB/T 4456的要求。

4.2.2.2　溶剂型木器涂料面漆

应符合GB 18581的要求。可使用硝基类、聚氨酯类面漆，不宜使用酸固化涂料、不饱和树脂涂料。

4.2.2.3　海绵

应符合GB/T 18944.1—2003的要求。

4.2.2.4 软质聚氨酯泡沫塑料

应符合GB/T 10802—2006的要求。

4.2.3 箱体材料

箱体材料不应由于材料变形而导致文物损坏。

4.2.3.1 木材

4.2.3.1.1 文物包装箱用木材应在保证包装箱强度的前提下，根据合理用材的要求，选用适当的树种，主要受力构件应以落叶松、马尾松、紫云松、白松、榆木等为主。也可采用与上述木材物理、力学性能相近的其它树种。

4.2.3.1.2 包装用木材质量应符合GB/T 7284的要求，其中滑木、枕木、框架木及内包装板选用一等材，外包装板选用二等材。

4.2.3.1.3 木箱的箱板、箱档木材含水率一般为8%～20%，滑木、枕木及框架木含水率一般不大于25%。

4.2.3.1.4 天然木材必须经过熏蒸处理。

4.2.3.2 胶合板

应符合GB/T 9846.3—2004。甲醛释放量应符合GB 18580的要求。

4.2.3.3 纤维板

应符合GB/T 12626的要求。甲醛释放量应符合GB 18580的要求。

4.2.3.4 瓦楞纸板

应符合GB/T 6544中优等品的要求。

4.3 制箱要求

4.3.1 一般要求

4.3.1.1 包装箱应具有较强的防震、防冲击、抗压、防潮、防水、防虫、防尘、防变形、保温和阻燃性能。箱体设计必须能够承受运输中的多次搬运以及环境的复杂变化。

4.3.1.2 根据文物的质地、外形、尺寸、包装运输条件，制作内包装箱、外包装箱。直接盛装文物的包装箱，其箱体内部与文物应留有不小于5cm的空间，以便充填缓冲材料。

4.3.1.3 箱体四壁的边沿结合处，连接固定时应在缝隙间填装防水密封胶，以确保木质外包装箱的整体防水性能。

4.3.1.4 箱盖处安装时加装密封条，当箱盖关闭时，起到密封及防水作用。

4.3.1.5 外包装箱表面不应有突出的锁扣等装置，以避免箱体移位时发生拉挂等现象，影响箱体安全。

4.3.1.6 外包装箱应有明确的包装储运图示标志，并标明箱号。

4.3.2 外包装箱

外包装箱可分为常规外包装箱和特殊外包装箱两种。

4.3.2.1 常规外包装箱

4.3.2.1.1 箱体制作

箱体材料的选择按文物重量可分为以下三类：

a）文物重量≤100kg，用细木工板（厚度≥12mm）制作箱体四壁和顶部，用胶合板（厚度≥18mm）制作箱底，用胶合板（厚度≥18mm）制作箱档。

b）文物重量在100kg～250kg，用胶合板（厚度≥12mm）制作箱体四壁和顶部，用胶合板（厚度≥18mm）制作箱底，用胶合板（厚度≥18mm）制作箱体四壁和顶部箱档，用胶合板（厚度≥36mm）制作底部箱档。

c）文物重量在250kg～500kg，用胶合板（厚度≥18mm）制作箱体四壁和顶部，用胶合板（厚度≥30mm）制作箱底，用胶合板（厚度≥18mm）制作四壁和顶部箱档，用胶合板（厚度≥36mm）制作底部箱档。

箱体结构参见附录A。

4.3.2.1.2 箱体规格

常规外包装箱尺寸应符合GB/T 16299和GB/T 1413的要求，在符合航空、公路和铁路运输尺寸要求的前提下，可根据实际情况适当增减。

4.3.2.2 特殊外包装箱

重量≥500kg或需要独立包装的大型文物，应使用框架木箱等承重木箱。

4.3.3 内包装箱

箱体材料的选择按文物重量可分为以下三类：

a）文物重量≤30kg，用瓦楞纸箱做内包装盒。应符合GB/T 6543—2008的要求，单瓦楞纸箱应使用BS—1.4类或以上等级，双瓦楞纸箱应使用BD—1.3类或以上等级。

b）文物重量在30kg～50kg，用胶合板（厚度≥12mm）做内包装盒，胶合板所制作的板面之间用木螺钉连接。

c）文物重量≥50kg以上，用胶合板（厚度≥18mm）做内包装箱，胶合板所制作的板面之间用乳胶黏结，加木螺丝钉紧固。

4.4 防护包装要求

4.4.1 防震包装

4.4.1.1 在文物与包装箱体内部各面和内、外包装箱之间衬垫防震缓冲材料。防震缓冲材料应紧贴（或紧固）于文物和内包装箱或外包装箱内壁之间。

4.4.1.2 缓冲材料应质地柔软，富有弹性，不易疲劳变形、虫蛀及长霉。

4.4.2 防潮包装

防潮包装应符合GB/T 5048的要求。

4.4.3 防水包装

防水包装应符合GB/T 7350的要求。

4.4.4 防霉包装

防霉包装应符合GB/T 4768的要求。

4.5 包装场地要求

4.5.1 包装场地应设在室内，相对宽敞。

4.5.2 文物、包装材料应摆放有序。

4.5.3 包装场地应封闭，易于对出入人员的管理，并有一定的保卫措施或人员。

4.5.4 室内包装场地应有环境控制系统，应保持在适宜于文物包装、存放的环境下。

4.6 装箱要求

4.6.1 文物包装时，应确保周围环境和文物包装箱内清洁、干燥、无有害介质。

4.6.2 文物表面可根据需要包裹一层表面防护包装材料。

4.6.3 选用适当的包装方法将文物水平放置在内包装箱内，并予以紧固。体量较大的文物，将其直接固定在特殊外包装箱内，并进行防震包装。

4.6.4 文物上可移动的附件原则上应分开单独包装，但应装在同一个包装箱内，并固定在适当的位置。成套的（由多件组成的）文物无法装入同一个包装箱内的，以个体为单位独立包装，并写明编号，以方便查找。

4.6.5 文物装箱后，其包装箱的重心应尽量靠下居中。

4.6.6 将若干个内包装箱按照较重文物在下，较轻文物在上的原则依次码入外包装箱内。内包装箱不应与外包装箱直接接触，在各箱体间应留有一定的空隙以便放置防震缓冲材料。

4.6.7 用防震缓冲材料填实空隙、固定、放入此箱文物清单，最后封箱。

4.7 存放、堆码载荷的安全要求

4.7.1 文物不得露天存放。

4.7.2 存放文物的库房应有环境控制系统，确保文物不受环境变化的影响。

4.7.3 文物外包装箱堆码不得超过两层。

4.7.4 堆码时应注意将体量大的文物包装件放置在下层，体量小的文物包装件放置在上层。

4.8 文物运输的技术、安全要求

4.8.1 运输工具的选择以保障文物安全为前提。

4.8.2 出发地与目的地之间有高速公路相通，且公路运输时间不超过24h的，可选择公路运输。

4.8.3 两地间距离过远，公路运输时间在24h以上，或道路状况不佳，沿线地形复杂，气候条件不利于公路运输时应采用铁路运输或空运方式。

4.8.4 公路运输时，在高速路上的车速不应超过80km/h，在国、省道上的车速不应超过60km/h。司机连续驾驶不得超过4h。

4.8.5 夜间不宜运输。晚上驻地休息时，装载文物的车辆应停放在安全条件较好的当地文博单位中，并留有专人值班看守。

4.8.6 使用汽车、火车运输，必须有专职人员押运。

4.8.7 装卸作业时，文物包装箱的倾斜角不得超过30°。

4.8.8 水平搬运外包装箱时应尽量降低箱体悬空距离。

4.9 文物运输车辆的技术要求

4.9.1 运输文物时，宜使用全封闭箱式货车。车辆技术等级应达到JT/T 198-2004中要求的一级。

4.9.2 封闭厢式货车厢内应安装有温度、湿度控制设备，根据文物需要，确定温、湿度控制范围。车厢厢体内应装备有防火、保温夹层。

4.9.3 厢式货车宜配备有液压升降板，以减少文物包装箱垂直移动的悬空距离，保证安全。

4.9.4 封闭厢式货车宜配备气垫防震装置。车厢内应有紧固锁具装置，以便在车辆行驶时木质外包装箱在车厢内牢固、稳定。

4.10 文物承运人资质

委托的文物承运人的资格由国家有关行政部门根据有关规定认定并颁发资格证书。

5 文物包装箱内部环境控制

5.1 包装材料

包装时应使用阻隔包装材料。

5.2 环境监测

对环境要求严格的文物在包装箱内宜安装温湿度计，监测文物包装运输过程中环境的变化，以便对文物状况的变化进行分析。

5.3 环境控制

根据文物情况，应在包装箱内放置适合的调湿、吸附、防霉、防虫等材料。

6 文物包装信息的编制

6.1 包装箱内文物信息的编制

6.1.1 封箱前应对箱内文物进行清点，核对箱内文物状况，填写文物包装清单，列出文物的基本信息，并附文物照片。

6.1.2 文物包装清单至少一式四份，由文物交接双方经手人和相关方（包括承运人、押运人、保险公司等）签字认可，一份随文物一起装箱，其余由各方持有。

6.2 文物包装、运输操作信息的编制

根据文物的包装工艺，考虑运输过程中的各种因素，编制文物运输、装卸及包装拆解操作规程信息，对包装结构复杂的文物包装件，应在箱体上标注出主要固定结构的位置以及包装拆解的顺序。

6.3 包装运输标志

应符合GB/T 191—2008 的要求。上盖与侧面或端面应有明确的位置对应标记，以便再次装箱时，易于查找箱盖的正确安放位置。

附录A
（资料性附录）
木质外包装箱结构示意图

A.1 箱体

木质外包装箱，见图A.1。

A.1.1 箱档与箱体之间先涂乳胶并打螺丝连接,再打气钉加固。

A.1.2 木箱不可开的各面也用此法连接固定，并用角铁进一步加固，见图A.2。

A.1.3 底部箱档与箱体用螺栓连接固定。

A.2 螺栓

A.2.1 可开面与箱体之间用直径8mm螺栓连接。见图A.3。

A.3 防潮

箱内各面贴有防潮薄膜，可开的各面与木箱连接处贴有防水密封条。见图A.4，图A.5。

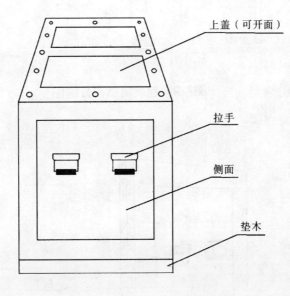

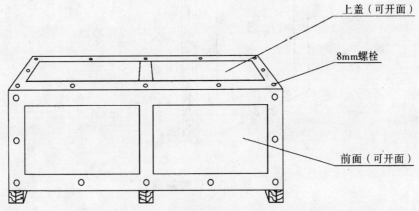

图A.1 包装箱外观（端面、侧面）

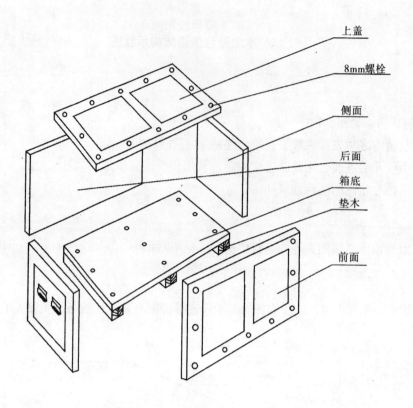

上盖

8mm螺栓

侧面

后面

箱底

垫木

前面

图A.2 包装箱结构分解图

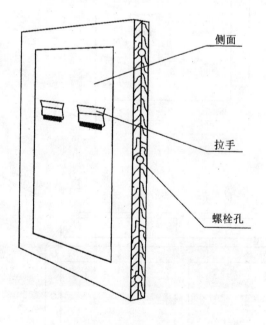

侧面

拉手

螺栓孔

图A.3 包装箱端面

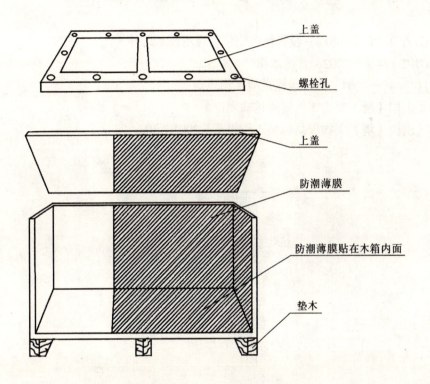

图A.4 包装箱内部防潮示意图

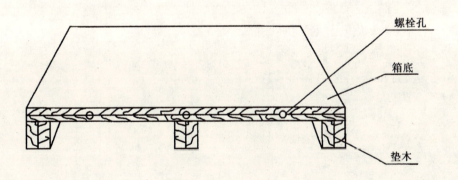

图A.5 包装箱底座

参 考 文 献

［1］　GB/T 9174—2008　一般货物运输包装通用技术条件
［2］　GB/T 12464—2002　普通木箱
［3］　JT/T 617—2004　汽车运输危险货物规则
［4］　《出国（境）文物展览展品运输规定》
［5］　《出国（境）文物展品包装工作规范》2001.7.30

ICS 91.160
P 31

中华人民共和国国家标准

GB/T 23863—2009

博物馆照明设计规范

Code for lighting design of museum

2009-05-04发布
2009-12-01实施

中华人民共和国国家质量监督检验检疫总局
中国国家标准化管理委员会　发　布

前　言

本标准的附录A为规范性附录。

本标准由国家文物局提出。

本标准由全国文物保护标准化技术委员会（SAC/TC 289）归口。

本标准负责起草单位：中国建筑科学研究院。

本标准参加起草单位：中国国家博物馆、首都博物馆、中国建筑设计研究院、联创博雅照明股份有限公司。

本标准主要起草人：赵建平、肖辉乾、郑广荣、李保国、尹建明、张文才、陈琪、罗涛、王书晓、张滨、易斌。

本标准是首次发布。

博物馆照明设计规范

1 范围

本标准规定了博物馆照明的设计原则、照明数量和质量指标。

本标准适用于新建、改建、扩建或利用古建筑及旧建筑的博物馆照明设计。

2 规范性引用文件

下列文件中的条款通过本标准的引用而成为本标准的条款。凡是注日期的引用文件，其随后所有的修改单（不包括勘误的内容）或修订版均不适用于本标准，然而，鼓励根据本标准达成协议的各方研究是否可使用这些文件的最新版本。凡是不注日期的引用文件，其最新版本适用于本标准。

GB 50034 建筑照明设计标准

GB 50054 低压配电设计规范

3 术语和定义

下列术语和定义适用于本标准。

3.1

光学辐射 optical radiation

波长位于向X射线过渡区（$\lambda \approx 1\text{nm}$）和向无线电波过渡区（$\lambda \approx 1\text{mm}$）之间的电磁辐射。简称光辐射。

3.2

可见辐射 visible radiation

能直接引起视感觉的**光学辐射**。通常将波长范围限定在380nm～780nm之间。

3.3

红外辐射 infrared radiation

波长比**可见辐射**波长长的**光学辐射**。通常将波长范围在780nm和1mm之间的红外辐射细分为：

IR–A	780nm～1 400nm
IR–B	$1.4\mu\text{m}～3\mu\text{m}$
IR–C	$3\mu\text{m}～1\text{mm}$

3.4

光通量 luminous flux

根据辐射对标准光度观察者的作用导出的光度量。对于明视觉有：

$$\Phi = K_m \int_0^\infty \frac{\mathrm{d}\Phi_e(\lambda)}{\mathrm{d}(\lambda)} \cdot V(\lambda) \cdot \mathrm{d}\lambda \qquad \cdots\cdots\cdots\cdots\cdots\cdots\cdots (1)$$

式中：

$\mathrm{d}\Phi_e(\lambda)/\mathrm{d}\lambda$ ——辐射通量的光谱分布；

$V(\lambda)$ ——光谱光（视）效率；

K_m ——辐射的光谱（视）效能的最大值，单位为流明每瓦特（lm/W）。在单色辐射时，明视觉条件下的K_m值为683lm/W（$\lambda_m = 555\text{nm}$时）。

该量的符号为Φ，单位为流明（lm），1lm = 1cd · 1sr。

3.5

紫外辐射　ultraviolet radiation

波长比**可见辐射**波长短的**光学辐射**。通常将波长在100nm和400nm之间的紫外辐射细分为：

UV–A	315nm ～ 400nm
UV–B	280nm ～ 315nm
UV–C	100nm ～ 280nm

3.6

照度　illuminance

表面上一点处的光照度是入射在包含该点的面元上的光通量dΦ除以该面元面积dA之商。该量的符号为E，单位为lx（勒克司）。计算公式为：

$$E = \frac{d\Phi}{dA} \quad\quad\quad\quad\quad\quad\quad\quad（2）$$

3.7

平均照度　average illuminance

规定表面上各点照度的平均值。

3.8

维持平均照度　maintained average illuminance

照明装置须进行维护时，在规定表面上的平均照度值。

3.9

维护系数　maintenance factor

照明装置在使用一定周期后，在规定表面上的**平均照度**或平均亮度与该装置在相同条件下新装时在规定表面上所得到的平均照度或平均亮度之比。

3.10

照度均匀度　uniformity ratio of illuminance

通常指规定表面上的最小照度与**平均照度**之比。

3.11

一般照明　general lighting

为照亮整个场所而设置的均匀照明。

3.12

局部照明　local lighting

特定视觉工作用的，为照亮某个局部而设置的照明。

3.13

分区一般照明　localised lighting

对某一特定区域，如进行工作的地点，设计成不同的照度来照亮该一区域的**一般照明**。

3.14

混合照明　mixed lighting

由**一般照明**和**局部照明**组成的照明。

3.15

亮度　luminance

表示光源或物体明亮程度的量。该量的符号为L，单位为cd/m²。

计算公式为：

$$L = \frac{d\Phi}{dA \cdot cos\theta \cdot d\Omega} \quad\quad\quad\quad\quad\quad（3）$$

式中

$d\Phi$——由指定点的光束元在包含指定方向的立体角$d\Omega$内传播的光通量；

dA——包括给定点的光束截面积；

θ——发光面法线与光束方向间的夹角。

3.16

眩光　glare

由于视野中的亮度分布或亮度范围的不适宜，或存在极端的亮度对比，以致引起不舒适感觉或降低观察细部或目标能力的视觉现象。

3.17

直接眩光　direct glare

由视野中，特别是在靠近视线方向存在的发光体所产生的**眩光**。

3.18

反射眩光　glare by reflection

由视野中的反射所引起的**眩光**，特别是在靠近视线方向看见反射像所产生的**眩光**。

3.19

视野　visual field

当头和眼不动时，人眼能够察觉到的空间的角度范围。

3.20

光幕反射　veiling reflection

出现在被观察物体上的镜面反射，使对比度降低到部分或全部看不清物体的细部。

3.21

灯具遮光角　shielding angle of luminaire

光源最边缘一点和灯具出口的连线与水平线之间的夹角。

3.22

色温　colour temperature

当光源的色品与某一温度下黑体的色品相同时，该黑体的绝对温度为此光源的色温度。该量的符号为T_c，单位为K。

3.23

相关色温（度）　correlated colour temperature

当光源的色品点不在黑体轨迹上时，光源的色品与某一温度下的黑体的色品最接近时，该黑体的绝对温度为此光源的相关色温。该量的符号为T_{cp}，单位为K。

3.24

色品　chromaticity

用国际照明委员会（CIE）标准色度系统所表示的颜色性质。由色品坐标定义的色刺激性质。

3.25

CIE一般显色指数　CIE general colour rendering index

光源对CIE（国际照明委员会）规定的八种标准颜色样品特殊显色指数的平均值，通称显色指数。该量的符号为R_a。

3.26

漫射照明　diffused lighting

光无显著特定方向投射到工作面或目标上的照明。

3.27

定向照明　directional lighting

光主要从某一特定方向投射到工作面或目标上的照明。

3.28

反射比 reflectance

被反射的光通量与入射的光通量之比（以前称反射系数）。

3.29

暗适应 dark adaption

视觉系统适应低于百分之几坎德拉每平方米刺激亮度的变化过程及终极状态。

3.30

应急照明 emergency lighting

因正常照明的电源失效而启用的照明。应急照明包括疏散照明、安全照明、备用照明。

3.31

值班照明 on-duty lighting

非工作时间，为值班所设置的照明。

3.32

警卫照明 security lighting

用于警戒而安装的照明。

3.33

采光系数 daylight factor

在室内给定平面的一点上，由直接或间接地接收来自假定和已知天空亮度分布的天空漫射光而产生的照度与同一时刻该天空半球在室外无遮挡水平面上产生的天空漫射光照度之比。

3.34

统一眩光值 unified glare rating；UGR

度量室内视觉环境中的照明装置发出的光对人眼睛引起不舒适感主观反应的心理参量，其值可按CIE统一眩光值公式计算（见附录A）。

3.35

年曝光量 annual lighting exposure

度量物体年累积接受光照度的值，用物体接受的照度与年累积小时的乘积表示，单位为lx·h/年。

4 一般规定

4.1 设计基本要求

4.1.1 陈列室应按下列要求确定照明方式：

　　a）通常应设置一般照明；

　　b）不同区域有不同照度要求时，应采用分区一般照明；

　　c）宜采用混合照明；

　　d）不宜只采用局部照明。

4.1.2 藏品库房应按下列要求确定照明方式：

　　a）通常应设置一般照明；

　　b）不同区域有不同照度要求时，应采用分区一般照明。

4.1.3 博物馆均应设置应急、值班和警卫等照明。

4.1.4 在低照度陈列室的出入口，应设置视觉适应的过渡区。

4.1.5 有条件的场所宜采用光纤、导光管等照明。

4.1.6 展柜内的照明装置与展品间应设置隔离防护措施，并便于维护与管理。

4.2 照明光源的选择

4.2.1 选用的照明光源应符合国家现行相关标准的有关规定。

4.2.2 选择光源时，应在满足文物保护、显色性等要求的条件下，根据光源、灯具及镇流器等的效率、寿命和价格在进行综合技术经济分析比较后确定。

4.2.3 照明设计时可按下列条件选择光源：

a）陈列室宜采用细管径直管形荧光灯、紧凑型荧光灯、卤素灯或其他适用的新型光源；

b）陈列和收藏文物的场所应使用无紫外线光源；

c）陈列室的出入口宜采用细管径直管形荧光灯、紧凑型荧光灯或小功率的金属卤化物灯；

4.2.4 应根据识别颜色要求和场所特点，选用相应显色指数的光源。

4.2.5 应急照明应选用能快速点燃的光源。

4.3 照明灯具及其附属装置的选择

4.3.1 选用的照明灯具应符合国家现行相关标准的有关规定。

4.3.2 在满足配光和眩光限制要求的条件下，应选用效率高的灯具。

4.3.3 照明装置应具有防止坠落可能造成人员伤害或财物损失的防护措施。

4.3.4 直接安装在可燃材料表面的灯具，应采用标有 $\triangledown$ 标志的灯具。

4.3.5 照明设计时应按下列原则选择镇流器：

a）直管形荧光灯应配用电子镇流器或节能型电感镇流器；

b）金属卤化物灯应配用节能型电感镇流器，在电压偏差较大的场所宜配用恒功率镇流器，功率较小者可配用电子镇流器；

c）采用的镇流器应符合该产品的国家安全及能效标准。

4.3.6 高强度气体放电灯的触发器与光源之间的安装距离应符合产品的要求。

5 照明数量指标

5.1 照度

5.1.1 照度标准值的分级应符合GB 50034的规定。

5.1.2 在照明设计时，应根据环境污染特征和灯具擦拭次数从表1中选定相应的维护系数。

表1 维护系数

房间或场所举例	灯具最少擦拭次数 次/年	维护系数值
陈列区、技术用房、藏品库区、办公室等	2	0.80
观众服务区、公用房（办公室除外）等	2	0.70

5.1.3 在一般情况下，设计照度值与照度标准值相比较，可有-10%～+10%的偏差。

5.2 照度指标

5.2.1 陈列室展品照度标准值应符合表2的规定。

表2 陈列室展品照度标准值

类 别	参考平面及其高度	照度标准值 lx
对光特别敏感的展品：织绣品、绘画、纸质物品、彩绘陶（石）器、染色皮革、动物标本等	展品面	≤50
对光敏感的展品：油画、蛋清画、不染色皮革、银制品、牙骨角器、象牙制品、宝玉石器、竹木制品和漆器等	展品面	≤150
对光不敏感的展品：其他金属制品、石质器物、陶瓷器、岩矿标本、玻璃制品、搪瓷制品、珐琅器等	展品面	≤300
注1：陈列室一般照明按展品照度值的20%～30%选取。 注2：复合材料制品按照对光敏感等级高的材料选择照度。		

5.2.2 博物馆相关场所的照度标准值应符合表3的规定。

表3 博物馆相关场所照度标准值

场 所		参考平面	照度标准值/lx
陈列区	门厅	地面	200
	序厅	地面	100
	美术制作室	0.75m水平面	300
	报告厅	0.75m水平面	300
	接待室	0.75m水平面	300
	警卫值班室	0.75m水平面	150
技术用房	编目室	0.75m水平面	300
	摄影室	0.75m水平面	100
	薰蒸室	实际工作面	150
	实验室	实际工作面	300
	保护修复室	实际工作面	750
	文物复制室	实际工作面	750
	标本制作室	实际工作面	750
	阅览室	0.75m水平面	300
	书画装裱室	实际工作面	300
藏品库区	周转库房	地面	50
	藏品库房	地面	75
	藏品提看室	0.75m水平面	150
观众服务设施	售票处	台面	300
	存物处	地面	150
	纪念品出售处	0.75m水平面	300
	食品小卖部	0.75m水平面	150
公用房	办公室	0.75m水平面	300
	休息处	地面	100
	装具贮藏室	地面	75
	行政库房	地面	100
	厕所、盥洗室、浴室	地面	100

注1：保护修复室、文物复制室、标本制作室的照度标准值是混合照明的照度标准值。其一般照明的照度值按
混合照明照度的20%~30%选取。如果对象是对光敏感或特别敏感的材料，则减少局部照明的时间，并有
防紫外线的措施。

注2：书画装裱室设置在建筑北侧，工作时一般仅用自然光照明。

注3：表中照度值为参考平面上的维持平均照度值。

5.3 应急照明

5.3.1 博物馆应急照明的照度标准值应符合GB 50034的规定。

6 照明质量指标

6.1 照度均匀度

6.1.1 陈列室一般照明的地面照度均匀度不应小于0.7。

6.1.2 对于平面展品，照度均匀度不应小于0.8；对于高度大于1.4m的平面展品，照度均匀度不应小于0.4。

6.2 眩光限制

6.2.1 直接型灯具的遮光角不应小于表4的规定。

表4 直接型灯具的遮光角

光源平均亮度/（kcd/m²）	遮光角/（°）
1～20	10
20～50	15
50～500	20
≥500	30

6.2.2 陈列室一般照明的不舒适眩光应采用统一眩光值（UGR），按附录A计算。其允许值不宜大于19。

6.2.3 在观众观看展品的视场中应限制来自光源或窗户的直接眩光或来自室内各种表面的反射眩光。

6.2.4 观众或其他物品在光泽面（如展柜玻璃或画框玻璃）上产生的映像不应妨碍观众观赏展品。

6.2.5 对油画或表面有光泽的展品，在观众的观看方向不应出现光幕反射。

6.3 光源颜色

6.3.1 一般陈列室直接照明光源的色温应小于5 300 K。文物陈列室直接照明光源的色温应小于3 300 K。同一展品照明光源的色温应保持一致。

6.3.2 室内照明光源色表可按其相关色温分为三组，光源色表分组宜按表5确定。

表5 光源色表分组

色表分组	色表特征	相关色温/K	适用场所举例
Ⅰ	暖	<3 300	接待室、售票处、存物处、文物陈列室
Ⅱ	中间	3 300～5 300	办公室、报告厅、文物提看室、研究阅览室、一般陈列室
Ⅲ	冷	>5 300	高照度场所

6.3.3 在陈列绘画、彩色织物以及其他多色展品等对辨色要求高的场所，光源一般显色指数（Ra）不应低于90。对辨色要求不高的场所，光源一般显色指数（Ra）不应低于80。

6.4 立体感

立体造型的展品应通过定向照明和漫射照明相结合的方式表现其立体感。必要时应通过实验确定。

6.5 反射比

陈列室表面的颜色和反射比应满足下列要求：

a）墙面宜用中性色和无光泽的饰面，其反射比不宜大于0.6；

b）地面宜用无光泽的饰面，其反射比不宜大于0.3；

c）顶棚宜用无光泽的饰面，其反射比不宜大于0.8。

7 展品或藏品的保护

7.1 应减少灯光和天然光中的紫外辐射，使光源的紫外线相对含量小于20μW/lm。

7.2 对于对光敏感的展品或藏品除应满足表2外，其年曝光量不应大于表6的规定。

表6 陈列室展品年曝光量限制值

类　别	参考平面及其高度	年曝光量 lx·h/年
对光特别敏感的展品：织绣品、绘画、纸质物品、彩绘陶（石）器、染色皮革、动物标本等	展品面	50 000
对光敏感的展品：油画、蛋清画、不染色皮革、银制品、牙骨角器、象牙制品、宝玉石器、竹木制品和漆器等	展品面	360 000
对光不敏感的展品：其他金属制品、石质器物、陶瓷器、岩矿标本、玻璃制品、搪瓷制品、珐琅器等	展品面	不限制

8 陈列室天然采光设计

8.1 无特殊要求的陈列室应根据展品的特征和使用的要求优先采用天然采光。

8.2 侧面采光系数（C_{min}）不应小于1%，顶部采光系数（C_{av}）不应小于1.5%。

8.3 陈列室不应有直射阳光进入。

8.4 天然光产生的照度不应超过本标准规定的标准值。

8.5 顶层宜采用天窗采光。

9 照明供配电与安全

9.1 照明供配电

9.1.1 应根据照明负荷中断供电可能造成的影响及损失，确定负荷等级，选择供电方案。

9.1.2 应设置电光型疏散指示灯，并宜同时设置蓄光型疏散指示标志。

9.1.3 博物馆照明配电系统供电电压宜采用220 V/380 V。照明灯具端电压的偏差值宜控制在±5%以内。

9.1.4 照明负荷不应与电力负荷混合供电。

9.1.5 当电压偏差或波动不能保证照明质量时，可采用有载自动调压电力变压器、调压器。采用专用变压器供电时，变压器的接线组别应采用D，yn11接线组别。

9.1.6 照明分支线路每一单相回路电流不宜超过16A。

9.1.7 三相配电系统，各相负荷的不对称度宜控制在±15%以内。

9.1.8 三相四线制配电系统中，中性线截面应满足不平衡电流和谐波电流的要求，且不应小于相线截面。

9.1.9 单光源功率在250W以上者，宜在每个灯具处单独设置短路保护。

9.1.10 采用气体放电灯时，应在灯具内设置电容补偿，使其功率因数不低于0.9。

9.1.11 陈列室和藏品库房的照明配电线路应采用铜芯绝缘导线穿金属导管敷设。

9.1.12 古建筑改建应采用阻燃型铜芯导线，穿金属导管明敷。

9.2 照明控制

9.2.1 同一展示区域的照明设施应分区、分组或单灯控制。宜采用红外、光控、时控、程控等控制方式，并具备手动控制功能。

9.2.2 对光敏感的展品，宜设置相应传感器，自动控制开、关照明电源。

9.2.3 应根据使用情况设置布展、清扫、展览等不同的开灯控制模式。

9.2.4 宜预留联网监控的接口及管线，为遥控或联网监控创造条件。

9.2.5　总控制箱（柜），宜设在监控室或值班室内便于操作处。

9.2.6　藏品库房内的照明宜分区控制，电源开关应安装在藏品库房总出入口外。

9.3　安全防护与接地

9.3.1　安装于建筑物内的照明配电系统应与该建筑配电系统的接地型式一致。

9.3.2　配电线路的保护应符合GB 50054的要求。

9.3.3　藏品库及陈列室宜设置电气火灾报警系统。

10　照明维护与管理

10.1　应制定照明维护计划定期更换光源、清扫灯具和房间。

10.2　在进行照明维护时，照明设备的位置或瞄准角在维护前后应保持一致。

10.3　在维护工作期间，应采取措施保护展品不受损害。

10.4　宜定期测量展品上或展室中的照度，并作好记录。

10.5　宜建立对光敏感和特别敏感的展品的曝光量档案。

附录A
（规范性附录）
统一眩光值

A.1 照明场所的统一眩光值（UGR）计算

a） UGR应按A.1公式计算：

$$UGR=81g\frac{0.25}{L_b}\sum\frac{L_\alpha^2\cdot\omega}{P^2}\quad\text{（A.1）}$$

式中：

L_b —— 背景亮度（cd/m²）；

L_α —— 观察者方向每个灯具的亮度，（cd/m²）；

ω —— 每个灯具发光部分对观察者眼睛所形成的立体角（sr）；

P —— 每个单独灯具的位置指数。

b） A.1式中的各参数应按下列公式和规定确定：

1） 背景亮度L_b应按A.2式确定：

$$L_b=\frac{E_i}{\pi}\quad\text{（A.2）}$$

式中：

E_i —— 观察者眼睛方向的间接照度（lx）。

2） 灯具亮度L_α应按A.3式确定：

$$L_\alpha=\frac{I_\alpha}{A\cdot\cos\alpha}\quad\text{（A.3）}$$

式中：

I_α —— 观察者眼睛方向的灯具发光强度（cd）；

$A\cdot\cos\alpha$ —— 灯具在观察者眼睛方向的投影面积（m²）；

α —— 灯具表面法线与观察者眼睛方向所夹的角度（°）。

3） 立体角ω应按A.4式确定：

$$\omega=\frac{A_p}{r^2}\quad\text{（A.4）}$$

式中：

A_p —— 灯具发光部件在观察者眼睛方向的表观面积（m²）；

r —— 灯具发光部件中心到观察者眼睛之间的距离（m）。

4） 古斯位置指数P应按图A.1生成的H/R和T/R的比值由表A.1确定。

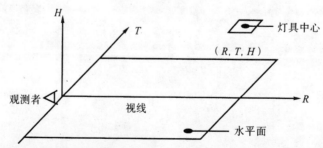

图A.1 以观察者位置为原点的位置指数坐标系统（R，T，H），对灯具中心生成H/R和T/R的比值

表A.1 位置指数表

H/R T/R	0.00	0.10	0.20	0.30	0.40	0.50	0.60	0.70	0.80	0.90	1.00	1.10	1.20	1.30	1.40	1.50	1.60	1.70	1.80	1.90
0.00	1.00	1.26	1.53	1.90	2.35	2.86	3.50	4.20	5.00	6.00	7.00	8.10	9.25	10.35	11.70	13.15	14.70	16.20	—	—
0.10	1.05	1.22	1.45	1.80	2.20	2.75	3.40	4.10	4.80	5.80	6.80	8.00	9.10	10.30	11.60	13.00	14.60	16.10	—	—
0.20	1.12	1.30	1.50	1.80	2.20	2.66	3.18	3.88	4.60	5.50	6.50	7.60	8.75	9.85	11.20	12.70	14.00	15.70	—	—
0.30	1.22	1.38	1.60	1.87	2.25	2.70	3.25	3.90	4.60	5.45	6.45	7.40	8.40	9.50	10.85	12.10	13.70	15.00	—	—
0.40	1.32	1.47	1.70	1.96	2.35	2.80	3.30	3.90	4.60	5.40	6.40	7.30	8.30	9.40	10.60	11.90	13.20	14.60	16.00	—
0.50	1.43	1.60	1.82	2.10	2.48	2.91	3.40	3.98	4.70	5.50	6.40	7.30	8.30	9.40	10.50	11.75	13.00	14.40	15.70	—
0.60	1.55	1.72	1.98	2.30	2.65	3.10	3.60	4.10	4.80	5.50	6.40	7.35	8.40	9.40	10.50	11.70	13.00	14.10	15.40	—
0.70	1.70	1.88	2.12	2.48	2.87	3.30	3.78	4.30	4.88	5.60	6.50	7.40	8.50	9.50	10.50	11.70	12.85	14.00	15.20	—
0.80	1.82	2.00	2.32	2.70	3.08	3.50	3.92	4.50	5.10	5.75	6.60	7.50	8.60	9.50	10.60	11.75	12.80	14.00	15.10	—
0.90	1.95	2.20	2.54	2.90	3.30	3.70	4.20	4.75	5.30	6.00	6.75	7.70	8.70	9.65	10.75	11.80	12.90	14.00	15.00	16.00
1.00	2.11	2.40	2.75	3.10	3.50	3.91	4.40	5.00	5.60	6.20	7.00	7.90	8.80	9.75	10.80	11.90	12.95	14.00	15.00	16.00
1.10	2.30	2.55	2.92	3.30	3.72	4.20	4.70	5.25	5.80	6.55	7.20	8.15	9.00	9.90	10.95	12.00	13.00	14.00	15.00	16.00
1.20	2.40	2.75	3.12	3.50	3.90	4.35	4.85	5.50	6.05	6.70	7.50	8.30	9.20	10.00	11.02	12.10	13.10	14.00	15.00	16.00
1.30	2.55	2.90	3.30	3.70	4.20	4.65	5.20	5.70	6.30	7.00	7.70	8.55	9.35	10.20	11.20	12.25	13.20	14.00	15.00	16.00
1.40	2.70	3.10	3.50	3.90	4.35	4.85	5.35	5.85	6.50	7.25	8.00	8.70	9.50	10.40	11.40	12.40	13.25	14.05	15.00	16.00
1.50	2.85	3.15	3.65	4.10	4.55	5.00	5.50	6.20	6.80	7.50	8.20	8.85	9.70	10.55	11.50	12.50	13.30	14.05	15.02	16.00
1.60	2.95	3.40	3.80	4.25	4.75	5.20	5.75	6.30	7.00	7.65	8.40	9.00	9.80	10.80	11.75	12.60	13.40	14.20	15.10	16.00
1.70	3.10	3.55	4.00	4.50	4.90	5.40	5.95	6.50	7.20	7.80	8.50	9.20	10.00	10.85	11.85	12.75	13.45	14.20	15.10	16.00
1.80	3.25	3.70	4.20	4.65	5.10	5.60	6.10	6.75	7.40	8.00	8.65	9.35	10.10	11.00	11.90	12.80	13.50	14.20	15.10	16.00
1.90	3.43	3.86	4.30	4.75	5.20	5.70	6.30	6.90	7.50	8.17	8.80	9.50	10.20	11.00	12.00	12.82	13.55	14.20	15.10	16.00
2.00	3.50	4.00	4.50	4.90	5.35	5.80	6.40	7.10	7.70	8.30	8.90	9.60	10.40	11.10	12.00	12.85	13.60	14.30	15.10	16.00
2.10	3.60	4.17	4.65	5.05	5.50	6.00	6.60	7.20	7.82	8.45	9.00	9.75	10.50	11.20	12.10	12.90	13.70	14.35	15.10	16.00
2.20	3.75	4.25	4.72	5.20	5.60	6.10	6.70	7.35	8.00	8.55	9.15	9.85	10.60	11.30	12.10	12.90	13.70	14.40	15.15	16.00
2.30	3.85	4.35	4.80	5.25	5.70	6.22	6.80	7.40	8.10	8.65	9.30	9.90	10.70	11.40	12.20	12.95	13.70	14.40	15.20	16.00
2.40	3.95	4.40	4.90	5.35	5.80	6.30	6.90	7.50	8.20	8.80	9.40	10.00	10.80	11.50	12.25	13.00	13.75	14.45	15.20	16.00
2.50	4.00	4.50	4.95	5.40	5.85	6.40.	6.95	7.55	8.25	8.85	9.50	10.05	10.85	11.55	12.30	13.00	13.80	14.50	15.25	16.00
2.60	4.07	4.55	5.05	5.47	5.95	6.45	7.00	7.65	8.35	8.95	9.55	10.10	10.90	11.60	12.32	13.00	13.80	14.50	15.25	16.00
2.70	4.10	4.60	5.10	5.53	6.00	6.50	7.05	7.70	8.40	9.00	9.60	10.16	10.92	11.63	12.35	13.00	13.80	14.50	15.25	16.00
2.80	4.15	4.62	5.15	5.56	6.05	6.55	7.08	7.73	8.45	9.05	9.65	10.20	10.95	11.65	12.35	13.00	13.80	14.50	15.25	16.00
2.90	4.20	4.65	5.17	5.60	6.07	6.57	7.12	7.75	8.50	9.10	9.70	10.23	10.95	11.65	12.35	13.00	13.80	14.50	15.25	16.00
3.00	4.22	4.67	5.20	5.65	6.12	6.60	7.15	7.80	8.55	9.12	9.70	10.23	10.95	11.65	12.35	13.00	13.80	14.50	15.25	16.00

A.2 统一眩光值（UGR）的应用条件

    a）UGR适用于简单的立方体形房间的一般照明装置设计，不适用于采用间接照明和发光天棚的房间；

    b）适用于灯具发光部分对眼睛所形成的立体角为$0.1sr > \omega > 0.0003sr$的情况；

    c）同一类灯具为均匀等间距布置；

    d）灯具为双对称配光；

    e）坐姿观测者眼睛的高度通常取1.2 m，站姿观测者眼睛的高度通常取1.5m；

    f）观测位置一般在纵向和横向两面墙的中点，视线水平朝前观测；

    g）房间表面为大约高出地面0.75 m的工作面、灯具安装表面以及此两个表面之间的墙面。

中华人民共和国文物保护行业标准

A16
备案号：23609-2008

中华人民共和国文物保护行业标准

WW/T 0001-2007

古代壁画病害与图示

Specification on damage glossary and legend of ancient murals

2008-02-29 发布   2008-03-01 实施

中华人民共和国国家文物局   发 布

前　言

本标准的附录 A、附录 B 为资料性附录。

本标准由中华人民共和国国家文物局提出。

本标准由全国文物保护标准化技术委员会(SAC/TC289)归口。

本标准起草单位：敦煌研究院。

本标准主要起草人：苏伯民、陈港泉、王旭东、樊再轩、徐淑青、段修业、汪万福、王小伟、王进玉、范宇权、李最雄、李云鹤。

本标准是首次发布。

古代壁画病害与图示

1 范围

本标准规定了古代壁画相关术语和病害的定义以及病害相对应的图示符号。

本标准适用于我国古文化遗址、古墓葬、古建筑、石窟寺、近现代建（构）筑物的壁画以及馆藏壁画的病害调查和壁画保护修复工程。

2 规范性引用文件

下列文件中的条款通过本标准的引用而成为本标准的条款。凡是注日期的引用文件，其随后所有的修改单（不包括勘误的内容）或修订版均不适用于本标准，然而，鼓励根据本标准达成协议的各方研究是否可使用这些文件的最新版本。凡是不注日期的引用文件，其最新版本适用于本标准。

WW/T 0006-2007 古代壁画现状调查规范

3 术语和定义

下列术语和定义适用于本标准。

3.1 古代壁画相关基础术语

3.1.1

支撑体 support layer

壁画附着的基础。如岩石（体）、木（竹）板、砖、土壁等其他材质。

3.1.2

地仗层 plaster layer, rendering

绘制壁画的泥壁层、灰壁层或其他材质如纸、纺织品等。也称为"地仗"。

3.1.3

粗泥层 coarse plaster

为与支撑体紧密结合并起找平作用的含较粗纤维（麦草、麻筋等）或较大粒径沙砾的黏土质结构层。

3.1.4

细泥层 tine plaster

粗泥层表面含有较细纤维（黄麻、亚麻、棉、毛、纸筋等）的平整的黏土质或灰质结构层。

3.1.5

底色层 grounding layer

壁画制作过程中，为了衬托壁画主体色彩而在地仗表面所涂的材料，常用的有熟石灰、石膏、高岭土、土红、石绿等。俗称"粉底层"。

3.1.6

颜料层；画层 paint layer

由各种颜料绘制而成的壁画画面层。

3.1.7

表面涂层 surface coat

为渲染、增强画面效果或起保护作用而在画层表面涂刷的透明胶料层。

3.1.8

壁画结构 mural configuration layers

从里向外通常由支撑体、地仗层、底色层、颜料层等组成。

3.1.9

地仗胶结材料 binder material

添加于地仗中用于增强地仗强度或改善地仗的物化性能的材料。常用材料有蛋清、糯米水、胶矾水等。

3.1.10

地仗加筋材料 strengthen material

壁画地仗中加入的、用以增强地仗强度的材料。通常采用麦草、麻、棉、纸等。

3.1.11

重层壁画 multi-layered mural

在同一位置上不同时期分别绘制的两层及两层以上的壁画。包括颜料层重层和带地仗壁画的重层。

3.2 古代壁画病害术语

3.2.1

起甲 flaking

壁画的底色层或颜料层发生龟裂，进而呈鳞片状卷翘。参见附录A.1。

3.2.2

泡状起甲 bubblelike flaking

壁画颜料层、底色层呈气泡状鼓起、破裂和卷曲起翘。参见附录A.2。

3.2.3

粉化 powdering

壁画颜料层由于胶结力丧失，呈颗粒状脱落的现象。

3.2.4

颜料层脱落 paint loss

颜料层脱离底色层（依附层）或地仗层。参见附录A.3。

3.2.5

点状脱落 punctate loss

底色层脱离地仗层或颜料层脱离底色层呈点状（直径不大于2mm）脱落的现象。参见附录A.4。

3.2.6

疱疹 blister

可溶盐在地仗层和颜料层间富集，并推顶颜料层呈疱状突起。参见附录A.5。

3.2.7

疱疹状脱落 blistering eruption

疱疹病害发生后，将颜料层或底色层顶起形成的疱状突起产生脱落的现象。

3.2.8

龟裂 craquelure

壁画表面微小的网状开裂现象，通常由于壁画颜料层、底色层或地仗表面泥层内所含胶质材料过多，或因为地仗层的收缩变化等原因而引起。参见附录A.6。

3.2.9

裂隙 cracks

因地震、卸荷、不均匀沉降等因素的影响，使支撑体失稳，致使壁画地仗开裂或错位、相互叠压；或因为壁画地仗层自身的变化而产生缝隙、错位、相互叠压的现象。参见附录A.7。

3.2.10

划痕 scratch

外力刻划使壁画画面受到损害。参见附录 A.8。

3.2.11

覆盖 extra-covering

壁画表面被其他材料(如石灰等)所涂刷、遮盖。

3.2.12

涂写 graffiti

壁画表面上人为书写或刻画。

3.2.13

烟熏 sootiness

壁画被烟火或香火熏污的痕迹。参见附录 A.9。

3.2.14

盐霜 salt efflorescence

盐分在壁画表面富集形成的结晶,俗称"白霜"。参见附录 A.10。

3.2.15

酥碱 disruption

壁画地仗中的可溶盐,随环境湿度变化而溶解、结晶,所产生的膨胀、收缩反复作用使壁画地仗结构破坏而产生的疏松状态。参见附录 A.11。

3.2.16

空鼓 detachment

壁画地仗层局部脱离支撑体,但脱离部分的周边仍与支撑体连接的现象。

3.2.17

地仗脱落 deep loss

壁画地仗层脱离支撑体而掉落。参见附录 A.12。

3.2.18

褪色 fading

壁画颜料的色度降低,由鲜明变暗淡,由深变浅。

3.2.19

变色 colour changing

壁画颜料色相的改变。

3.2.20

水渍 water besmirch

因水侵蚀在壁画表面留下的沉积物或痕迹。

3.2.21

泥渍 mud besmirch

泥浆在壁画上留下的痕迹。

3.2.22

动物损害 damage by animals

虫、鸟、鼠等动物活动对壁画造成的各种破坏。参见附录 A.13。

3.2.23

植物损害 damage by plant

植物的根系、枝条进入壁画结构体内而对壁画造成的破坏。

3.2.24

微生物损害 damage by microorganism

微生物的滋生对壁画表面产生的伤害。包括"菌害"、"霉变"等。参见附录 A.14。

4 古代壁画病害图示符号

4.1 进行壁画病害现状调查时，应按照表 1 的要求，按照 WW/T 0006-2007 的 4.6 中规定对古代壁画的病害或现状作记录。附录 B 列出了手工绘制古代壁画病害现状调查图的示例（参见图 B.1）。

4.2 符号为黑色图形，白色衬底。

4.3 符号清晰，线条宽度以 0.3mm 为宜。

4.4 符号的疏密程度可以反映壁画病害存在的状况，符号或线条之间的距离间隔应适度。

表 1　几种壁画病害图示符号

编　号	图示符号	名　称	符号说明
01		起甲	单个符号大小以 4mm² 为宜，间隔不小于 1mm。
02		泡状起甲	单个符号大小以 4mm² 为宜，间隔不小于 1mm。
03		粉化	黑点直径以 0.5mm 为宜。
04		颜料层脱落	闭合曲线。
05		点状脱落	圆圈直径以 2mm 为宜，间隔不小于 1mm。
06		疱疹状脱落	单个符号大小以 4mm² 为宜，间隔不小于 1mm。
07		龟裂	4mm² 为宜，间隔不小于 1mm。
08		裂隙	长线随裂隙走向表示，短线以长 2mm、相隔 5mm 为宜。
09		划痕	线段长 5mm，黑点直径与线段宽度一致。随划痕走向表示。
10		覆盖	平行线间隔以 3mm～5mm 为宜。

表1 几种壁画病害图示符号（续）

11	W W W W W W	涂写	单个符号大小以 10mm² 为宜，间隔不小于 1mm。
12		烟熏	为 2mm 线段的闭合虚线。
13	✻ ✻ ✻ ✻ ✻ ✻ ✻ ✻	盐霜	单个符号大小以 4mm² 为宜，间隔不小于 1mm。
14	∧ ∧ ∧ ∧ ∧ ∧ ∧ ∧ ∧ ∧	酥碱	单个符号大小以 4mm² 为宜，间隔不小于 1mm。
15		空鼓	平行线间隔以 3mm～5mm 为宜。
16		地仗脱落	平行线间隔以 3mm～5mm 为宜。
17		水渍	线段长以 2mm、平行间隔以 3mm～5mm 为宜。
18		泥渍	线段长以 2mm、平行间隔以 3mm～5mm 为宜。
19	↓ ↓ ↓ ↓ ↓	动物损害	单个符号大小以 4mm² 为宜，间隔不小于 1mm。
20		植物损害	随枝条或根系的走向、分布表示。对称短线长度以 1mm 为宜，分布均匀。
21	↑ ↑ ↑ ↑ ↑ ↑ ↑ ↑	微生物损害	单个符号大小以 4mm² 为宜，间隔不小于 1mm。

附录 A
（资料性附录）
古代壁画病害照片示例

A.1 起甲

A.2 泡状起甲

A.3 颜料层脱落

A.4 点状脱落

A.5 疱疹

A.6 龟裂

A.7 裂隙

A.8 划痕

A.9 烟熏

A.10 白霜

A.11 酥碱

A.12 地仗脱落

A.13 动物损伤

A.14 菌害

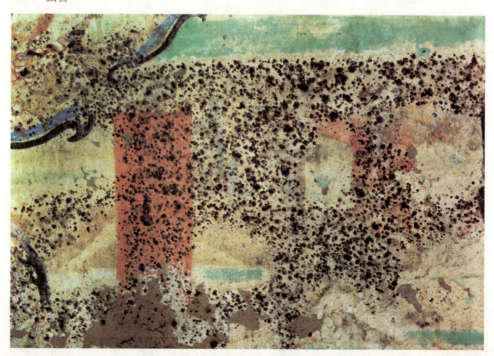

附录 B
（资料性附录）
手工绘制的古代壁画现状调查图示例

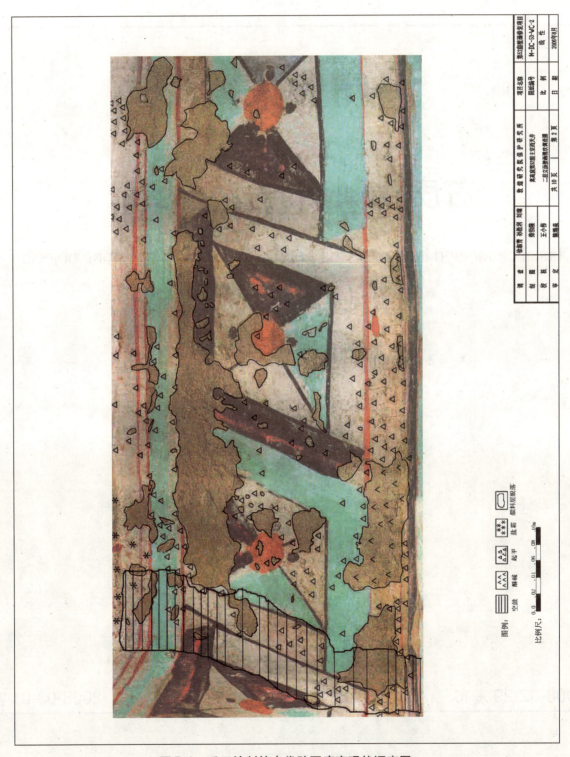

图 B.1　手工绘制的古代壁画病害现状调查图

A16
备案号：23610-2008

中华人民共和国文物保护行业标准

WW/T 0002-2007

石质文物病害分类与图示

Classification and legend on the deterioration of ancient stone objects

2008-02-29 发布　　　　　　　　　　　　　　　2008-03-01 实施

中华人民共和国国家文物局　　　发　布

前　言

本标准的附录 A、附录 B 为资料性附录。

本标准由中华人民共和国国家文物局提出。

本标准由全国文物保护标准化技术委员会(SAC/TC289)归口。

本标准起草单位：西安文物保护修复中心。

本标准主要起草人：周伟强、马涛、齐扬、李博、阎敏、甄刚。

本标准是首次发布。

石质文物病害分类与图示

1 范围

本规范规定了石质文物病害的分类类别和与之相对应的标识符号及相关术语。

本规范适用于石质文物病害调查、病害评估、保护修复文本编制、保护修复档案制作以及石质文物保护工作中涉及石质文物病害的分类及表述工作。

2 规范性引用文件

下列文件中的条款通过本标准的引用而成为本标准的条款。凡是注日期的引用文件，其随后所有的修改单（不包括勘误的内容）或修订版均不适用于本标准。然而，鼓励根据本标准达成协议的各方研究是否可使用这些文件的最新版本。凡是不注日期的引用文件，其最新版本适用于本标准。

GB/T 17412.1-1998　岩石分类和命名方案　火成岩岩石分类和命名方案

GB/T 17412.2-1998　岩石分类和命名方案　沉积岩岩石分类和命名方案

GB/T 17412.3-1998　岩石分类和命名方案　变质岩岩石分类和命名方案

WW/T 0001-2007　古代壁画病害与图示

3 术语和定义

下列术语和定义适用于本标准。

3.1

石质文物　the ancient stone objects

石质文物是指在人类历史发展过程中遗留下来的具有历史、艺术、科学价值的，以天然石材为原材料加工制作的遗物。主要包括石刻文字、石雕(刻)艺术品与石器时代的石制用具三大类别，以及各类文物收藏单位收藏的建筑石构件、摩崖题刻等。不可移动的石窟寺、摩崖题刻及石构建筑不属于本规范的范畴。

3.2

石质文物病害　diseases of the ancient stone objects

指在长期使用、流传、保存过程中由于环境变化、营力侵蚀、人为破坏等因素导致的石质文物在物质成分、结构构造、甚至外貌形态上所发生的一系列不利于文物安全或有损文物外貌的变化为石质文物的病害。

3.3

石质文物材质　raw material of the ancient stone objects

指用来制作石质文物的石材或岩石的种类。

3.4

石质文物的风化作用　weathering process of the ancient stone objects

指由于物理、化学变化及生物侵蚀导致的石质文物的各类风化过程。

3.5

石质文物保存环境　the environmental conditions of the ancient stone objects

本规范依据石质文物所在空间的自然环境特征、变化规律及其对石质的影响，将其划分为露天环境、半露天环境、室内环境及地下墓室环境四种保存环境。

4 石质文物材质分类

石质文物的常见材质主要分为以下三大类型：

a) 火成岩岩石：花岗岩、伟晶岩、玄武岩等；

b) 沉积岩岩石：泥灰岩、砂岩、凝灰岩、石灰岩等；

c) 变质岩岩石：大理石、片麻岩等。

注：具体分类参照国标 GB/T 17412.1-1998、GB/T 17412.2-1998 和 GB/T 17412.3-1998 的有关规定执行。

5 石质文物病害分类及定义

按照常见石质文物病害的特征，本规范将石质文物病害在兼顾其保存环境及其岩石本体材质的情况下，分为以下几大类型：

5.1 文物表面生物病害

指石质文物因生物或微生物在其表面生长繁衍，而导致的各类病害。常见的生物病害归类为植物病害、动物病害及微生物病害三大类型，分述如下：

a) 植物病害——树木、杂草生长于石质文物裂隙之中，通过生长根劈等作用破坏石材，导致石质文物开裂。

b) 动物病害——昆虫、蜂蚁、鼠类等在石质文物表面、空臌及其裂隙部位筑巢、繁衍、排泄分泌物污染或侵蚀石刻文物。

c) 微生物病害——苔藓、地衣与藻类菌群、霉菌等微生物菌群在石质文物表面及其裂隙中繁衍生长，导致石质文物表面变色及表层风化的现象。

5.2 机械损伤

主要指在外力作用如撞击、倾倒、跌落、地震及其地基沉降、受力不均等因素的影响下，发生的石质文物断裂与残损现象。

a) 断裂——这里指的断裂而非一般意义上的裂隙，特指贯穿性且有明显位移的断裂与错位的现象。

b) 局部缺失——指由上述原因造成的石质文物局部缺失与残损。

5.3 表面（层）风化

指石质文物由于外界自然因素的破坏作用而导致的表面病害。分类如下：

a) 表面粉化剥落——指由于周期性温湿度变化、冻融作用及水盐活动等原因导致的石质文物表面的酥粉剥落现象。多发生于质地较为疏松的沉积岩类文物表面。

b) 表面泛盐——指由于毛细水与可溶盐活动，使得可溶盐在石刻表面富集析出的现象。这类病害在石材质地较为疏松的砂岩、泥灰岩与凝灰岩文物表面较为常见，该类病害与毛细水活动密切相关。

c) 表层片状剥落——指由于外力扰动、水盐破坏、温度周期变化等原因导致石质文物表层片状、板块状剥落的现象。这类病害多发生在岩石纹理较为发达、夹杂较多的沉积岩质地石质文物的表层，且多伴随有表面空臌起翘现象。

d) 鳞片状起翘与剥落——指由于保存环境温差变化较大、易发生融冻现象或曾发生过烟火焚烧的石质文物表面产生的起翘与剥落现象。

e) 表面溶蚀——指长期遭受雨水冲刷的石质文物，特别是碳酸盐类质地文物的表面形成的坑窝状或沟槽状溶蚀现象。酸性降雨会导致这一现象的加剧。

f) 孔洞状风化——指石质文物表面溶解风化、软质夹杂物溶解脱落，而在石质文物上形成孔洞的风化现象。

5.4 裂隙与空鼓

a) 裂隙

石质文物裂隙分为三大类型：一类是浅表性风化裂隙；一类是指深入石质文物内部的机械性裂隙，但不包括伴随有明显位移的断裂；另一类是石质文物石材本身存在的原生性构造裂隙。现分述如下：

1) 机械裂隙（应力裂隙）——指因外力扰动、受力不均、地基沉降、石材自身构造等引起的石质文物开裂现象，一般这类裂隙多深入石材内部，严重时会威胁到石刻的整体稳定，裂隙交切、贯穿会导致石质文物整体断裂与局部脱落。

2) 浅表性裂隙（风化裂隙）——指由于自然风化、溶蚀现象导致的沿石材纹理发育，除薄弱夹杂带附近呈条带状分布且较深外，一般比较细小，延伸进入石刻内部较浅，多呈里小外大的 V 字形裂隙。

3) 构造裂隙（原生裂隙）——指石材自身带有的构造性裂隙，其特点是裂隙闭合、裂隙面平整、多成组出现。

b) 空鼓

主要是指石质文物表层鼓起、分离形成空腔，但并未完全剥落的现象。

5.5 表面污染与变色

指石质文物表面由于灰尘、污染物和风化产物的沉积而导致的石质文物表面污染和变色现象。这类病害常见的表现形式有以下几种：

a) 大气及粉尘污染——露天存放的石刻表面通常蒙蔽有大量灰尘及风化产物。

b) 水锈结壳——石质文物露天存放或曾经露天存放，石刻表面形成的一层结壳（多为钙质）。在露天存放的灰岩类文物上极为常见。石灰岩凝浆及石灰凝华也包括在这类病害之中。

c) 人为污染——指人为涂鸦、书写及烟熏等造成的石质文物污染现象。同时，由保护引起的变色与污染（例如采用铁箍、铁质扒钉等加固断裂部位而引起的石质文物表面变色和不正当涂刷引起的表面变色）也归入该类病害。

5.6 彩绘石质表面颜料病害

指彩绘石质文物由于彩绘层胶结物老化及自然风化等原因而导致的彩绘层脱落、酥粉现象。具体对于石质文物表面颜色病害的分类直接引用 WW/T 0001—2007 中有关表面颜料病害表示方法，也可根据实际情况，特殊问题特殊处理，自主添加设置图示标识。

a) 彩绘表面颜料脱落——彩绘石刻彩绘层颜料胶结物老化，导致彩画颜料脱落缺失。

b) 彩绘表面颜料酥粉——彩绘石刻表面颜料层胶结物老化，导致颜料酥粉。

5.7 水泥修补

指对石质文物采用水泥类材料对文物进行粘结、加固、修补等改变文物原貌的现象。

注：具体各类病害的典型照片参见附录 A。

6 石质文物病害图示

6.1 相关说明

该图示体系在上述病害分类的基础之上，制定了适应于石质文物各类常见病害的标准化表示图标。整个图示体系细分为石质文物病害标准化表示图标与辅助标注图标两部分。其中石质文物病害表述图标直接绘制于石质文物病害分布图的相应发生区域；辅助图标主要是为了表示石质文物的石材质地与保存环境情况，绘制于石质文物病害分布图的右上角。

虽然该规范中提出了石质文物常见的病害标准化表示图标，具有一定的通用性，但在实际工作中遇到较为特殊的石质文物与病害，可根据现场实际情况进行适当的添加与删减，以满足实际工作的要求。

6.2 石质文物病害辅助图示

辅助图标主要是为了表示石质文物的石材质地与保存环境情况，绘制于石质文物病害分布图的右上角。辅助图标分为保存环境表示图标与石质文物石材质地图标两大类。详细参见表1石质文物病害辅助图示表。

表 1　石质文物病害辅助图示表

编号	类别	名称		图标符号	说明
辅-1	保存环境表示图标	露天保存			辅助图标，标准于病害图右上角，整个图标长3cm，宽1.5cm左右。
辅-2		半露天保存		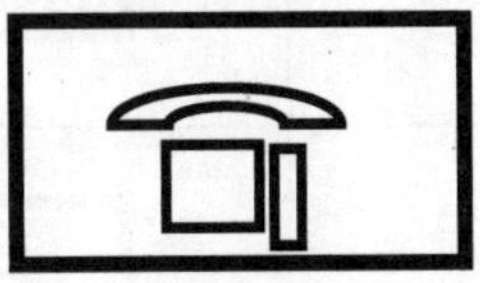	同上。
辅-3		室内保存			同上。
辅-4		地下或半地下保存		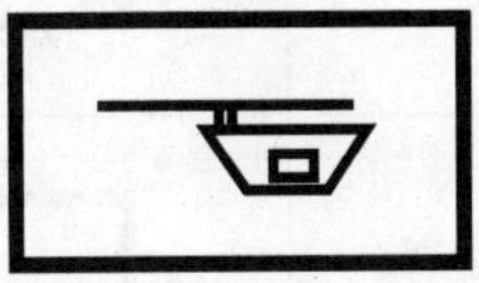	同上。
辅-5	石材质地图标	火成岩	花岗岩	花岗岩	同上。
辅-6			伟晶岩	伟晶岩	同上。
辅-7			玄武岩	玄武岩	同上。

表 1　石质文物病害辅助图示表（续）

辅-8					
辅-9	沉积岩		砂岩	砂岩	同上。
辅-10			泥灰岩	泥灰岩	同上。
辅-11			凝灰岩	凝灰岩	同上。
辅-12			石灰岩	石灰岩	同上。
辅-13	变质岩		大理石	大理石	同上。
辅-14			片麻岩	片麻岩	同上。

6.3　石质文物病害图示

　　石质文物病害标识图示直接标注于石质文物病害分布图之中，不同的图标对应不同的石质文物病害，图示覆盖范围对应于病害发生位置与范围。详细参见表 2 石质文物病害图示表。

表 2 石质文物病害图示表

编号	类别	名称	图标符号	说明
标－1	生物病害	植物病害	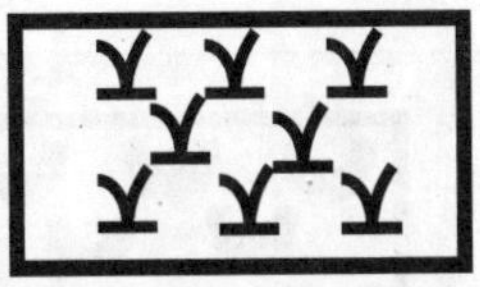	图标绘制与病害图中病害发生部位，随形（按实际面积而定），单个符号3~4mm 左右。
标－2		微生物病害	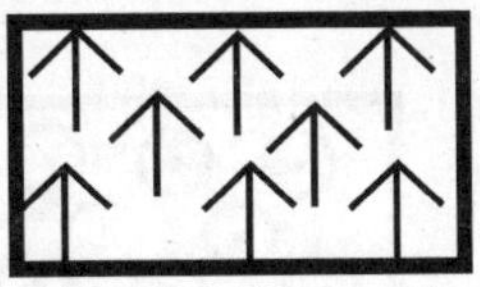	同上。
标－3		动物病害	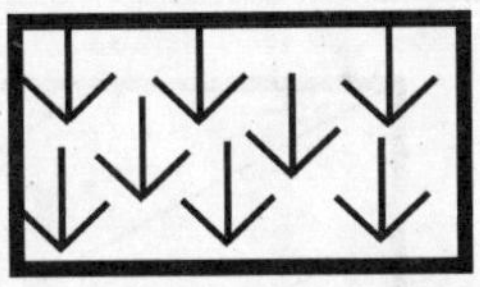	同上。
标－4	机械损伤	断裂	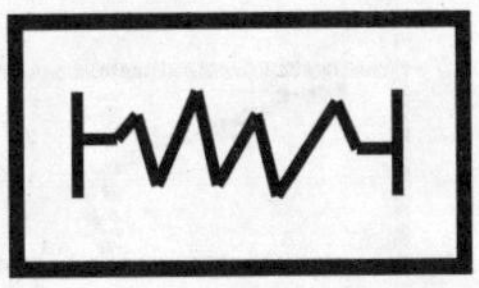	图标绘制与病害图中病害发生部位随形而画。
标－5		残缺	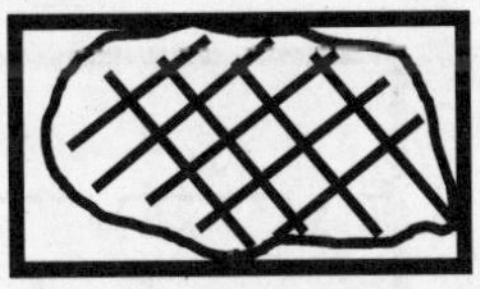	图标绘制与病害图中病害发生部位带边界线。
标－6	表面风化	表面泛盐	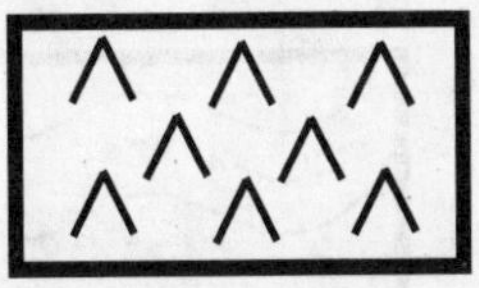	图标绘制与病害图中病害发生部位，单个符号3~4mm 左右。
标－7		表面粉化剥落		同上。

表2 石质文物病害图示表（续）

标-8		表层片状剥落	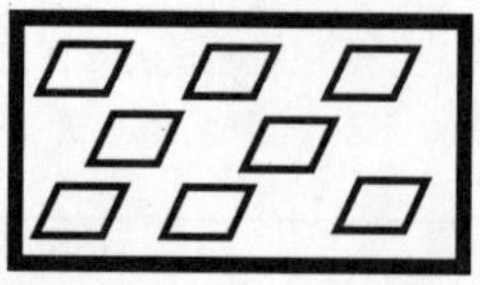	同上。
标-9		鳞片状起翘与剥落		同上。
标-10		孔洞状风化	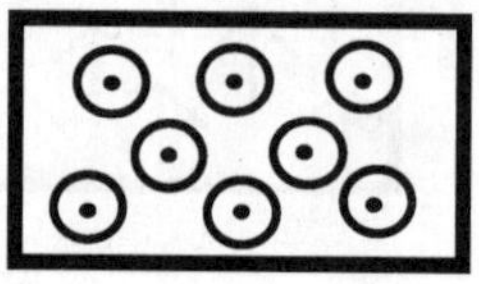	同上。
标-11		表面溶蚀	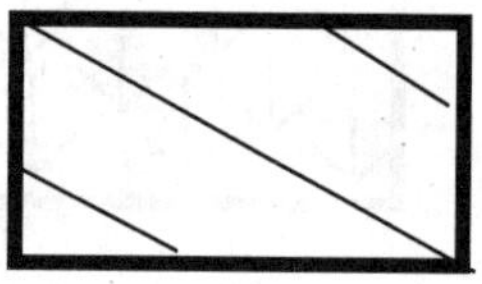	绘制与病害发生区域加轮廓线。平行线间隔3~5mm。
标-12	裂隙	机械裂隙（应力裂隙）	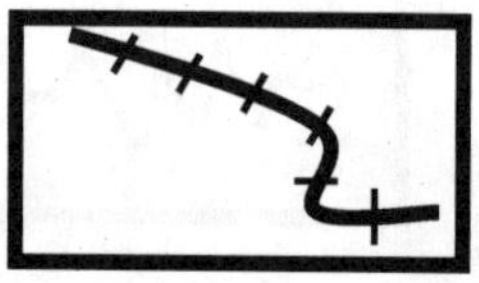	裂隙的图标应随形而画，随真实形状走。
标-13		浅表性裂隙（风化裂隙）	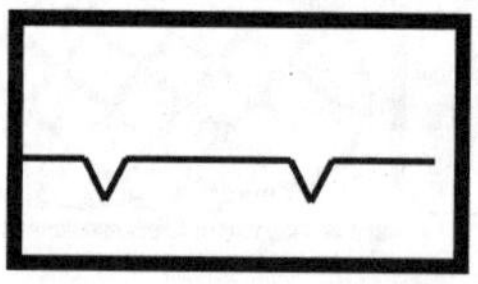	绘制与病害发生区域，随形而画，细线实画，随真实形状走。
标-14		构造裂隙（原生裂隙）	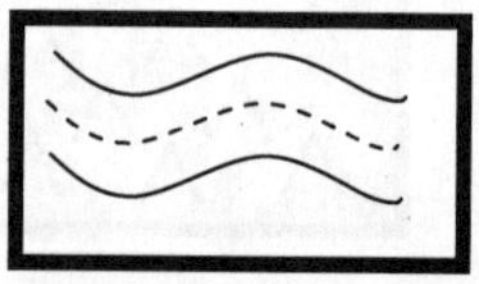	绘制与病害发生区域不加轮廓线，随形而画，细线实画，随真实形状走。平行线间隔2mm左右。
标-15	空鼓	表层空鼓	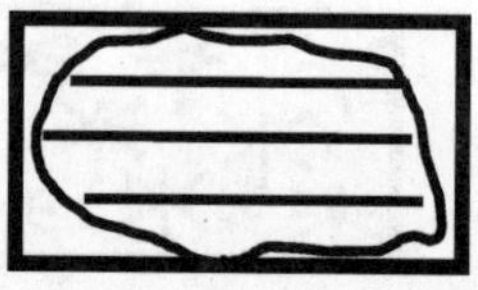	图标绘制与病害图中病害发生部位，带边界线，平行线间隔2mm左右。

表 2　石质文物病害图示表（续）

标－16	表面污染与变色	水锈结壳		图标绘制与病害图中病害发生部位，带"边界线"，随形（按实际面积而定）平线间隔 2mm 左右。
标－17		人为污染		图标绘制与病害图中病害发生部位，带边界线，随形（按实际面积而定）单个符号 3～4mm 左右。
标－18	颜料病害	彩绘表面颜料脱落		闭合曲线。
标－19		彩绘表面颜料酥粉		图标绘制与病害图中病害发生部位，带边界线，随形（按实际面积而定）单个符号 0.5mm 左右。
标－20		水泥修补		图标绘制与病害图中病害发生部位，带边界线。

注：以上为石质文物常见的病害标准化表示图标，其有一定的通用性，在实际工作中遇到较为特殊的石质文物与病害，可根据现场实际情况进行适当的添加与删减，以满足实际工作的要求。另外，病害标识图示设计为黑白色，但如果病害绘制过程中病害分布较为复杂可更改部分图示为彩色图示，以便于观察记录，凸显病害发生区域。具体操作方法参见附录B。

附录 A
（资料性附录）
石质文物常见典型病害名称及其对应照片

照片 A.1 植物病害

照片 A.2 微生物病害（左：灰白色为地衣＋藻类菌群、右：黄绿色为苔藓）

照片 A.3　断裂

照片 A.4　残缺

照片 A.5　表面泛盐

照片 A.6　表面粉化剥落

照片 A.7　表层层片状剥落

照片 A.8　鳞片状起翘与剥落

照片 A.9　表面坑窝状溶蚀

照片 A.10　表面溶蚀

照片 A.11　结构裂隙

照片 A.12　风化裂隙

照片 A.13　表层空鼓

照片 A.14　水锈结壳

照片 A.15　墨迹污染

照片 A.16　人为污染

照片 A.17　石刻表面颜料病变

照片 A.18　水泥修补

附录 B
（资料性附录）
石质文物病害图示使用范例

图 B.1 列出了一种手工绘制石质文物病害调查图的示例。

辅助图标（保存环境图标、石材质地图标）：

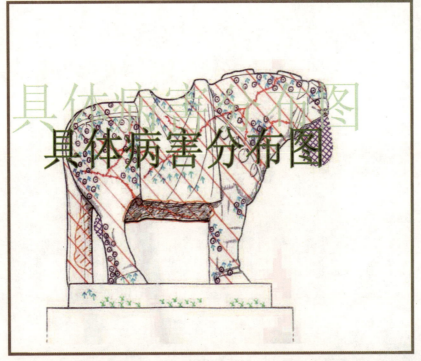

图例：

机械裂隙	植物病害	微生物病害	孔洞状病害

比例 ××：××

表面溶蚀	缺失	水锈结壳

病害图制作单位：××××××
××××年××月××日
绘制人或责任人：×××

图 B.1 XXX博物馆XXX文物XX面病害分布图

参考文献

[1] Stone Conservation, An Overview of Current Research, C. A. Price, 1996,The Getty Conservation Institute.

[2] ISCS Website, glossary in English list of terms of stone deterioration, updated in Bangkok, 2003.

A16
备案号：23611-2008

中华人民共和国文物保护行业标准

WW/T 0003-2007

馆藏出土竹木漆器类文物病害分类与图示

Classification and symbol illustration of the diseases of unearthed
(bamboo, wood and lacquer) artifacts on museum collection

2008-02-29 发布   2008-03-01 实施

中华人民共和国国家文物局   发 布

前　言

本标准的附录 A、附录 B 为资料性附录。

本标准由中华人民共和国国家文物局提出。

本标准由全国文物保护标准化技术委员会(SAC/TC289)归口。

本标准负责起草单位：荆州文物保护中心。

本标准参加起草单位：荆州市标准化协会。

本标准主要起草人：方北松、吴昊、林兆权。

本标准是首次发布。

馆藏出土竹木漆器类文物病害分类与图示

1 范围

本标准规定了馆藏出土竹木漆器类文物病害分类与图示的文本内容和格式,确定病害分类与图示中的基本术语。

本标准适用于全国馆藏出土竹木漆器类文物病害的分类与图示。

2 术语和定义

下列术语和定义适用于本标准。

2.1

馆藏出土竹木漆器类文物 unearthed (bamboo, wood and lacquer) artifacts on museum collection

馆藏出土竹木漆器类文物是指收藏单位所收藏的从地下或水下发掘出的竹器、木器、漆器三大类文物。竹、木器指以竹、木为基本制作材料的文物;漆器指以竹、木、皮、麻等为基体制作材料,且在基体材料上髹生漆的文物。

2.2

简牍 writing materials from bamboo or wood

指中国古代以竹、木为书写载体而制成的文书。

2.3

漆膜 film of raw lacquer

漆膜是指在基体材料上髹生漆后形成的一层或多层薄膜,俗称"漆皮"。

2.4

胎体 roughcast

漆器髹漆前的实体,制作胎体材料有竹、木、皮、麻等。

2.5

彩绘 painting

描绘或涂布于竹木漆器表面上的图案实体。彩绘分为粉彩和油彩。

3 出土竹木漆器病害类型分类

3.1 出土竹器、木器、漆器胎体的病害

出土竹器、木器、漆器胎体的病害,种类有:饱水、残缺、断裂、裂隙、变形、变色、动物损害、微生物损害、盐类病害、糟朽。

a) 饱水

指竹器、木器和漆器胎体其组织结构内饱含水分。

b) 残缺

指出土竹器、木器、漆器胎体原器型出现缺失。

c) 断裂

指竹器、木器、漆器胎体因种种原因从一个整体而断为两个甚至多个部分。

d) 裂隙

指竹器、木器、漆器胎体开裂产生的缝隙。

e) 变形

指竹器、木器、漆器胎体因种种原因而发生的形体改变。

f) 变色

竹木器的颜色变深，影响竹木器的外观或简牍字迹的辨识。

g) 动物损害

竹器、木器、漆器胎体，因某些动物的活动而造成的各种破坏。

h) 微生物损害

竹器、木器、漆器胎体，因微生物的滋生而产生的伤害。

i) 盐类病害

竹器、木器、漆器胎体，因可溶性盐类存在而造成的病害。

j) 糟朽

指在长期的保存过程中，构成竹器、木器、漆器胎体的纤维素、木质素等大分子物质的化学结构发生严重降解，导致竹器、木器、漆器胎体的生物结构疏松，力学强度大幅降低的现象。

3.2 出土竹木漆器上饰件的病害

带银扣、鎏金饰件、铜边等饰件的竹木漆器，其饰件的腐蚀病害主要是锈蚀及饰件与竹木漆器基体结合紧密程度的降低。带皮、骨等饰件的竹木漆器，其饰件的病害主要是老化及饰件与竹木漆器基体结合紧密程度的降低。

3.3 漆膜病害

漆膜病害种类分为：残缺、脱落、裂隙、卷曲、起泡。

a) 残缺

指漆膜出现缺失，无法保持其完整。

b) 脱落

指漆膜完全脱离其依附的基体而与文物分离。

c) 裂隙

指漆膜开裂而形成的缝隙。

d) 卷曲

指漆膜部分脱离胎体呈卷起状。

e) 起泡

指漆膜出现的水泡样突起。

3.4 彩绘病害

彩绘病害种类有：残缺、脱落、褪色。

a) 残缺

指彩绘出现缺失，无法保持其完整。

b) 脱落

指彩绘完全脱离其依附的基体而与文物分离。

c) 褪色

彩绘颜料的色度降低，由鲜明变暗淡，由深变浅。

3.5 字迹病害

字迹病害种类有：残缺、模糊。

a) 残缺

指字迹出现缺失，无法保持其完整。

b) 模糊

指肉眼观察到的字迹模糊。

出土竹木漆器病害分类图参见附录 A。

4 出土竹木漆器病害类型图示标识

4.1 出土竹木漆器病害图示标识的名称和图形

出土竹木漆器文物病害图示标识的名称和图形及其使用说明见表1,其图示的使用范例见附录B。

表 1 竹木漆器病害图示标识

编号	标识名称	标识图形	说明
1	饱水		表示竹器、木器、漆器胎体饱水的符号。平行线间隔以3~5mm为宜。
2	变形		表示竹器、木器、漆器胎体变形的符号。线段长以5mm,曲线长5~10mm为宜。
3	残缺		表示下列三项的符号: 1.竹器、木器、漆器胎体残缺。 2.漆膜残缺。 3.彩绘残缺。 平行线间隔以3~5mm为宜,外形随残缺形状,无法用图示表示时应文字说明。
4	断裂		表示竹器、木器、漆器胎体断裂的符号。两端线段长以5mm,两线段间随断口形状。
5	裂隙		表示下列两项的符号: 1.竹器、木器、漆器胎体裂隙。 2.漆膜裂隙。 长线随裂隙走向表示。短线以长2mm、相隔5mm为宜
6	动物损害		表示竹器、木器、漆器胎体动物危害情况的符号。单个符号大小以4mm²为宜,间隔不小于1mm。

表1 竹木漆器病害图示标识（续）

7	微生物损害		表示竹器、木器、漆器胎体微生物侵害的符号。单个符号大小以4mm²为宜，间隔不小于1mm。
8	糟朽		表示竹器、木器、漆器胎体糟朽状况的符号。单个符号大小以4mm²为宜，间隔不小于1mm。
9	盐类病害		表示竹器、木器漆器胎体微生物侵害的符号。单个符号大小以4mm²为宜，间隔不小于1mm。
10	变色	CCC CCCCC	表示下列两项的符号： 1.竹木器胎体变色。 2.彩绘褪色。 英文字母"C"代表颜色。单个符号大小以4mm²为宜，间隔不小于1mm。
11	脱落		表示下列两项的符号： 1.漆膜脱落。 2.彩绘脱落。 闭合曲线，外形随脱落形状。
12	漆膜卷曲		单个符号大小以4mm²为宜，间隔不小于1mm。
13	漆膜起泡		平行线间隔以3～5mm为宜。 曲线随漆膜起泡的底部形状。

表1 竹木漆器病害图示标识（续）

14	字迹残缺	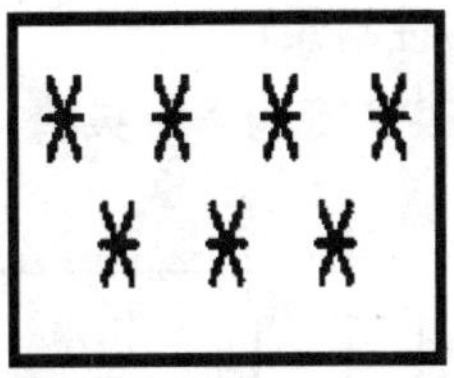 ✗ ✗ ✗ ✗ ✗ ✗ ✗	单个符号大小以4mm²为宜，间隔不小于1mm。
15	字迹模糊	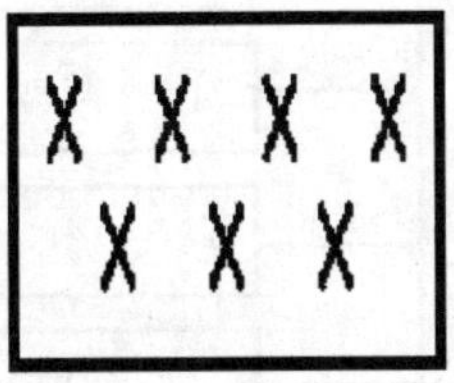 X X X X X X X	单个符号大小以4mm²为宜，间隔不小于1mm。

4.2 出土竹木漆器病害图示标识的尺寸和颜色

4.2.1 图示标识的尺寸

标识的尺寸使用时可按比例适当扩大或缩小，符号或线条之间的距离间隔应适度。符号的疏密程度可以间接反映病害的程度。

4.2.2 图示标识的颜色

标识的颜色为黑色和白色。

附录 A
（资料性附录）
出土竹木漆器类文物病害分类表

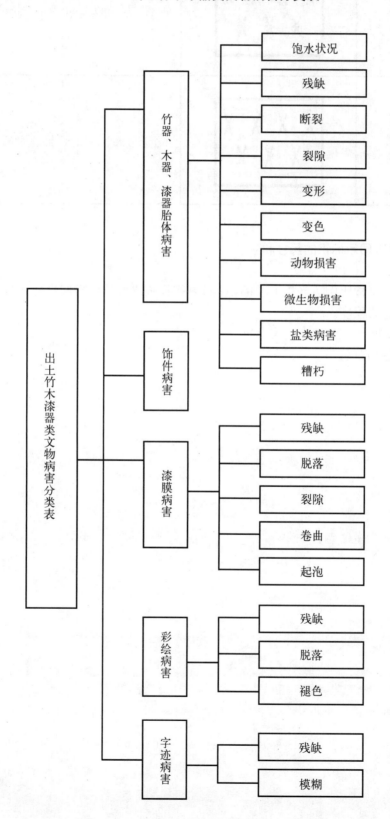

附录 B
(资料性附录)
竹木漆器类文物病害图示使用范例

图 B.1 列出了一种绘制竹木漆器类文物病害图示使用范例。

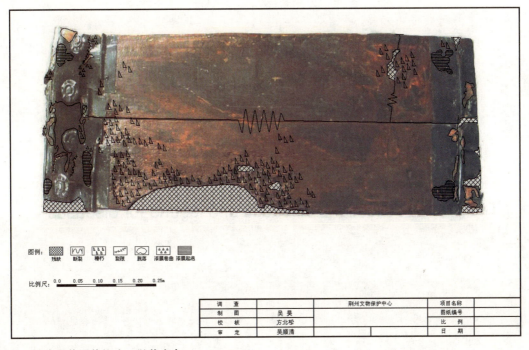

注：漆案胎体通体饱水，胎体变色。

图 B.1 ×××博物馆××文物病害分布图

A16

备案号: 23612-2008
WW/T 0004—2007

中华人民共和国文物保护行业标准

WW/T 0004-2007

馆藏青铜器病害与图示

The bronze collections diseases and legend for diseases

2008-02-29 发布

2008-03-01 实施

中华人民共和国国家文物局　　发　布

前　言

本标准的附录 A、附录 B 和附录 C 为资料性附录。

本标准由中华人民共和国国家文物局提出。

本标准由全国文物保护标准化技术委员会（SAC/TC289）归口。

本标准起草单位：中国国家博物馆。

本标准主要起草人：铁付德、胥谞、张月玲、潘路、姚青芳。

本标准是首次发布。

馆藏青铜器病害与图示

1 范围

本标准定义了馆藏青铜器病害的基本术语，并规定了馆藏青铜器病害的图示。

本标准适用于博物馆、考古所等文物收藏保管单位所藏青铜器病害的记录与图示。

2 规范性引用文件

下列文件中的条款通过本标准的引用而成为本标准的条款。凡是注日期的引用文件，其随后所有的修改单（不包括勘误的内容）或修订版均不适用于本标准，然而，鼓励根据本标准达成协议的各方研究是否可使用这些文件的最新版本。凡是不注日期的引用文件，其最新版本适用于本标准。

GB/T 10123-2001 金属和合金的腐蚀 基本术语和定义

3 术语和定义

GB/T 10123-2001确立的以及下列术语和定义适用于标准。

3.1

青铜器 bronze

青铜器是指人类历史发展过程中遗留下来的以铜锡铅合金为基体材料的器具。在含义上青铜器同青铜质文物。

3.2

馆藏青铜器 bronze collection

馆藏青铜器是指脱离开原有环境，收藏或陈列于博物馆和其他文物单位库房或展厅的青铜器。

3.3

青铜器病害 diseases of bronze collection

青铜器的病害是指青铜器因物理、化学及生物因素而造成的损害。

3.4

青铜器腐蚀 corrosion of bronze collection

青铜器的腐蚀是指青铜器基体材料与周围环境介质发生化学、电化学反应或生物作用而受到破坏的现象。

3.5

青铜器腐蚀产物 corrosion product of bronze collection

青铜器腐蚀产物是指青铜器在腐蚀过程中生成的新的物质。

3.6

青铜病 bronze disease

青铜病是指青铜器上含氯的腐蚀产物在一定条件下与青铜器基体发生循环腐蚀致使青铜器逐步粉化损坏的现象。

3.7

土锈 soil rust

土锈是指青铜器表面由土和铜锈的混合物构成的附着物。

3.8

图示 legend

以图形为主要特征记录表示青铜器病害类型的符号，主要用于青铜器病害图的绘制。

4 青铜器病害与图示

4.1 青铜器病害

青铜器的病害包含残缺、裂隙、变形、层状堆积、孔洞、瘤状物、表面硬结物、通体矿化、点腐蚀、缝隙腐蚀、全面腐蚀。

1）残缺

残缺是指青铜器受物理和化学作用导致的基体缺失。

2）裂隙

裂隙是指青铜器表面或内部开裂形成的缝隙。

3）变形

变形是指青铜器因受外力作用导致形状发生的改变。

4）层状堆积

层状堆积是指青铜器因发生层状腐蚀而导致其腐蚀产物分层堆积的现象。

5）孔洞

孔洞是指青铜器腐蚀形成的穿孔现象。

6）瘤状物

瘤状物是指青铜器表面的瘤状凸起物。

7）表面硬结物

表面硬结物是指青铜器表面覆盖铭文和花纹的硬质覆盖层。

8）通体矿化

通体矿化是指青铜器因腐蚀程度过重而导致器物整体呈酥松发脆状态。

9）点腐蚀

在点或孔穴类的小面积上的腐蚀叫点腐蚀。这是一种高度局部的腐蚀形态，孔有大有小，一般孔表面直径等于或小于它的深度，小而深的孔可能使金属穿孔；孔蚀通常发生在表面有钝化膜或有保护膜的金属。

10）缝隙腐蚀

金属表面由于存在异物或结构上的原因而形成缝隙（如铆缝、垫片或沉积物下面等），缝隙的存在使得缝隙内的溶液中与腐蚀有关的物质迁移困难，由此而引起的缝隙内金属的腐蚀，称为缝隙腐蚀。

11）全面腐蚀

腐蚀分布在整个金属表面上（包括较均匀的和不均匀的）。在全面腐蚀过程中，进行金属阳极溶解反应和物质还原反应的区域都很小（甚至是超显微的），阴、阳极区域的位置不固定，在腐蚀过程中随机变化，结果使腐蚀分布非常均匀，危害也相对小些。

4.2 青铜器病害图示

4.2.1 青铜器病害图示的尺寸

青铜器病害图示的尺寸使用时可按比例适当扩大或缩小，符号或线条之间的距离间隔应适度。符号的疏密程度可以间接反映病害的程度。

4.2.2 青铜器病害图示的颜色

青铜器病害图示的颜色一般为黑色，病害叠加区域，可考虑采用容易区分的其他颜色。

4.2.3 青铜器病害的图示

在对青铜器病害定义的基础上，确定了对应的病害图示符号，用于青铜器病害存在区域对病害的记录和图示。青铜器病害图示如表1所示，其中辅助图示用以反映整件器物的通体病害状况，一般绘制在病害图的右上角或左下角。为全面反映青铜器病害状况，应依据器物的形状特征分别绘制各个视角的病害图。附录A列出了一种绘制青铜器病害调查图示使用范例（参见图A.1）。

表1 青铜器病害图示

编号	图示符号	名称	说明
1	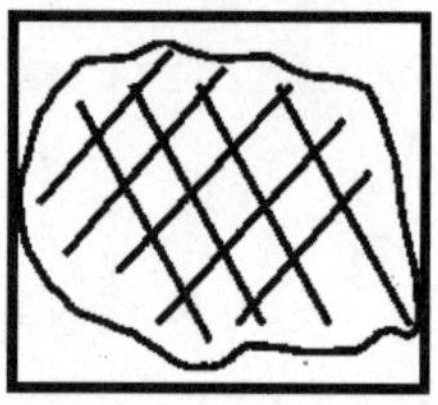	残缺 incomplete	表示馆藏青铜器残缺的符号。 平行线间隔以3~5mm为宜,外形随残缺形状,无法用图示表示时应文字说明。
2	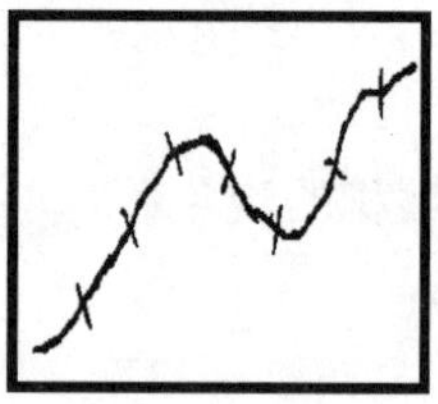	裂隙 crack	表示馆藏青铜器裂隙的符号。 长线随裂隙走向标示。短线以长2mm,相隔5mm为宜。
3	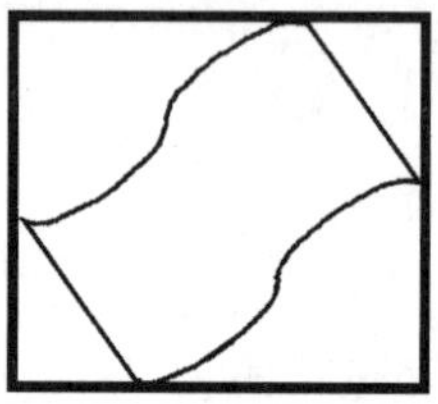	变形 deformity	表示馆藏青铜器变形的符号。 直线线段长以5mm,曲线长5~10mm为宜。
4		层状堆积 laminar deposit	表示馆藏青铜器层状堆积的符号。 长线段以层状堆积的区域边界线为限,间隔5~6mm,斜向平行短线段间隔2~3mm为宜。
5	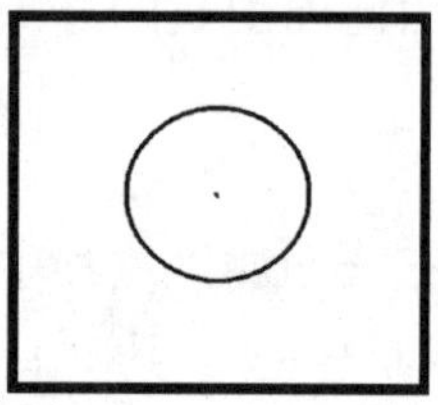	孔洞 perforation	表示馆藏青铜器孔洞的符号。 圆形直径不大于5mm,间隔不小于3mm。
6	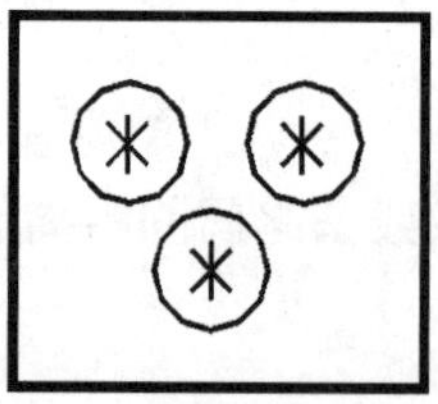	瘤状物 strumae projecture	表示馆藏青铜器表面瘤状物的符号。 圆形直径不大于5mm,间隔不小于3mm。
7	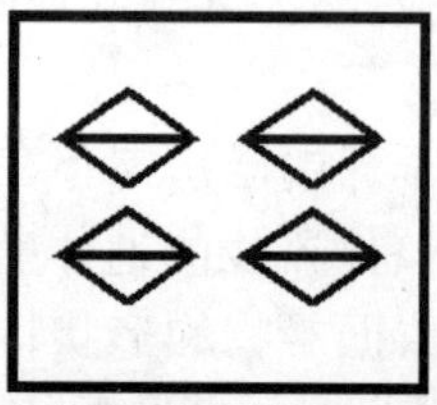	表面硬结物 surface incrustation	表示馆藏青铜器表面硬结物的符号。 菱形边线3~4mm,间隔不小于3mm。

表1 青铜器病害图示（续）

8	通体矿化	通体矿化 integer crisp	表示馆藏青铜器通体矿化的符号。 辅助图标，标注于病害图右上角或左下角， 图标长3cm，高1.5cm左右。
9		点腐蚀 pitting corrosion	表示馆藏青铜器点腐蚀的符号。 V型线段3~4mm，间隔不小于3mm。
10		缝隙腐蚀 crevice corrosion	表示馆藏青铜器缝隙腐蚀的符号。 平行线间隔2~3mm，走向随缝隙形状。
11	全面腐蚀	全面腐蚀 general corrosion	表示馆藏青铜器全面腐蚀的符号。 辅助图标，标注于病害图右上角或左下角， 图标长3cm，高1.5cm左右。

5 青铜器腐蚀产物

青铜器的腐蚀产物包括氧化物、硫化物、硫酸盐、碳酸盐、磷酸盐、硝酸盐、氯化物、氟化物等。

a）氧化物：Cu_2O 氧化亚铜，CuO 氧化铜，SnO_2 二氧化锡

b）硫化物：Cu_2S 硫化亚铜，CuS 硫化铜

c）硫酸盐：$CuSO_4 \cdot H_2O$ 水合硫酸铜，$Cu_4SO_4(OH)_6$ 碱式硫酸铜，$Cu_3SO_4(OH)_4$ 铜矾

d）碳酸盐：$CuCO_3$ 碳酸铜，$Cu_2CO_3(OH)_2$ 碱式碳酸铜

e）磷酸盐：$Cu_3(PO_4)_2$ 磷酸铜

f）硝酸盐：$Cu(NO_3)_2 \cdot 5H_2O$ 五水硝酸铜

g）氯化物：$CuCl$ 氯化亚铜，$CuCl_2$ 氯化铜，$Cu_2(OH)_3Cl$ 氯铜矿，$Cu_2(OH)_3Cl$ 副氯铜矿

h）氟化物：CuF_2 氟化铜，$Cu_2(OH)_3F$ 碱式氟化铜

6 青铜器铸造信息与修复痕迹图示

青铜器除上述病害之外，通常也需对青铜器载有的铸造信息与修复痕迹进行标示。

青铜器铸造信息图示见附录B。

青铜器修复痕迹图示见附录C。

附录　A
（资料性附录）
青铜器病害图示使用范例

图 A.1 列出了一种绘制青铜器病害图示的使用范例。

××××青铜编钟病害图（正视图）

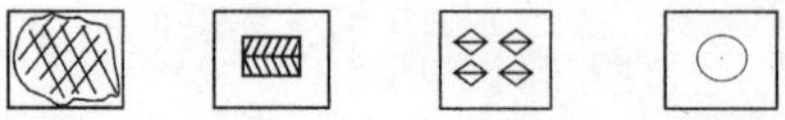

残缺　层状堆积　表面硬结物　孔洞

比例尺：×× : ××
病害图制作单位：× × × × × ×
××××年××月××日
绘制人：× × ×

图A.1　×××青铜器病害分布图

附录 B

（资料性附录）

青铜器铸造信息图示

青铜器铸造信息图形符号、名称及其使用说明见表B.1。

表 B.1　青铜器铸造信息图示

编号	图示符号	名称	说明
1	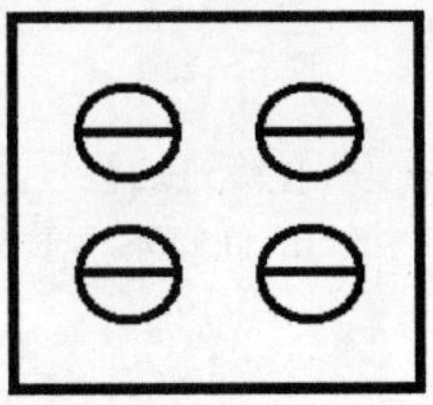	范土残留	表示馆藏青铜器铸造范土残留的信息。 圆形直径不大于5mm,间隔不小于3mm。
2	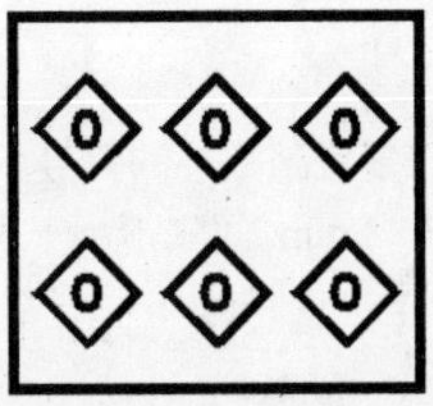	表面加工痕迹	表示馆藏青铜器铸造表面加工痕迹信息的符号。 菱形边线3～4mm,间隔不小于3mm。
3		铸造垫片	表示馆藏青铜器铸造垫片信息的符号。 单个图例不小于4mm,间隔不小于3mm。
4	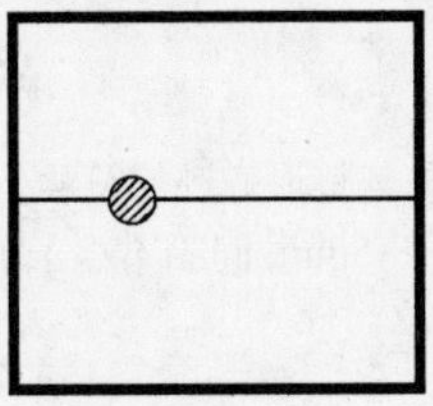	铸造缺陷	表示馆藏青铜器铸造缺陷信息的符号。 直线段以缺陷边界为限,圆形直径不小于3mm,间隔不小于5mm。
5	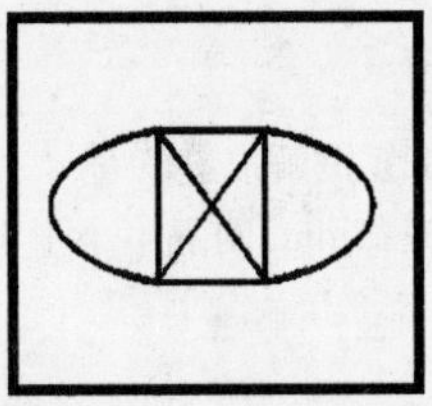	补铸痕迹	表示馆藏青铜器补铸信息的符号。 椭圆长向不小于5mm,短向不小于3mm。

附 录 C
（资料性附录）
青铜器修复痕迹图示

青铜器修复痕迹图形符号、名称及其使用说明见表C.1。

表C.1　青铜器修复痕迹图示

编号	图示符号	名称	说明
1		焊接痕迹	表示馆藏青铜器修复焊接痕迹的符号。 单个图例大小约3~5mm，间隔不小于3mm。
2		胶结痕迹	表示馆藏青铜器修复胶结痕迹的符号。 单个图例大小约3~5mm，间隔不小于3mm。
3		补配痕迹	表示馆藏青铜器修复补配痕迹的符号。 单个图例大小约3~5mm，间隔不小于3mm。
4		整形痕迹	表示馆藏青铜器修复整形痕迹的符号。 单个图例大小约3~5mm，间隔不小于3mm。
5		锯解痕迹	表示馆藏青铜器修复锯解痕迹的符号。 单个图例大小约3~5mm，间隔不小于3mm。

A16
备案号：23613-2008

中华人民共和国文物保护行业标准

WW/T 0005-2007

馆藏铁质文物病害与图示

The iron collections diseases and legend for diseases

2008-02-29 发布   2008-03-01 实施

中华人民共和国国家文物局   发 布

前　言

本标准的附录 A、附录 B 和附录 C 为资料性附录。

本标准由中华人民共和国国家文物局提出。

本标准由全国文物保护标准化技术委员会(SAC/TC289)归口。

本标准起草单位：中国国家博物馆。

本标准主要起草人：杨小林、李艳萍、马立治、潘路、姚青芳。

本标准是首次发布。

馆藏铁质文物病害与图示

1 范围

本标准界定了馆藏铁质文物病害的一般性术语，并规定了馆藏铁质文物病害的图示。

本标准适用于博物馆、考古所等文物收藏保管单位所藏铁质类文物病害的记录与图示。

2 规范性引用文件

下列文件中的条款通过本标准的引用而成为本标准的条款。凡是注日期的引用文件，其随后所有的修改单（不包括勘误的内容）或修订版均不适用于本标准，然而，鼓励根据本标准达成协议的各方研究是否可使用这些文件的最新版本。凡是不注日期的引用文件，其最新版本适用于本标准。

GB/T 10123-2001 金属和合金的腐蚀 基本术语和定义

3 术语和定义

GB/T 10123-2001确立的以及下列术语和定义适用于本标准。

3.1

铁质文物 iron collection

铁质文物指以铁为基本制作材料的器物，通常也被称为"铁器"。

3.2

馆藏铁质文物 iron collection in museum

馆藏铁质文物是指脱离开原有环境,收藏或陈列于博物馆和其他文物单位库房或展厅的铁质文物。

3.3

铁质文物病害 diseases of iron collection

铁质文物病害指铁质文物因物理、化学及生物因素造成的损害。

3.4

铁质文物腐蚀 corrosion of iron collection

铁质文物的腐蚀是指铁质文物基体材料与周围环境介质发生生物作用、化学或电化学反应而受到破坏的现象。

3.5

铁质文物腐蚀产物 corrosion product of iron collection

铁质文物腐蚀产物是指铁质文物在腐蚀过程中生成的新物质，俗称"铁锈"。

3.6

土锈 soil rust

土锈是指铁质文物表面由土和铁锈的混合物构成的附着物。

3.7

图示 legend

以图形为主要特征记录表示铁质文物病害类型的符号，主要用于铁质文物病害图的绘制。

4 铁质文物病害与图示

4.1 铁质文物病害

铁质文物病害包括：残缺、裂隙、变形、层状剥离、孔洞、瘤状物、表面硬结物、通体矿化、点腐蚀、缝隙腐蚀、全面腐蚀。

1）残缺

残缺是指铁质文物受物理和化学作用导致的基体缺失。

2）裂隙

裂隙是指铁质文物表面或内部开裂形成的缝隙。

3）变形

变形是指铁质文物因受外力作用，致使形状发生改变。

4）层状剥离

层状剥离是指铁质文物因物理、化学和生物等因素造成表面覆盖物成片脱落。

5）孔洞

孔洞是指铁质文物腐蚀形成的穿孔现象。

6）瘤状物

瘤状物是指铁质文物局部隆起的块状物。

7）表面硬结物

表面硬结物是指铁质文物表面的硬质附着物，常覆盖铭文及花纹。

8）通体矿化

通体矿化是指铁质文物因腐蚀程度过重而导致器物整体呈酥松发脆状态。

9）点腐蚀

在点或孔穴类的小面积上的腐蚀叫点腐蚀。这是一种高度局部的腐蚀形态，孔有大有小，一般孔表面直径等于或小于它的深度，小而深的孔可能使金属穿孔；孔蚀通常发生在表面有钝化膜或有保护膜的金属。

10）缝隙腐蚀

金属表面由于存在异物或结构上的原因而形成缝隙（如铆缝、垫片或沉积物下面等），缝隙的存在使得缝隙内的溶液中与腐蚀有关的物质迁移困难，由此而引起的缝隙内金属的腐蚀，称为缝隙腐蚀。

11）全面腐蚀

腐蚀分布在整个金属表面上（包括较均匀的和不均匀的）。在全面腐蚀过程中，进行金属阳极溶解反应和物质还原反应的区域都很小（甚至是超显微的），阴、阳极区域的位置不固定，在腐蚀过程中随机变化，结果使腐蚀分布非常均匀，危害也相对小些。

4.2 铁质文物病害图示

4.2.1 铁质文物病害图示的尺寸

图示的尺寸使用时可按比例适当扩大或缩小，符号或线条之间的距离间隔应适度。符号的疏密程度可以间接反映病害的程度。

4.2.2 图示的颜色

图示的颜色一般为黑色，病害叠加区域，可考虑采用容易区分的其他颜色。

4.2.3 铁质文物病害的图示

在上述铁质文物病害定义的基础上，确定了对应的病害图示符号，用于铁质文物病害存在区域对病害的记录和图示。铁质文物病害图示如表1所示，其中辅助图例用以反映整件器物的通体病害状况，一般绘制在病害图的右上角或左下角。为全面反映铁质文物病害状况，应依据器物的形状特征，分别绘制各个视角的病害图。附录A列出一种绘制铁质文物病害图示使用范例（参见图A.1）。

表 1 铁质文物病害图示

编号	图示符号	名称	说明
1	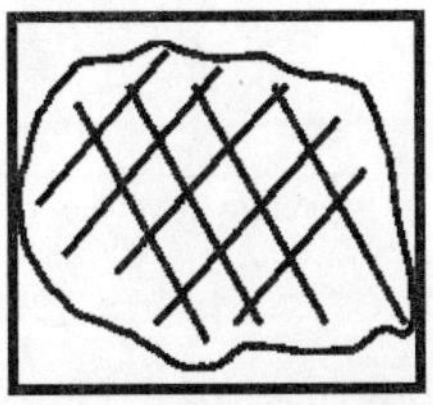	残缺 incomplete	表示馆藏铁质文物残缺的符号。 平行线间隔以 3～5mm 为宜，外形随残缺形状，无法用图示表示时应文字说明。
2	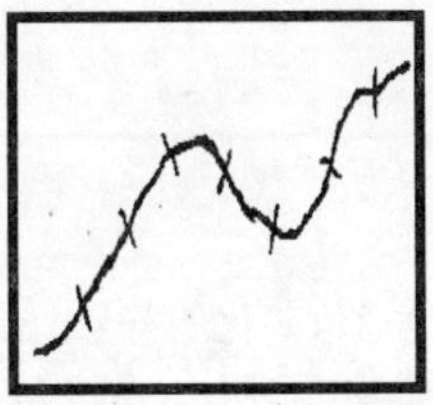	裂隙 crack	表示馆藏铁质文物裂隙的符号。 长线随裂隙走向表示。短线以长 2mm，相隔 5mm 为宜。
3	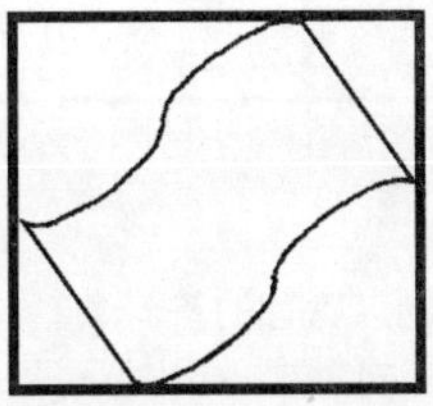	变形 deformity	表示馆藏铁质文物变形的符号。 直线线段长以 5mm，曲线长 5～10mm 为宜。
4		层状剥离 layered spalling	表示馆藏铁质文物层状剥离的符号。 长线段以层状堆积的区域边界线为限，间隔 5～6mm，斜向平行短线段间隔 2～3mm 为宜。上下两组图形间隔 2～3mm。
5	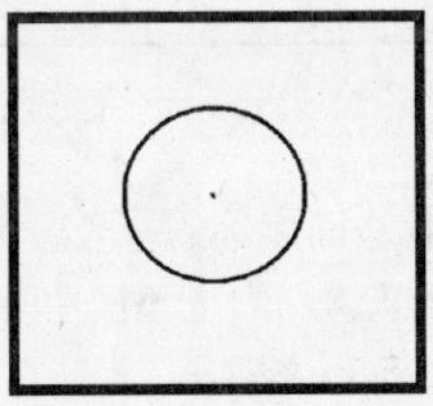	孔洞 perforation	表示馆藏铁质文物孔洞的符号。 圆形直径不大于 5mm，间隔不小于 3mm。
6	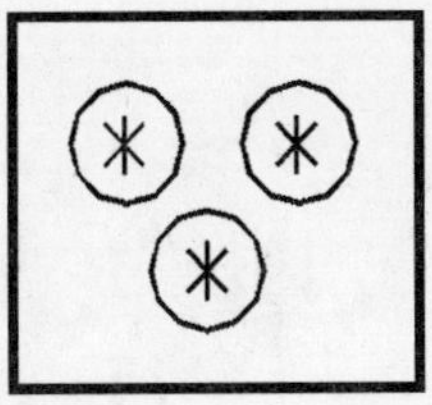	瘤状物 strumae projecture	表示馆藏铁质文物表面瘤状物的符号。 圆形直径不大于 5mm，间隔不小于 3mm。

表 1   铁质文物病害图示（续）

7	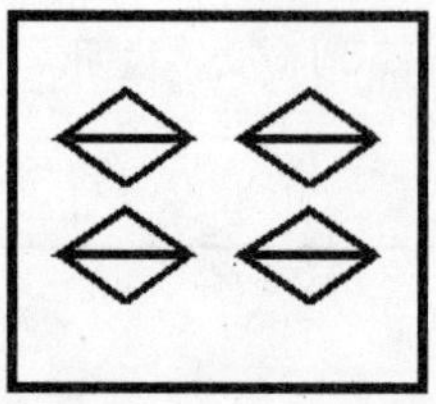 （菱形符号图示）	表面硬结物 surface incrustation	表示馆藏铁质文物表面硬结物的符号。 菱形边线 3～4mm,间隔不小于 3mm。
8	通体矿化	通体矿化 integer crisp	表示馆藏铁质文物通体矿化的符号。 辅助图标。标注于病害图右上角或左下角, 图标长 3cm，高 1.5cm 左右。
9	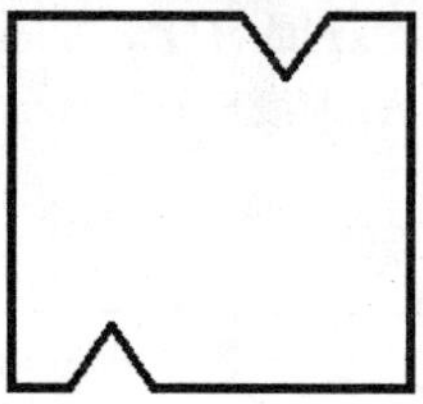 （V型符号图示）	点腐蚀 pitting corrosion	表示馆藏铁质文物点腐蚀的符号。 V 型线段 3～4mm,间隔不小于 3mm。
10	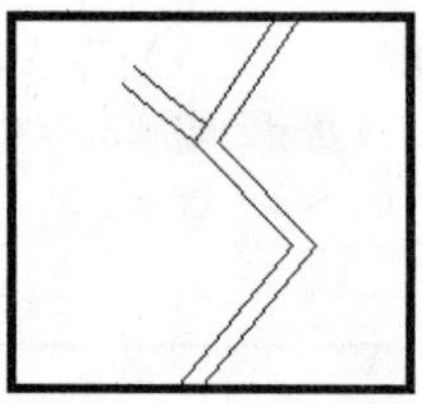 （缝隙符号图示）	缝隙腐蚀 crevice corrosion	表示馆藏铁质文物缝隙腐蚀的符号。 平行线间隔 2～3mm,走向随缝隙形状。
11	全面腐蚀	全面腐蚀 general corrosion	表示馆藏铁质文物全面腐蚀的符号。 辅助图标。标注于病害图右上角或左下角, 图标长 3cm，高 1.5cm 左右。

5 **铁质文物腐蚀产物**

铁质文物腐蚀产物包括氢氧化物、氧化物、硫化物、氯化物、碳酸盐、硅酸盐、硫酸盐等。

1）氢氧化物：$FeO \cdot OH$ 羟基氧化铁

2）氧化物：Fe_3O_4 四氧化三铁，Fe_2O_3 氧化铁，FeO 氧化亚铁

3）硫化物：FeS 硫化亚铁，Fe_2S_3 硫化铁

4）氯化物：$FeCl_3 \cdot nH_2O$ 水合氯化铁，$FeCl_2 \cdot nH_2O$ 水合氯化亚铁。

5）碳酸盐：$Fe(HCO_3)_2$ 碳酸亚铁

6）硅酸盐：Fe_2SiO_4 硅酸亚铁

7）硫酸盐：$Fe_2(SO_4)_3 \cdot 5H_2O$ 五水硫酸铁

6 **铁质文物铸造信息与修复痕迹图示。**

铁质文物除上述病害之外，还应包含铁质文物载有的铸造信息与修复痕迹。

铁质文物铸造信息图示见附录B。

铁质文物修复痕迹图示见附录C。

附录 A

（资料性附录）

铁质文物病害图示使用范例

图 A.1 列出了一种铁质文物病害图示的使用范例。

病害图（正视图）

表面硬结物　　孔洞　　表面瘤状物　　点腐蚀

比例尺：××：××

病害图制作单位：××××××

××××年××月××日

绘制人：×××

图 A.1　×××铁质文物病害分布图

附录 B
（资料性附录）
铁质文物铸造信息图示

铁质文物铸造信息图示符号、名称及其使用说明见表 B.1。

表 B.1　铁质文物铸造信息图示

编号	图示符号	名称	说明
1		范土残留	表示馆藏铁质文物铸造范土残留信息的符号。 圆形直径不大于 5mm，间隔不小于 3mm。
2		表面加工痕迹	表示馆藏铁质文物铸造表面加工痕迹信息的符号。 菱形边线 3～4mm，间隔不小于 3mm。
3		铸造垫片	表示馆藏铁质文物铸造垫片信息的符号。 单个图例不小于 3～5mm，间隔不小于 3mm。
4		铸造缺陷	表示馆藏铁质文物铸造缺陷信息的符号。 直线段以缺陷边界为限，圆形直径不小于 3mm，间隔不小于 5mm。
5		补铸痕迹	表示馆藏铁质文物补铸信息的符号。 椭圆长向不小于 5mm，短向不小于 3mm。

附录 C
（资料性附录）
铁质文物修复痕迹图示

铁质文物修复痕迹图示符号、名称及其使用说明见表C.1。

表C.1 铁质文物修复痕迹图示

编号	图示符号	名称	说明
1		焊接痕迹	表示馆藏铁质文物修复焊接痕迹的符号。 单个图例大小约3～5mm，间隔不小于3mm。
2		胶结痕迹	表示馆藏铁质文物修复胶结痕迹的符号。 单个图例大小约3～5mm，间隔不小于3mm。
3		补配痕迹	表示馆藏铁质文物修复补配痕迹的符号。 单个图例大小约3～5mm，间隔不小于3mm。
4		整形痕迹	表示馆藏铁质文物修复整形痕迹的符号。 单个图例大小约3～5mm，间隔不小于3mm。
5		锯解痕迹	表示馆藏铁质文物修复锯解痕迹的符号。 单个图例大小约3～5mm，间隔不小于3mm。

A16
备案号：23614-2008

中华人民共和国文物保护行业标准

WW/T 0006-2007

古代壁画现状调查规范

Specification for condition survey of ancient murals

2008-02-29 发布　　　　　　　　　　　　2008-03-01 实施

中华人民共和国国家文物局　　发　布

前　言

本标准的附录 F 为规范性附录，附录 A、附录 B、附录 C、附录 D、附录 E 为资料性附录。

本标准由中华人民共和国国家文物局提出。

本标准由全国文物保护标准化技术委员会(SAC/TC289)归口。

本标准起草单位：敦煌研究院。

本标准主要起草人：王旭东、陈港泉、樊再轩、苏伯民、段修业、汪万福、王小伟、傅鹏、徐淑青、薛平、范宇权。

本标准是首次发布。

古代壁画现状调查规范

1 范围

本标准规定了古代壁画现状调查的工作内容、工作程序、工作方法和现状调查报告的相关格式。

本标准适用于我国古文化遗址、古墓葬、古建筑、石窟寺、近现代建（构）筑物的壁画以及馆藏壁画的病害调查和壁画保护修复工程。

2 规范性引用文件

下列文件中的条款通过本标准的引用而成为本标准的条款。凡是注日期的引用文件，其随后所有的修改单（不包括勘误的内容）或修订版均不适用于本标准，然而，鼓励根据本标准达成协议的各方研究是否可使用这些文件的最新版本。凡是不注日期的引用文件，其最新版本适用于本标准。

WW/T 0001-2007 古代壁画病害与图示

3 术语和定义

WW/T 0001-2007确立的以及下列术语和定义适用于本标准。

3.1
现状调查 condition survey

对壁画保存现状的记录以及对壁画保存产生影响的各种因素，如壁画赋存环境条件、壁画结构与制作材料、人为干预历史等的考察和分析。内容包括：前期调查、环境调查、测绘、摄影、壁画病害调查、壁画制作材料及工艺分析。

3.2
价值评估 value assessment

对古代壁画所具有的历史价值、艺术价值和科学价值所进行的评估。

4 现状调查

4.1 壁画价值评估调查
4.1.1 价值评估调查方法

通过文献调研、现场调查、考古研究等方法了解并逐渐认识保护对象的价值所在。

4.1.2 壁画历史价值包括：

a）因某种重要历史原因而绘制，并真实地反映了这种历史实际；

b）真实反映某重要事件或重要人物活动的壁画；

c）反映了某一历史时期的物质生产、生活方式、思想观念、风俗习惯等；

d）可以证实、订正、补充文献的史实；

e）年代和类型独特珍稀，或在同一类型中具有代表性；

f）能够反映出壁画历史的发展变化。

4.1.3 壁画艺术价值包括：

a）绘画风格独特，具有鲜明的地域性、阶段性、民族性等个性特征，或在同一类型中具有代表性；

b）具有被当前或以往，或是部分区域内民众的审美要求和审美倾向所认可的审美效果；

c）在年代、类型、题材、形式、工艺等方面具有创意的构思和表现手法。

4.1.4 壁画科学价值专指在科学史和技术史方面的价值，体现在：

　　a）壁画中表现或记录了重要的科学技术资料；

　　b）壁画结构、材料、工艺，以及它们所代表的当时科学技术水平，或科学技术发展过程中的重要环节。

4.2　前期调查

4.2.1　调查壁画及其支撑体的材质与结构。

4.2.2　调查、了解壁画病害种类及其分布。

4.2.3　调查壁画的自然和人为影响情况，壁画保存状况，壁画所在单位的开放、管理状况。

4.2.4　调查、收集与壁画有关的历史文献，并对其价值做出评估。

4.3　环境调查

4.3.1　采取收集文献资料、现场调查或监测的方式，采集与被保护对象密切相关的气候、水文、地质环境等信息或数据。

4.3.2　壁画依托的建（构）筑物所处大环境气象数据采集

　　采集项目内容包括：温湿度，降水量，风速、风向，光照度。

4.3.3　地质环境调查

　　调查项目包括：地层，地层岩性，地质结构构造，不良地质现象，地下水环境。

4.3.4　壁画依存的（室内）小环境气象数据采集

4.3.4.1　采集项目内容包括：温湿度，壁画支撑体水汽状况，光照度。

4.3.4.2　数据采集探头布置。以水平和垂直方向布点，布点方法和数量以能够反映出壁画所处环境状况为原则。

4.3.5　气象监测时段。对壁画依托的建（构）筑物所处大环境和壁画依存的气象小环境应进行不少于一年的连续监测，风速、风向、温湿度数据采集时间间隔不应长于30分钟。

4.3.6　气象环境监测应采用规范的记录格式。记录格式参见附录A。

4.3.7　对环境监测取得的数据进行处理，应得出各气象数据日、月、年的极值、均值，得出地质调查结论，提交环境调查报告。

4.3.8　有特殊需要还可进行空气质量指数或其他有害气体的监测，如悬浮颗粒物、二氧化硫、氮氧化物、二氧化碳等项目。

4.4　测绘

4.4.1　测绘图种类。对被保护对象所依托的建（构）筑物进行平、剖（纵、横）面图测绘以及壁画所依托的各壁面展开图测绘。条件允许也可进行平面投影图测绘。

4.4.2　测绘图比例。根据被保护对象所依托的建筑体量的大小，平、剖（纵、横）面图和各壁面展开图比例尺一般选择1：5至1：200范围。平、剖（纵、横）面测绘图幅面的大小不应小于A4纸（297mm × 210mm）幅面，各壁面展开图不宜小于A4纸幅面。

4.4.3　测量精度。不同比例尺的测绘图，其测量精度应满足表1。

表1　测量精度要求

比例	1：5	1：10	1：20	1：50	1：50	1：100	1：200
精度%	≤ 0.1	≤ 0.2	≤ 0.25	≤ 0.3	≤ 0.4	≤ 0.5	≤ 0.6

4.4.4　测绘设备。根据条件和现场状况，可以选择小平板仪、全站仪、三维扫描仪、近景数字摄影等方式进行单独或组合测量，应尽量选择精度好、自动化程度高的工具。

4.4.5　其他要求。各测绘图应采用字号合适的宋体字标明该图的名称，有方向指示（平面图）、线段比例尺。图注框中应有测量单位、图名、项目名称、测绘人、校核人、审定人、图纸编号、测绘时间、数字比例尺等内容。字号、字体、字的编排以清晰明了为原则。附录B列出了几种测绘图的示例。

4.5 摄影

4.5.1　相机选择与摄影方式。使用数码照相机全景摄影方式记录壁画的原始状况。

4.5.2　相机镜头选择。宜采用35mm或50mm标准镜头。

4.5.3　拍摄精度。拍摄对象实际分辨率不应低于75dpi。

4.5.4　光源要求。光拍摄应使用恒定色温光源，色温值宜在5500K左右。拍摄区域布光应均匀。

4.5.5　拍摄时应保持相机的水平或与拍照壁面垂直。

4.5.6　对于壁画壁面较大，一幅照片拍摄不能满足精度要求时，应对壁面分区域并编号，按照一定的顺序依次拍照。拍照按4.5.1至4.5.5的步骤进行。

4.5.7　摄影过程应采用规范的记录格式。记录格式参见附录C。

4.5.8　应建立调查对象摄影记录档案。记录档案中还应有按照4.5.1至4.5.5的步骤进行的、配置色标卡和标尺的壁画照片。

4.6 壁画病害调查

4.6.1　目的。调查壁画病害种类和分布状况等现状，以图示和文字的形式进行说明。

4.6.2　调查方式。可根据条件选择计算机绘制或手工绘制壁画病害。

4.6.3　计算机绘制壁画病害图

4.6.3.1　宜采用AUTOCAD、CorelDRAW等适用的软件作为病害标识数字化的工具，以壁画整幅数码相机拍照的、无变形的图片作为底图，嵌入相应的壁面测绘展开图中。

4.6.3.2　对壁面测绘展开图建立平面直角坐标系，原点位置的确定取决于是否较易测量和计算，一般以壁面左下角为原点，与地面交界线为X轴。

4.6.3.3　通过现场调查，按照WW/T 0001-2007中规定的图例辅以计算机绘制的方式完成不同病害标注。

4.6.3.4　每一种病害单独作为一个图层。

4.6.3.5　若壁画面积较大，可以对壁面进行等距离网格划分并编号，分区域进行计算机绘制壁画病害。步骤按4.6.3.1至4.6.3.4进行。

4.6.4　手工绘制壁画病害图

4.6.4.1　打印出需要进行壁画病害现状调查的整幅壁画图片（不宜小于A4规格纸张的大小）。

4.6.4.2　将透明的薄膜纸覆盖于打印出的壁画图片上，在薄膜纸上框画出所要调查的壁画的四周以固定薄膜纸的位置。

4.6.4.3　按照WW/T 0001-2007中规定的图例在薄膜纸上标出壁画病害。

4.6.4.4　如果壁画的壁面面积较大，可以将4.4形成的壁面测绘展开图按适合拍照的区域进行划分、编号，对各区域拍照后打印出来（不宜小于A4规格纸张的大小），再将透明的薄膜纸覆盖于打印出的照片上，按照4.6.4.3的要求进行壁画病害详细调查。

4.6.4.5　手工绘制壁画病害时可以根据壁画病害情况，以清晰明了为原则，有选择地绘制几种病害于一张图上。

4.6.5　壁画病害详细调查图中要标注调查单位、项目名称、图名、图例、线段比例尺、调查、制图、校核、审定、图纸编号、调查日期等项目。字号、字体、字的编排以清晰明了为原则。附录D列出了采用计算机和手工绘制壁画病害调查图的示例。

4.6.6　壁画详细调查应根据情况附有能反映出壁画病害特征的、清晰的图片。图片应配有比例尺、色标卡。

4.7 壁画制作材料及工艺分析

4.7.1　分析取样

4.7.1.1 取样原则。根据保护修复工作的需要确定取样的位置，再根据可能采用的分析方法来确定取样量。取样应选择壁画的破损或不重要的画面部位。宜采用无损分析方法。

4.7.1.2 取样方法。针对不同的研究目标决定取样的方法，可取块状、粉末状样品。对壁画支撑体和地仗层可以采用钻孔取样的方法。取样前根据壁画的保存现状，可采用适当的方法对壁画表面进行清理。

4.7.1.3 样品的编号。编号可以英文、拼音字母加序号来反映保护对象、样品种类等信息。

4.7.1.4 样品记录。记录内容包括项目名称、取样目的、取样者、取样时间、样品编号、取样位置、样品描述、取样方法、分析方法等，应配有必要的取样位置照片（照片应附有比例尺和色标卡）。取样记录表参见附录E。取样位置和编号应在数字或打印出的壁面图中标示。

4.7.2 样品分析

4.7.2.1 壁画底色层和颜料层的分析。应解析壁画底色层、颜料层的结构和组成。

4.7.2.2 壁画地仗层的分析。应解析地仗层结构，并根据地仗层存在状况的不同，有选择地进行地仗层物理力学性质测试（密度，颗粒密度，粒径，加筋材料含量，孔隙率，含水量，界限含水量，收缩性，膨胀性，力学强度等）和化学分析（化学全分析，可溶盐的种类、含量及分布等）。

4.7.2.3 壁画支撑体的分析。根据支撑体的不同，有选择地进行支撑体的物理力学性质测试（密度，颗粒密度，粒径，孔隙率，含水量，界限含水量，收缩性，膨胀性，力学强度等）及化学分析（化学全分析、岩相分析，可溶盐的种类、含量及分布）。应分析馆藏壁画支撑体的物理化学特性。

4.7.3 壁画色度监测。宜对壁画画面中主要颜色的色度进行测定。

4.8 现状调查报告编写格式

4.8.1 现状调查报告内容：

   a) 应有委托单位、承担单位、技术负责人、项目负责人、报告编写人、报告审核人、主要参加人员等内容；

   b) 用于保护修复工程的现状调查报告应附有现状调查承担单位的文物保护工程勘察设计资质证书；

   c) 调查内容。包括：基本状况（自然和人为影响情况，开放、管理状况，历史保护记录调查等）、调查对象价值评估、环境调查结果、调查对象测绘图、壁画病害调查结果（图）、壁画制作材料与工艺研究结果等；

   d) 现状调查报告应有评估、结论及建议。

4.8.2 现状调查报告封面格式应遵照附录F，幅面尺寸为210mm×297mm，即A4规格的纸张尺寸。封面格式根据字数的多少选择字号、字体，并进行适宜编排。现状调查报告正文以宋体、小四号字进行适宜的编排。

附录　A

（资料性附录）

壁画现状调查——气象环境监测记录表格式

表 A.1 列出了一种壁画现状调查——气象环境监测记录表的格式。

表 A.1　××××（调查对象）壁画现状调查——气象环境监测记录表

序号	监测探头类型	放置时间	放置位置	采集频率	放置人	备注

附录 B

（资料性附录）

洞窟测绘图示例

图 B.1、B.2、B.3 分别列出了洞窟平面测绘图、洞窟纵剖面图、洞窟壁面展开图的绘制样式。

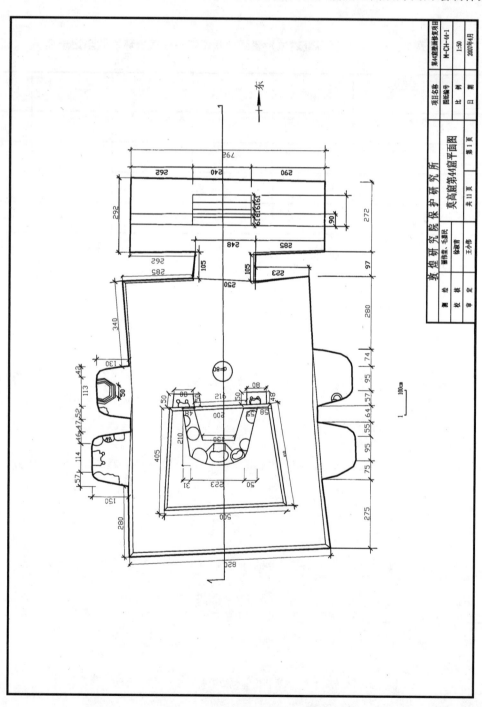

图 B.1　洞窟平面测绘示例图

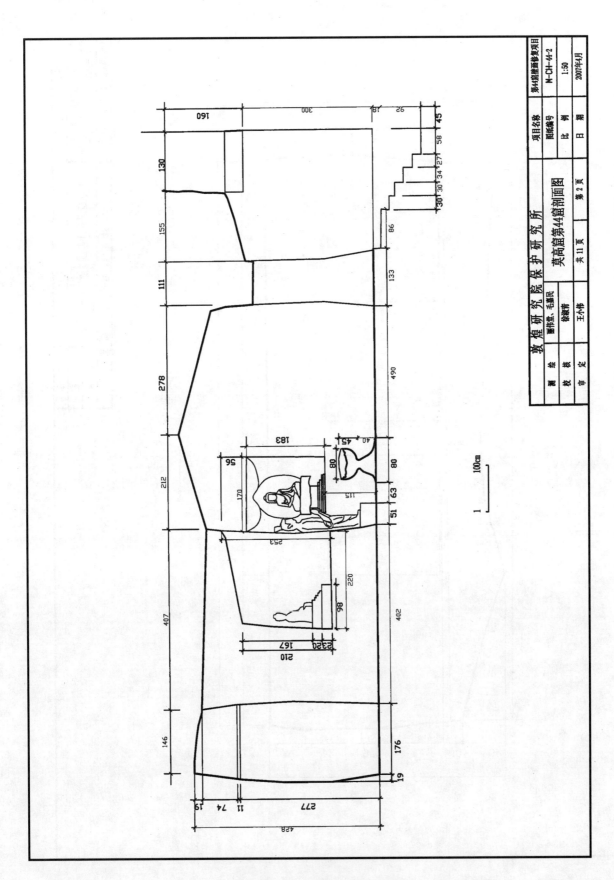

图 B.2　洞窟纵剖面示例图

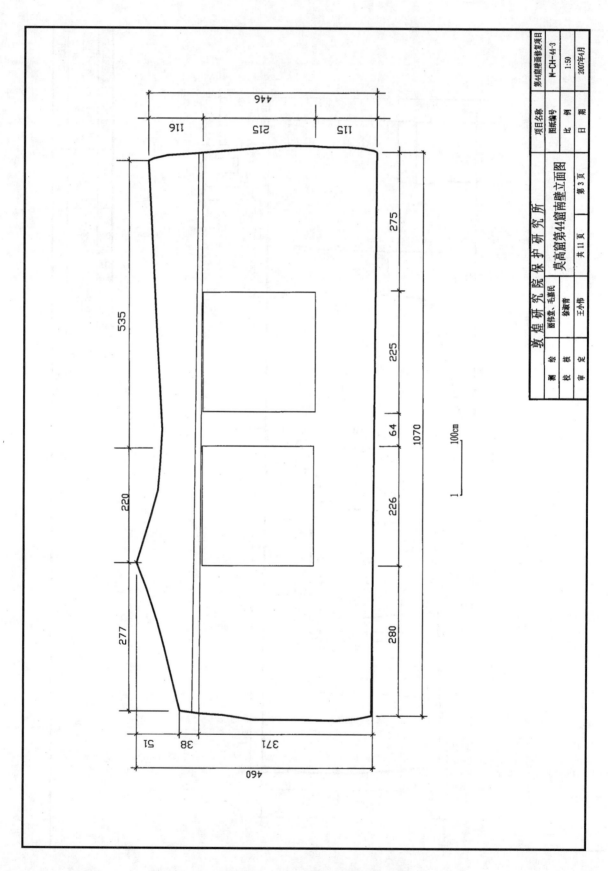

图 B.3　洞窟壁面展开图示例图

附录 C
（资料性附录）
壁画现状调查——摄影调查记录表表格式

表C.1列出了一种壁画现状调查——摄影调查记录表的格式。

表 C.1 ××××（调查对象）壁画现状调查——摄影调查记录表

序号	编号	相机型号	镜头	焦距	曝光时间	光圈	拍摄距离	拍摄时间	拍摄位置	光源	拍摄人	备注

附录 D
（资料性附录）
壁画病害现状调查图示例

图 D.1、D.2 分别列出了采用计算机和手工绘制的壁画病害现状调查图的样式。

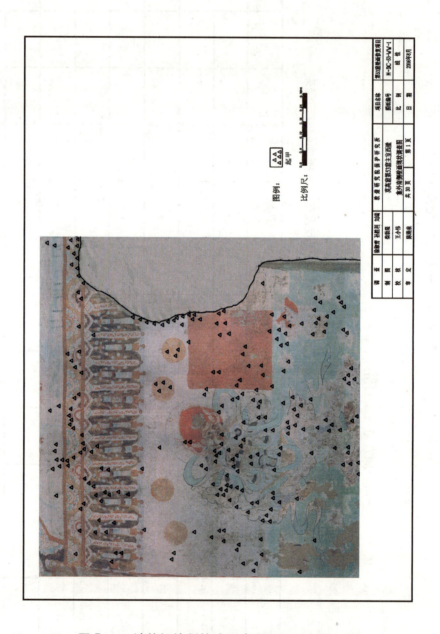

图 D.1   计算机绘制的壁画病害现状调查图示例

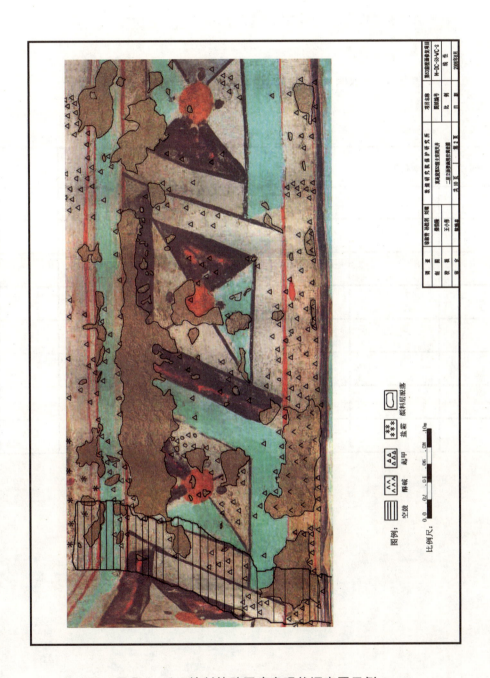

图D.2 手工绘制的壁画病害现状调查图示例

附录 E

（资料性附录）

壁画现状调查——取样记录表格式

表 E.1 列出了一种壁画壁画现状调查——取样记录表格式。

表 E.1 ××××（调查对象）壁画现状调查——取样记录表

取样人：   取样时间：

序号	编号	取样目的	取样位置	样品描述	取样方式	分析方法	样品照片编号	备注

附录　F
（规范性附录）
壁画现状调查报告封面格式

×××× （调查对象）
壁画现状调查报告

×××××××　（承担单位）

××××年××月
中华人民共和国国家文物局制

参考文献

[1]　《中国文物古迹保护准则》，国际古迹遗址理事会中国国家委员会，2000 年 10 月，
承德。

A16
备案号：23615-2008

中华人民共和国文物保护行业标准

WW/T 0007-2007

石质文物保护修复方案编写规范

Specification for compilation of conservation and restoration
plan of ancient stone objects

2008-02-29 发布   2008-03-01 实施

中华人民共和国国家文物局   发 布

前　言

本标准的附录 B、附录 C、附录 D 为规范性附录，附录 A 为资料性附录。

本标准由中华人民共和国国家文物局提出。

本标准由全国文物保护标准化技术委员会(SAC/TC289)归口。

本标准起草单位：西安文物保护修复中心。

本标准主要起草人：马涛、齐洋、周伟强、阎敏、周萍、甄刚。

本标准是首次发布。

石质文物保护修复方案编写规范

1 范围

本标准规定了石质文物保护修复中的基本术语，确定了保护修复方案编写的文本内容和格式。本标准适用于石质文物保护修复方案、石质文物保护工程设计、施工方案的编写。

2 规范性引用文件

下列文件中的条款通过本标准的引用而成为本标准的条款。凡是注日期的引用文件，其随后所有的修改单（不包括勘误的内容）或修订版均不适用于本标准，然而，鼓励根据本标准达成协议的各方研究是否可使用这些文件的最新版本。凡是不注日期的引用文件，其最新版本适用于本标准。

GB 8978-1996 污水综合排放标准

GB/T 18883-2002 室内空气质量标准

GB 50016-2006 建筑设计防火规范

WW/T 0002-2007 石质文物病害分类与图示

中国文物古迹保护准则

3 术语和定义

下列术语和定义适用于本标准。

3.1

石质文物 ancient stone objects

石质文物是指各级文博单位收藏或保存的，在人类历史发展过程中遗留下来的具有历史、艺术、科学价值的，以天然石材为原材料加工制作的遗物。主要包括石刻文字、石雕(刻)艺术品与石器时代的石制用具三大类别，以及各类文博单位收藏的建筑石构件、摩崖题刻等。不可移动的石窟寺、摩崖题刻及石构建筑不属于本规范的范畴。

3.2

石质文物病害 diseases of the ancient stone objects

指在长期使用、流传、保存过程中由于环境变化、营力侵蚀、人为破坏等因素导致的石质文物在物质成分、结构构造、甚至外貌形态上所发生的一系列不利于文物安全或有损文物外貌的变化为石质文物的病害。

（石质文物的病害类型详见 WW/T 0002-2007）。

3.3

石质文物保护修复技术 conservation & restoration techniques on the ancient stone objects

指为消除或减缓石质文物病害所实施的技术措施。一般石质文物的保护修复措施包括地基处理、表面清洗、渗透加固、粘结灌浆与机械加固、补配修复、封护处理等。陈放环境的改善也是重要的保护措施之一。

3.3.1

地基处理 consolidating of the foundations of ancient stone objects

指对石刻地基的加固、阻隔地下毛细水、地基周边散水与排水处理，以及石质文物的抬升、扶正、稳固处理等。

3.3.2

表面清洗 surface cleaning

指去除石质表面附着的风化物、沉积的污染物等外来有害物质，并使它们的原有风貌尽可能地得以恢复。

3.3.3

渗透加固　consolidating

指对因风化作用导致的石质文物弱化表层，通过在风化孔隙中引入、补充合适的加固剂材料，来增加或恢复其应有的强度。

3.3.4

黏结、灌浆与机械加固　adhering, grouting and mechanical consolidating

黏结是指对石质文物断裂部位的联接。灌浆是指对石质文物裂缝、空鼓部位的填充粘结。机械加固是指对较大断裂、危险裂隙部位用锚杆、锚筋或机具等进行的力学加固措施。

3.3.5

补配修复　repair of the lacuna

指针对破裂、残断、甚至缺损的石质文物，所进行的补配等简单的修复处理措施。

3.3.6

封护处理　water repellent treatment

指通过在石质文物表面涂覆憎水材料，以减少雨水、空气污染物及地衣生长等对石质文物表面的侵蚀，良好的封护处理还有助于减少冻融对石质文物的影响。

3.4

前期研究　the pre-studies on the conservation and restoration of ancient stone objects

为编制石质文物保护修复方案，对拟采用方法进行的前期实验室及现场保护修复试验。

4　保护修复方案文本内容

文本内容应包括前言；拟保护修复石质文物的基本信息与文物价值；保存现状的调查与评估；石质文物保护修复目标与原则；前期保护修复研究；拟采取的技术路线及保护修复程序；文物保护修复中的安全措施；工程量与进度安排；经费预算以及方案编制单位资质、人员条件等。

4.1　概述

记述任务来源、立项过程、任务要求等部分的内容。

4.2　基本信息与价值评估

进行保护修复处理前，必须对石质文物的基本信息进行详细调查和记录，包括对其历史沿革、真实性、完整性的考证，历史、艺术和科学价值的评估。而且要将其列入档案记录，作为保护修复工作的参考和效果衡量的依据。

4.2.1　石质文物的基本信息

包括下列几方面：

a)　石质文物的编号、名称、时代、种类，文物级别或保护级别，所在地或位置的描述或说明；

b)　应指出石质文物所在的收藏单位，来源或出土地点，收藏时间，陈列保管方式等；

c)　石质文物的雕制工艺、造型风格、图案、尺寸、体积、完残程度及功用等。

4.2.2　石质文物的价值评估

文物价值包括下列几方面：

a)　历史、艺术和科学价值描述或说明；

b)　真实性、完整性描述或说明，包括历史沿革情况；

c)　说明拟保护的石质文物，在其收藏单位的文物收藏中的地位，或在本地区文物研究中的作用；

d)　可一并说明拟保护的石质文物，在同类别石质文物或在同时代文物考古研究中的重要性。

以上基本信息编列为表格时参见表1。

4.3 保存现状调查与评估

4.3.1 为做好石质文物保存现状的调查与评估，应进行以下有关基础资料与数据的收集。

a) 石质文物的材质鉴定及其一般状况；

b) 保存环境状况调查，包括所处地自然环境特点、环境污染状况以及人为破坏情况的分析监测、调查统计等，了解本处石质文物风化的主要影响因素；

c) 主要病害类型的调查与分类：按文物表面生物侵蚀、文物机械损伤、表面(层)风化、裂隙与空鼓、表面沉积与变色污染、彩画石刻表面颜料脱落、水泥修补七种病害类型统计、分类；（详见 WW/T 0002–2007）

d) 病害现状的总体评估：按完好、微损、中度、严重、濒危五个级别进行评估；

e) 保护修复史，已做过保护修复的石质文物需重新处理，应调查原来的保护修复资料；

f) 石质文物病害现状的记录：记录方式包括文字记录、照像记录、图纸记录。

以上保存现状调查信息编列为表格时参见表2。

4.3.2 制作方案时，应根据条件对石质文物现状及病害原因进行一定的分析检测，并编列于保护修复方案中。需要采样的，应该按照相关程序申报请批。

a) 石质材料及结构形式：

1) 岩石结构层理、石质内的风化变异，判断岩石的风化程度等；

2) 岩石颗粒大小，颗粒之间的胶结情况、变晶或玻璃状结构情况等；

3) 岩石矿物组成，氧化物的分析。

b) 石质文物化学风化分析：

1) 在石质文物表面采集有代表性的刮样，分析表面的可溶盐成分；

2) 也可在石质文物上采集有代表性的岩芯样，分析沿深度方向的可溶盐成分；

3) 分析表面刮样中可溶盐的阴、阳离子种类及含量；

4) 结合保存环境状况调查结果，分析岩石化学风化机理。

c) 石质文物物理风化分析：

1) 岩石物理参数测试，包括岩石比重、密度、孔隙率等；

2) 岩石水理力学性能测试，包括岩石吸水系数，毛细吸水量，水力学膨胀系数，等温吸附曲线，抗拉抗折性强度等；

3) 霜冻结冰造成的危害分析；

4) 岩石物理风化机理分析。

d) 石质文物生物风化分析：

1) 对附着岩石生长的苔藓、地衣进行种属签定；

2) 生物侵蚀对岩石表层及内部危害的评估。

4.3.3 保存现状调查结果应提供每件拟保护修复石质文物的图片（带标尺和色标卡）、线图（带尺寸）。图片、线图可置于方案正文中，也可作为方案的附件，图片、线图应能清楚反映文物病害状况。

4.3.4 已做过保护修复的石质文物应注明以前所做保护修复处理的时间、方法、设计及操作人员、现存效果评估。

4.3.5 碑石类应特别说明文字保存状况。

4.4 保护修复工作目标

应根据拟保护修复石质文物的具体病害问题，制订出明确、可考核的目标，以便于考核和评估。

4.4.1 应从清洗后颜色、加固后力学强度、修补程度、封护后透气性、灌浆锚固后石质文物的稳定性以及保护修复处理效果的耐久性等方面确定考核本次石质文物保护修复工作的技术指标或目标。

4.4.2 保护修复工作过程中可能形成的石质文物保护修复推广应用技术、基地或专业实验室目标。

4.4.3 保护修复工作过程中对于各类操作技术人员的人才培养目标。

4.5 方案前期研究

根据保护修复工作目标，在广泛调研国内外相关石质文物保护修复方法的基础上，应对拟使用的保护修复技术措施和材料进行一定的实验室及现场保护前期研究，来论证拟采用方法的可行性、有效性，并作为下一步制订具体技术路线及保护修复程序的依据。

4.5.1 石质文物的表面清洗，应对主要的清洗材料，清洗方法、工艺，清洗效果进行前期研究和评估。应了解清洗过程中温度、化学试剂对石质文物的影响，以及清洗完成后所用的化学试剂或其反应产物如何从本体中清除。

4.5.2 石质文物表面渗透加固，应对主要的加固材料、溶剂、浓度，加固中的工艺过程如加固方法、工具及浓度梯度等进行研究。并掌握加固过程的养护条件、完善加固效果的评估方法，尤其是应论证表面渗透加固对石质文物颜色、字迹可能的影响。

4.5.3 石质文物裂缝黏结锚固处理，应研究（灌浆）使用的黏结剂成分，黏结的工艺研究包括黏接剂黏度调整、黏接剂防收缩处理和黏结后固化处理。同时应对（灌浆）黏接后的强度评估确定适宜的方法或参数。

4.5.4 石质文物的补配修复，应研究所用修补材料、操作的主要步骤。了解所用修补材料对石质文物本体及留存于石质文物内部的填充材料可能的影响。对于原来已做过修补的石质文物：清除原修补部分的，应对原先修复的效果进行评估，需要去除原修复部分的，应说明清除方法及对石质文物本体可能的影响；需全部保留或部分保留原来修补部分的，应简述现所用修补材料与原来的修补材料的相容性。

4.5.5 石质文物的表面封护处理，应研究拟使用的材料成分、性能指标（如透光性、耐酸性、毒性等），确定封护处理的工艺，如浓度配方、施涂工具与方法、成膜养护条件等，并选择出封护效果评估（包括接触角、吸水率和滴水珠实验）的方法。

以上有关保护修复研究的内容可根据条件选择进行，具体的方法和评估指标参见附录A。

4.6 拟采取的技术路线和保护修复程序

应根据石质文物病害现状、保护修复目标，在前期研究的基础上，拟订出本项目涉及的石质文物保护修复所应采取的一系列技术路线、具体的保护修复程序。

4.6.1 拟订具体的保护修复技术措施和程序。

4.6.2 应根据需要设计必要的工艺、材料的应用实验；对于珍贵文物应进行局部小试并对实验区处理效果进行评估。

4.6.3 一般重量较大又需异地保护修复处理的石质文物，尤其是有裂隙/缝发育的情况，应在搬运前对石质文物的结构稳定性能进行检测评估，应说明运输途中的包装、防护措施，以预防运输中可能造成的破坏。

4.6.4 针对拟保护修复石质文物的具体情况，说明可能存在的技术难题，以及本次保护修复工作的风险分析，并提出解决和应对的方法。

4.7 保护修复的措施、步骤与要求

方案应明确每件石质文物拟开展的具体保护修复措施、步骤，以及相应的保护修复要求。

（石质文物保护修复的要求，以《中国文物古迹保护准则》的有关内容为准）

4.7.1 石质文物的保护修复措施、步骤主要包括：

    a） 地基处理、扶正稳固；

    b） 断裂、残缺部位的黏结、稳定性处理；

    c） 表面附着物的清洗；

    d） 表面渗透加固；

    e） 裂隙／缝部位灌浆、锚固；

    f） 石刻的补配修复；

g） 表面封护。

对于已做过保护修复的石质文物，若需重新处理的，参照4.7.3。

4.7.2 各措施中的基本要求

a） 地基处理工作的基本要求：

1） 石质文物的地基处理，必须在前期考古调查的基础上进行，确保处理地基不破坏原始地基的考古信息；

2） 地基处理的材料不应对石质文物的风化造成新的影响，以传统方法为主，必须进行钢筋混凝土处理的，对多孔隙石材的石质文物一定要考虑底部的阻隔水处理，防止水泥返碱影响上部的石质文物；

3） 地基处理的范围一般应大于石质文物基座范围外延2～4米，应稍高于现地面，并有散水处理。

b） 清洗工作的基本要求：

1） 清洗方法应能有效地清除掉石质文物表面的有害物质；

2） 不应伤害石质文物本身，清洗中不应引起任何新的严重划痕、裂隙或其他损伤石质文物表面的现象；

3） 在清洗过程中进入文物本体内的化学、生物材料不能存留于文物本体内；

4） 不能对石质文物本身尤其是其上的彩绘或字迹造成损伤。

c） 表面渗透加固工作的基本要求：

1） 对有一定孔隙率的石材有良好的渗透加固能力，至少应能渗透到未风化部分，而且加固后的力学剖面应平稳均匀，不在表层附近产生结壳现象；

2） 对岩石的一些重要物理特征不应产生不良影响，不形成任何会破坏岩石的含盐副产品；不应引起岩石表面颜色的变化；对人无害、对环境无污染；

3） 耐久性：加固效果应该具有比较长期稳定的效果，有利于石质文物的长期保存；

4） 可重复操作性：石质文物渗透加固材料，在将来的保护修复时，应具有可再处理性。

d） 黏结加固工作的基本要求：

1） 适当的黏性，黏结强度应小于、等于石材本体强度。

2） 易去除，而又不会损伤石质文物粘结面。

3） 满足一定的美观要求，尽量与石质文物外观协调。

e） 补配修复工作的基本要求：

1） 保持文物的历史真实性和艺术性：根据考古学证据进行石质文物的修补。在进行修补时必须对其艺术风格进行研究，与类似的石质文物对比，确保修补后能体现该文物的原有风貌，禁止凭主观想象去臆造或创造；

2） 最小干预原则：只在最有必要的部位进行修复，只要不影响石质文物的结构稳定性，尽可能多地保留原来形貌及结构，不得刻意修复石质文物的残缺；

3） 可辨识性：修复部位与原有部分应该可以"识别"，但也要进行协色处理，不能因为"可识别"的需要而破坏整体的观赏性和完整性，应该做到"远看一致、近观有别"；

4） 可再处理性：进行补配的修复处理，都应该充分考虑到可再处理性，即补配修复部位可以去除，而不影响和损坏石质文物的原始材料，不影响以后的再次补配修复处理；

5） 材质的协调与兼容性：补配物修复所使用的材料必须是可重复操作的、与石质文物原来制作材料相兼容的材料。石质文物原制作材料与被选材料在物理、化学等性能上必须是相接近的，不能改变和破坏石质文物的原制作材料，不能对其造成新的破坏。

f） 表面封护工作的基本要求：

1） 防水封护处理一般应作为特例，只有在抢救性保护修复的前提下才能实施，而且应对防水封护处理的效果和安全性进行充分的评价；

2） 表面封护材料应有良好的水蒸气通透性；

3） 封护材料应具可再处理性；

4） 底层隔水材料应能较长时间地阻隔水的浸透；

5） 有一定的耐老化，尤其是抗紫外线的能力。

4.7.3 已做过保护修复的石质文物，若需重新进行保护修复处理，则应说明原保护修复部分是否会对拟进行的处理效果有影响，如果材料、方法变化较大，两次保护修复不兼容，则应该说明清除原保护修复的材料、方法，以原来保护修复材料的清除不影响后续的保护修复处理为前提。

4.8 工作量及进度安排

依据技术路线、主要措施步骤、工艺要求、设备配置并考虑不可预测风险情况等确定总工作量，以每人每月为单位安排工作进度，并编制工期进度安排表（年、月、星期、天均可）。

4.8.1 本方案涉及的石质文物保护修复工作量的测算。

4.8.2 项目实施进度安排。

4.8.3 若工作进度可能存在不可预测的风险，应有相应安排计划和说明。

4.9 保护修复后的保存条件建议

为确保效果，应对保护修复后的石质文物保存环境条件提出建议，主要应考虑对环境温湿度、大气污染物、光照及低等生物的环境控制要求。

4.10 安全措施

在方案中，必须按照国家有关标准、条例的要求，制订具体的安全措施，来保障石质文物保护修复实施中人员、文物和周围环境的安全。

4.10.1 针对保护修复工作中的具体操作工艺，以及因化学及生物材料的使用而造成的对人体可能的危害，制定有关保护修复人员的安全措施。

4.10.2 针对实施工作场所的文物安全、防火防盗要求，制定相应的防盗和防火措施（防火设施应符合现行国家标准 GB 50016-2006 的有关规定）。

4.10.3 针对因化学及生物材料的排放而造成的对环境可能的危害，制定有关环境保护的安全措施。（应符合现行国家标准 GB 8978-1996 和 GB/T 18883-2002 的有关规定）

4.11 经费预算

石质文物保护修复经费是指在项目组织实施过程中与保护修复活动直接相关的各项费用。具体列项，以"馆藏珍贵文物保护专项经费管理办法"的内容为准。

4.11.1 应该按照"馆藏珍贵文物保护专项经费管理办法馆藏文物管理办法"中的有关规定，合理编制石质文物保护修复的经费预算。

4.11.2 在石质文物保护修复实施过程中，应按国家有关规定制定经费管理使用办法，确保"专款专用"。

4.11.3 在石质文物保护修复工作结束后，应按国家有关规定进行经费决算，并编入结项报告内容。

4.12 方案编制单位资质、人员条件

上报方案应注明编制单位资质、人员条件、主要目标及技术路线概述等基本信息，遵照表3。

4.13 各方签章

上报方案应有各方签章，包括方案组织/委托编制单位及法人/法人代表公（签）章；方案编制单位及法人/法人代表公（签）章、方案审核人员签章；方案编制技术负责人签章及签章日期。

各方签章的格式，遵照附录B。

5 格式

5.1 幅面尺寸

文本幅面尺寸为 A4 规格的纸张。

5.2 封面格式

封面1格式应包括具体上报的"石质文物保护修复方案" 名称,委托单位、联系人,方案编制单位、联系人等信息。

封面1格式应遵照附录C。

封面2格式应包括"石质文物保护修复方案"名称、方案编制单位、单位法人、方案审核人、方案编制负责人等,并在后页附单位资质复印件。

封面2格式应遵照附录D。

5.3 文本字体、照片及图纸格式

方案名称一律为宋体3号字,正文字体一律为宋体小4号字,所附照片要求为有色标卡和标尺的彩色照片,图纸要求为带尺寸的线图。

5.4 装订格式及印数

上报方案,装订格式一律为A4幅面胶装本,上报份数为五份。

表 1 石质文物的基本信息

名称		藏品编号/序号	
时代		保护级别	
种类		公布时间	
来源		进馆时间	
出土时间、地点		展陈情况	
石质			
尺寸			
雕刻工艺及其造型风格			
现状描述		石质文物现状照片	
管理机构及管理方式描述		石质文物病害图（带尺寸线图）	

表2 石质文物保存现状调查表

气候环境	所在地区气候情况	（年／月／日）平均温度及温度差（℃）		最高温度（℃）		最低温度（℃）	
		（年／月／日）平均相对湿度及湿度差（%）		最高相对湿度（%）		最低相对湿度（%）	
	地区污染状况						
保存环境具体情况	建筑类型		楼层		光源种类		
	展陈、保管条件	露天	室内		保护棚	墓室	
	陈列展示	（1）长期 （2）短期 （3）从未 （4）不能使用					
	湿度控制系统	（1）有 （2）无 （3）连续 （4）不连续					
	湿度控制系统	（1）有 （2）无 （3）连续 （4）不连续					
	库房或陈列环境	年均温度		最高温度		最低温度	
		年均相对湿度		最高相对湿度		最低相对湿度	
病害情况调查评估	病害种类	表面生物侵蚀		机械损伤		表面(层)风化	
		裂隙与空隙		表面沉积与变色污染			
		彩绘石刻颜料病变		水泥修补			
	病害程度	（1）少量 （2）一般 （3）中度 （4）严重 （5）重度 （6）其它					
	病害活动评估	对病害的活动性、安全性进行评估（是否还在发展？是否危险？）					
	以往保护情况	（1）已保护			（2）未保护		
	历年变化比较	（1）入馆时	（1）没变化 （2）变化大 （3）变化非常大				
		（2）10年后	（1）没变化 （2）变化大 （3）变化非常大				
		（3）20年后	（1）没变化 （2）变化大 （3）变化非常大				
		（4）20年以上	（1）没变化 （2）变化大 （3）变化非常大				
	能否展示	保护后能否展示					
	病害的综合评估	（1）基本完好　　　　　——预防性保护 （2）轻微、（3）中度　——需要进行保护修复 （4）重度　　　　　　——需要进行抢救性保护修复 （5）濒危					

注1：调查表面风化时，应记录风化物的颜色、类别、形式。

注2：调查病害的种类时，还应记录其面积，结构形式。

注3：调查裂缝时，应记录其长度、宽度、深度，以及超声波探测裂缝贯穿情况等。

表3 方案编制基本信息表

方案名称						
委托单位						
方案编制单位	名 称					
	单位所在地					
	通讯地址				邮编	
	资质证书				代码	
	主管部门				代码	
其他主要参加单位	序号	单 位 名 称				
	1					
	2					
	3					
编制负责人	姓 名		性别	□男□女	出生年月	
	学 历	□研究生 □大学 □大专 □中专 □其他				
	职 称	□高级 □中级				
	联系电话		E-mail			
方案审核人	姓 名		性别	□男□女	出生年月	
	职 称	□高级 □中级				
	所在单位					
方案主要编制人员	姓 名		职 称	□高级 □中级 □初级		
	所在单位					
	编制范围					
方案主要编制人员	姓 名		职 称	□高级 □中级 □初级		
	所在单位					
	编制范围					
方案主要编制人员	姓 名		职 称	□高级 □中级 □初级		
	所在单位					
	编制范围					

表3 方案编制基本信息表（续）

主要目标 （200字以内）	
技术路线概述 （300字以内）	
方案计划进度	年　月　至　年　月
方案经费预算	总经费：　万元，申请国拨经费：　万元
风险分析	
备注	

附录 A

（资料性附录）

有关前期研究及保护修复效果评估的方法

A.1 与清洗处理有关的测试方法、评价参数，见表A.1。

表A.1 与清洗处理有关的测试方法、评价参数

性质	常用的测试方法	评价指数	注释	有效评价的标准
视觉方面	视觉检查（含放大镜或野外体视显微镜检查），照相，超近摄影。	材质缺失，边角圆化，微裂隙。	现场测试	没有微裂隙的增加，以及其它的表面不连续。
显微镜评估	光学显微镜、电子显微镜进行剖面样品观察。	粗糙度(定性、定量)，孔隙率，材质的缺失，磨损，晶（颗粒）破坏，存在有害物质。		没有微裂隙的增加，以及其它的表面不连续。
颜色	反射分光光度计(NORMAL 43/93)彩色色度表(e.g. unsell, NCS, DIN-Farbsystem)	L, a*, b* ΔE*，ΔC* 用于长期监测。	现场无损试验，适于长期检测。	评价的标准应该具体情况具体分析。
表面粗糙度	铁笔、表面光度仪 DIN 4762，4768，4772，E-DIN 4760，4770。	粗糙度深度 Ra, Rx, Rmax, P,：峰值> x ?m, Abott-curve。		粗糙度没有增加。

A.2 与加固处理有关的性质、评价参数与方法，见表A.2。

表A.2 与加固处理有关的性质、评价参数与方法

性质	经常采用的测试方法	评价指数	注释	有效评价的标准
毛细吸水量和毛细吸水系数	UNI 10859:2000 EN-1925 (1999)	毛细吸水系数和吸水量随时间的渐近值。	Karsten 管法，长期评价。	均随时间的渐近值减少。
水的浸渗高度	EN-ISO 15148, DIN 52 617	液态界面随时间上升的高度。		液态水上升高度减少。
浸水膨胀数	RILEM 25-PEM II.7			没有膨胀。
单轴抗压强度	ISRM, 1972;ASTM C 02938-86, 1991			适度的增加。
抗弯强度	ASTMc674-81, (three-point bend equipment)			适度的增加。
抗剪切强度	"Brazilian" 试验			适度的增加
二轴抗折强度	在20℃/65% R.H.用岩芯切片验。			适度的增加／力学剖面均匀。
静力学或动力学弹性模数	AFNOR NF B 10-511 ASTM D31 48-86, 1991			没有或者适度的增加。
抗拉拔力	在 20℃/65% R.H.下稳定样品。			达未风化面，均匀的力学分布剖面。
超声波波速	NORMAL 22/86 ASTM-D 2845-00	在现场或对环型岩心测量超声波波速。	无损方法，长期效果有用。	波速增加,而且剖面均匀。
抗钻系数	特殊的小钻系统			剖面均匀。
耐磨损系数	测量磨损深度, RILEM IV.2			适度的增加。
石质中加固材料的镜检特征	电子显微镜研究	加固剂分布在孔隙的空间在晶粒间形成桥结等。		分布均匀,与石材成分接触良好。

还可选择颜色，水汽通透系数的变化实验，方法见表A.3。

A.3 与封护处理有关的性质、评价参数与方法,见表 A.3。

表 A.3　与封护处理有关的测试方法、评价参数

性质	经常采用的测试方法	评价指数	注释	有效评价的标准
毛细吸水量和毛细吸水系数	UNI 10859:2000 EN-1925 (1999)	吸水系数和吸水量随时间的渐近值。	Karsten 方法。	均随时间的渐近值减少吸水体积数减少。
低压条件下的持水系数	RILEM II.6 EN-ISO 15148 NORMAL 44/93	在给定时间内从一个给定表面吸收的水的体积。	保留原样,不再修改。	
水的浸渗高度	EN-ISO 15148, DIN 52 617	与时间成函数关系的液面高度。		液态面上升高度减小。
水汽通透系数	干、湿杯法测试 NORMAL 21/85 等		用岩芯切片做。	只允许有限的水汽扩散性减少。
渗透深度	毛细吸水 5 分钟			渗透深度应该大于平均最大含湿量的范围。
浸水膨胀(吸水)	RILEM 25-PEM II.7			无膨胀/扩张增加。
接触角	NORMAL 33/89			接触角> 90° 且高于未处理石材。
水滴吸附时间				时间减少;剖面均匀。

还可选择颜色变化实验等。

注1: 表 A.1、表 A.2、表 A.3 列出了通常石质保护修复研究中经常涉及的参数值、使用的测试方法和处理效果评价的一般标准。有的实验考虑的是表面性质,有的是"全样/大样块",还有的是剖面情况,因为剖面分布可以给出测量参数/性质沿一定方向(通常是从表层到岩石内部)的变化。

注2: 对于评价实验结果,一般以未处理石质的性质作为参考。上面列出的石质参数和标准测试方法不一定全部要求进行测试,但应根据条件进行基本性质或参数的分析、测试,以说明问题。

注3: 表中提及的测试方法推荐机构的缩写词和网址按字母顺序列示如下,便于查阅、引用:
AFNOR (法国标准协会):www.afnor.fr
ASTM (美国材料测试协会):www.astm.org
DIN (德国标准研究所):www.din.de
GOST (俄国度量及标准化政府委员会):www.gost.ru
ISO (国际标准化组织):www.iso.org (EN ISO:被欧洲标准委员会采用的 ISO 标准)
ISRM (国际岩石力学会):www.isrm.net
NORMAL (意大利石质材料标准/规范):www.icr.beniculturali.it
UNI (意大利全国标准化组织):www.uni.com;www.icr.beniculturali.it
RILEM (Réunion International Laboratoires Essais Materiaux)。

附录　B
（规范性附录）
各方签章

各方签章

方案委托单位（甲方）：
负责人（签章）　　　　　　　　　　　　　　　　（公　章）
　　　　　　　　　　　　　　　　　　　　　　　　年　月　日

方案编制单位（乙方）：
负责人（签章）　　　　　　　　　　　　　　　　（公　章）
　　　　　　　　　　　　　　　　　　　　　　　　年　月　日

方案编制负责人（签章）

　　　　　　　　　　　　　　　　　　　　　　　　年　月　日

方案编制参与单位（乙方）：
负责人（签章）　　　　　　　　　　　　　　　　（公　章）
　　　　　　　　　　　　　　　　　　　　　　　　年　月　日

方案编制参与单位（乙方）：
负责人（签章）　　　　　　　　　　　　　　　　（公　章）

　　　　　　　　　　　　　　　　　　　　　　　　年　月　日

方案审核人（签章）

　　　　　　　　　　　　　　　　　　　　　　　　年　月　日

石质文物保护修复方案

方　案　名　称 _____

方案委托单位 _____

联系人及电话 _____

方案编制单位 _____

联系人及电话 _____

××××年××月

中华人民共和国国家文物局制

附录 D
（规范性附录）
封面二

文物保护修复设计资质

证书编号：文物设 ____ 字

证书等级： ____

方 案 名 称

方案编制单位：

单位法人：

方案审核人：

方案编制负责人：

方案编制单位

200×年××月

参考文献

[1]　《中华人民共和国文物保护法》。

[2]　Stone Conservation, An Overview of Current Research, C. A. Price, 1996,The Getty Conservation Institute.

[3]　"Review of Testing Methods And Criteria For The Selection/Evaluation Of Products For The Conservation Of Porous Building Materials", Marisa Laurenzi Tabasso, Stefan Simon, 2005, ICOMOS.

[4]　Standards In Preventive Conservation:Meanings And Appications, Rebeca Alcantara, 20th,June, 2002, ICCROM.

[5]　A Laboratory Manual For Architectural Conservation, Jeanne Marie Teutonico, 1988, ICCROM.

A16
备案号：23616-2008

中华人民共和国文物保护行业标准

WW/T 0008-2007

馆藏出土竹木漆器类文物保护修复方案编写规范

Specification for compilation of conservation and restoration
plan of unearthed (bamboo, wood and lacquer) artifacts on museum collection

2008-02-29 发布   2008-03-01 实施

中华人民共和国国家文物局   发 布

前　言

本标准的附录A、附录B、附录C为规范性附录。

本标准由中华人民共和国国家文物局提出。

本标准由全国文物保护标准化技术委员会(SAC/TC289)归口。

本标准负责起草单位：荆州文物保护中心。

本标准参加起草单位：荆州市标准化协会、武汉大学测试中心。

本标准主要起草人：方北松、魏颜飞、童隆泰、童华。

本标准是首次发布。

馆藏出土竹木漆器类文物保护修复方案编写规范

1 范围

本标准规定了馆藏出土竹木漆器类文物保护修复方案编写的文本内容和格式。确定保护修复方案中的基本术语。

本标准适用于全国馆藏出土竹木漆器类文物保护修复方案的编写。

2 规范性引用文件

下列文件中的条款通过本标准的引用而成为本标准的条款。凡是注日期的引用文件，其随后所有的修改单（不包括勘误的内容）或修订版均不适用于本标准，然而，鼓励根据本标准达成协议的各方研究是否可使用这些文件的最新版本。凡是不注日期的引用文件，其最新版本适用于本标准。

GB 8978-1996 污水综合排放标准

GB/T 18883-2002 室内空气质量标准

WW/T 0003-2007 馆藏出土竹木漆器类文物病害分类与图示

3 术语和定义

下列术语和定义适用于本标准。

3.1

馆藏出土竹木漆器类文物 unearthed (Bamboo, Wood and Lacquer) artifacts on museum collection

馆藏出土竹木漆器类文物是指收藏单位所收藏的从地下或水下发掘出的竹器、木器、漆器三大类文物。竹、木器指以竹、木为基体制作材料的文物；漆器指以竹、木、皮、麻等为基体制作材料，且在基体材料上髹生漆的文物。

3.2

简牍 writing materials from bamboo or wood

指中国古代以竹、木为书写载体而制成的文书。

3.3

漆膜 film of raw lacquer

漆膜是指在基体材料上髹生漆后形成的一层或多层薄膜，俗称"漆皮"。

3.4

饱水 waterlogged

饱水是指竹器、木器和漆器胎体的组织结构内饱含水分。

3.5

脱色 decolourization

脱色是指为使竹、木器表面颜色恢复正常的色泽而进行颜色校正的操作过程。

3.6

脱水 dehydration

脱水是指为使含水出土竹木漆器保持形体稳定而去除文物内多余水分的操作过程。

4 保护修复方案文本内容

基本信息与文物价值；保存现状的调查与评估；保护修复工作目标；拟采取的技术路线及操作

步骤；可能的技术难题及应对措施；保护修复工作量与进度安排；保护修复后的保存条件建议；安全措施；经费预算与管理；各方签章。

4.1 保护修复方案编制信息表

出土竹木漆器保护修复方案编制信息表按照表1编制。

4.2 前言

应编写保护修复任务的来源、立项过程、目的意义等内容。

4.3 基本信息与文物价值

4.3.1 文物的基本信息

文物的基本信息包括下列几方面：

    a） 文物名称、种类、登录号、等级、年代、出土时间、质地、尺寸、质量。

    b） 应指出土文物所在的收藏单位及收藏时间。若是同一批拟保护修复的出土竹木漆器为多个单位所收藏，则应全部列出所有单位及为每单位所藏的文物。

    c） 公开发表的有关文物资料的书名、期刊号。

4.3.2 文物价值

文物价值包括下列几方面：

    a） 从历史、艺术、科学等角度说明文物的文物价值。

    b） 说明文物在其收藏单位文物收藏中的地位及在本地区文物研究中的作用。

    c） 可一并说明在同类别文物或在同时代文物考古研究中的重要性。

4.3.3 以上文物基本情况编列为表格时参见表2。

4.4 保存现状的调查与评估

4.4.1 如文物以前曾做过保护修复，则应提供文物历次保护修复的有关资料。内容包括：原保护修复的时间、技术方法、所使用的主要材料、保护技术路线设计人员、保护修复操作人员、保护修复效果。

4.4.2 以上文物原来保护修复情况编列为表格时参见表3。

4.4.3 制作方案时，应根据条件对文物腐蚀病害做有关的调查与检测，并编列于方案中。

4.4.3.1 对出土竹木漆器病害的调查应根据WW/T 0003-2007的规定。

4.4.3.2 以上文物病害状况编列为表格时参见表4。

4.4.3.3 应对病害现状做整体评估，一般按完好、微损、中度、严重、濒危五级划分。

4.4.3.4 对下列情况做必要的调查与检测，未能做检测的，需说明原因，并编列于方案中。应根据具体情况，做更多的检测。

    a） 竹木漆器出土环境中泥土及水体的PH值及铁等金属的含量。

    b） 竹器、木器和漆器胎体的材质。

    c） 对于需再次做保护修复的文物，原脱水填充材料及修补材料的成分。

4.4.3.5 应编列做检测所使用的仪器设备、做检测工作的单位。以上文物检测情况编列为表格时参见表5。

4.4.4 图示与照片

4.4.4.1 病害图。文物保护修复前应绘制病害图，标示出文物的病害种类和分布，病害图的绘制应根据WW/T 0003-2007。

4.4.4.2 效果图。宜制作出保护修复后的效果图。

4.4.4.3 照片。文物保存现状的照片，一般应提供每件文物的图片。图片可置于方案正文中，也可作为方案的附件，图片应侧重文物病害状况。拍摄照片时，应在文物边放置色卡与标尺。

4.5 保护修复工作目标

4.5.1 保护修复的数量指标

应明确需保护修复的文物的数量、种类。

4.5.2 保护修复的技术指标

应从竹木器脱色后颜色、竹木漆器脱水后各项收缩率、修补程度、保护修复后文物的稳定性等方面界定。

4.6 保护修复技术路线及操作步骤

4.6.1 馆藏出土竹木漆器保护修复所需采取的技术路线是保护修复方案的核心组成部分，是在对文物保存现状、保护修复工作目标、竹木漆器保护修复原则、国内外竹木漆器保护修复方法充分研究分析的基础上而提出的。

4.6.2 需异地保护修复处理，应说明运输过程中的运输措施、运期等对文物的影响。

4.6.3 应注明每件文物保护修复的基本操作程序，程序相同者可一并列举。应列举出保护修复每阶段所使用的主要的化学生物材料，主要的温度、浓度、压力等技术参数。

4.6.4 需清洗的竹木漆器，应列出清洗所用的主要试剂。应简述清洗过程中温度、化学试剂对竹木漆器的本体的影响，清洗完成后清洗所用的化学试剂或其反应产物，如何从竹木漆器的本体中清除。饱水简牍的清洗技术路线，还应简述清洗过程中温度、化学试剂对字迹可能的影响。

4.6.5 饱水竹木器的脱色应列出主要的脱色试剂。应简述脱色过程中温度、化学试剂对竹木器的竹木材质的影响，脱色完成后脱色所用的化学试剂或其反应产物，如何从竹木器的本体中清除。饱水简牍的脱色技术路线，还应简述脱色过程中温度、化学试剂对字迹可能的影响。

4.6.6 饱水竹木漆器脱水应列出主要的脱水用置换溶剂、填充用的化学生物材料。应简述脱水过程中温度、化学生物材料对竹木漆器本体的影响。应简述脱水后留存于文物本体中的填充材料对文物本体可能的影响，饱水简牍的脱水技术路线，还应说明脱水过程中温度、化学生物材料对字迹可能的影响。

4.6.7 竹木漆器修补技术路线应列出所用修补材料、操作的主要步骤。简述所用修补材料对竹木漆器本体及留存于文物内部的填充材料可能的影响。对于原来已做过修补的竹木漆器：清除原修补部分的，应说明清除方法及对竹木漆器本体可能的影响；保留全部或部分保留原来修补部分的，应简述现所用修补材料与原来的修补材料的相容性。

4.6.8 保护修复过程中操作环境的温度、湿度对文物的影响及应对措施。

4.6.9 应根据保护修复技术路线制定保护修复技术步骤。

4.6.10 保护修复技术路线中涉及的知识产权问题，应附录有关协议。

4.7 可能的技术难题及应对措施

4.7.1 应说明在清洗、脱色、脱水、修补等文物保护修复过程中，可能遇到的技术上的难点，并制定应对该问题的具体措施。

4.7.2 应说明在文物保护修复工作完成后一年的保存期内，在特定保存条件下，文物可能出现的变化及解决该问题的具体措施。

4.8 保护修复工作量与进度安排

4.8.1 保护修复工作量

应确定整个保护修复项目清洗、脱色、脱水、修补等的工作量，根据拟保护修复的文物数量、种类及其难度，在具备一定场地、设备的情况下，确定所需技术人员的数量、工作时间。

4.8.2 工作进度安排

应说明按年月的工作进度时间安排，每时间段的工作量指标。工作进度安排应根据下列各项确定：

a) 竹木漆器保护修复工作量的多少；

b) 项目实施人员的人数及投入时间；

c) 若工作进度可能存在不可预测的风险，应做相应说明。

4.9 保护修复后的保存条件建议

应就文物保护修复后的保存条件提出相应的建议。

4.10 安全措施

4.10.1 应简述保护修复过程中因化学及生物材料的使用而造成的对人体及环境可能的危害，以及应对措施。

4.10.2 有害气体的排放

  a） 竹木漆器保护修复方法的设计中，应尽量避免使用产生有害气体的化学材料；

  b） 在有有害气体产生的情况下，应提出工作场所的气体控制方法。工作场所的空气质量应符合现行国家标准 GB/T 18883-2002 标准的有关规定。

4.10.3 排放液的处理

  a） 竹木漆器保护修复方法的设计中，应尽量避免使用产生有害排放液的化学生物材料。尽量减少污水的产生；

  b） 在有有害排放液产生的情况下，应提出解决办法。保护修复操作过程中，排放的水质须符合现行国家标准 GB 8978-1966 和当地的有关污水排放标准。

4.10.4 当工作场所有易燃易爆试剂时，应编列方案实施场所所需的防火设施。

4.11 经费预算与管理

4.11.1 竹木漆器保护修复经费是指在项目组织实施过程中与保护修复活动直接相关的各项费用。

4.11.2 经费预算的编制应当根据竹木漆器保护修复的合理需要，坚持目标相关性、政策相符性和经济合理性原则。

4.11.3 应按照国家有关文物保护修复专项经费管理办法编制预算。

4.11.4 经费管理

  竹木漆器保护经费，属于国家专款或单位自有资金的，应按国家有关规定制定使用规则；属于社会捐赠款项的，制定使用原则时应特别考虑到捐赠单位或个人的有关要求。

4.12 各方签章

  应有方案委托单位、方案编制单位、方案参与编制单位法人代表的签章及加盖公章；应有方案编制负责人、方案审核人的签章，遵照附录 A。

5 格式

  幅面尺寸与排版要求

5.1 打印所用的纸张为 A4 规格。

5.2 正文字体为宋体。

5.3 正文字号为小四号字。

5.4 保护修复方案封面格式遵照附录 B、附录 C。

表1 出土竹木漆器保护修复方案编制信息表

方案名称						
委托单位						
方案编制单位	名　称					
	单位所在地					
	通讯地址				邮编	
	资质证书				代码	
	主管部门				代码	
其他主要参加单位	序号	单　位　名　称				
	1					
	2					
	3					
编制负责人	姓名		性别	□男□女	出生年月	
	学历	□研究生　□大学　□大专　□中专　□其他				
	职称	□高级　　□中级				
	联系电话			E—mail		
方案审核人	姓名		性别	□男□女	出生年月	
	职称	□高级　　□中级				
	所在单位					
方案主要编制人员	姓名		职称	□高级　□中级　□初级		
	所在单位					
	编制范围					
方案主要编制人员	姓名		职称	□高级　□中级　□初级		
	所在单位					
	编制范围					
方案主要编制人员	姓名		职称	□高级　□中级　□初级		
	所在单位					
	编制范围					

表 1 出土竹木漆器保护修复方案编制信息表（续）

主要目标 （200 字以内）	
技术路线概述 （300 字以内）	
方案计划进度	年　月　至　年　月
方案经费预算	总经费：　　万元，申请国拨经费：　　万元
风险分析	
备注	

表2　文物基本情况

名称		登录号	
年代		等级	
出土时间		出土地点	
尺寸		质量	
种类		质地	
收藏单位		收藏时间	
文物价值描述			

表3　文物原保护修复情况

登录号	名称	保护修复起止时间	保护修复情况概述			保护修复效果
			技术方法	主要材料	设计及操作人员	

表4 文物病害状况

	饱水状况	
竹器、木器、 漆器胎体病害	残缺	
	断裂	
	裂隙	
	变形	
	变色	
	动物损害	
	微生物损害	
	盐类病害	
	糟朽	
漆膜病害	残缺	
	脱落	
	裂隙	
	卷曲	
	起泡	
彩绘病害	残缺	
	脱落	
	褪色	
字迹病害	残缺	
	模糊	
饰件病害		

表5 文物检测分析情况

文物编号	文物名称	取样部位	检测目的	检测单位与检测仪器	检测结果

附录　A
（规范性附录）
各方签章

各方签章

方案委托单位（甲方）：
负责人（签章）　　　　　　　　　　　　　　　　　（公　章）
　　　　　　　　　　　　　　　　　　　　　　　　年　月　日

方案编制单位（乙方）：
负责人（签章）　　　　　　　　　　　　　　　　　（公　章）
　　　　　　　　　　　　　　　　　　　　　　　　年　月　日

方案编制负责人（签章）

　　　　　　　　　　　　　　　　　　　　　　　　年　月　日

方案编制参与单位（乙方）：
负责人（签章）　　　　　　　　　　　　　　　　　（公　章）
　　　　　　　　　　　　　　　　　　　　　　　　年　月　日

方案编制参与单位（乙方）：
负责人（签章）　　　　　　　　　　　　　　　　　（公　章）

　　　　　　　　　　　　　　　　　　　　　　　　年　月　日

方案审核人（签章）

　　　　　　　　　　　　　　　　　　　　　　　　年　月　日

附录 B
(规范性附录)
封面一

出土竹木漆器类文物保护修复方案

方 案 名 称 _____

方案委托单位 _____

联系人及电话 _____

方案编制单位 _____

联系人及电话 _____

××××年××月
中华人民共和国国家文物局制

附录 C
（规范性附录）
封面二

文物保护修复设计资质

证书编号：文物设☐☐字

证书等级：☐☐☐☐☐

方 案 名 称

方案编制单位：

单位法人：

方案审核人：

方案编制负责人：

方案编制单位
200×年××月

A16
备案号：23617-2008

中华人民共和国文物保护行业标准

WW/T 0009-2007

馆藏金属文物保护修复方案编写规范

Specification for compilation of conservation and
restoration plan of metal collections

2008-02-29 发布 2008-03-01 实施

中华人民共和国国家文物局 发 布

WW/T 0009—2007

前　言

本标准的附录 A、附录 B、附录 C 为规范性附录。
本标准由中华人民共和国国家文物局提出。
本标准由全国文物保护标准化技术委员会(SAC/TC289)归口。
本标准起草单位：中国国家博物馆。
本标准主要起草人：潘路、成小林、王建平、王志强、姚青芳、铁付德。
本标准是首次发布。

154

馆藏金属文物保护修复方案编写规范

1 范围

本标准规定了馆藏金属文物保护修复方案编写的文本内容和格式。定义了馆藏金属文物保护修复工作的基本术语。

本标准适用于对馆藏金属文物保护修复方案的制订，对于企业收藏、流散或传世文物以及考古现场金属文物保护修复方案的编写也具有一定的参考价值。

2 规范性引用文件

下列文件中的条款通过本标准的引用而成为本标准的条款。凡是注日期的引用文件，其随后所有的修改单（不包括勘误的内容）或修订版均不适用于本标准，然而，鼓励根据本标准达成协议的各方研究是否可使用这些文件的最新版本。凡是不注日期的引用文件，其最新版本适用于本标准。

GB 8978—1996　污水综合排放标准

GB/T 10123—2001　金属和合金的腐蚀　基本术语和定义

GB/T 18883—2002　室内空气质量标准

WW/T 0004—2007　馆藏青铜器病害与图示

WW/T 0005—2007　馆藏铁质文物病害与图示

3 术语和定义

GB/T 10123—2001 确立的以及下列术语和定义适用于本标准。

3.1

馆藏金属文物　metal collections

主要指博物馆收藏的出土或传世金属文物，如铜器、铁器、金银器等。

3.2

病害　disease

金属文物因物理、化学和生物因素造成的损害，最主要的是腐蚀现象。

3.3

腐蚀　corrosion

金属文物基体材料与周围环境介质发生物理、化学和生物作用而受到破坏的现象。

3.4

脱盐　desalination

去除金属文物上可溶性盐的过程。

3.5

缓蚀剂　inhibitor

是一种当它以适当的浓度和形式存在于环境（介质）时，可以防止或减缓器物腐蚀的化学物质或复合物。

3.6

封护　coating

为防止或减缓环境（介质）对金属文物造成的损害，在其表面涂敷天然或合成材料，以防止或减缓器物腐蚀的过程。

4 保护修复方案文本内容

4.1 概述

馆藏金属文物保护修复方案文本主要内容：

基本信息与价值评估；保存现状调查与评估；保护修复目标；保护修复采取的技术路线；保护修复技术步骤；风险评估；图示；保护修复工作量与工作进度安排；保护修复后的保存环境；环境安全控制；经费预算；方案编制单位及人员信息；各方签章。

4.2 基本信息与价值评估

4.2.1 基本信息

主要包括以下几方面：

a) 文物的编号、名称、来源、时代、质地、文物等级等；

b) 文物的收藏、保存环境状况等；

c) 文物的外观描述，包括外形尺寸、重量、完残程度等。

基本信息编列为表格时参见表1。

4.2.2 价值评估

a) 从历史、艺术、科学角度阐述文物的特点与重要性；

b) 从地方特点（宗教、民族、社会、地区）阐述对地方文化事业的作用。

4.3 保存现状调查与评估

a) 如文物以前曾做过保护修复，需提供历次保护修复的有关资料。主要内容包括：原保护修复时间、保护修复部位（可附图片说明）、所用方法与材料、保护技术路线设计人员、保护修复操作人员、保护修复效果等。以上情况编列为表格时参见表2；

b) 应依据条件对金属文物结构、成分、锈蚀产物及文物表面污染物等进行检测分析，分析检测结果宜列表说明，参见表3；

c) 需取样时，应按照有关规定上报相关部门审批；

d) 应对文物保存现状进行综合评估。

4.4 保护修复工作目标

应根据拟保护修复金属文物的具体病害、保存现况等情况，制订出明确、可考核的保护修复工作目标。

4.5 保护修复技术路线

技术路线应是在对文物保存现状调查与评估、文物保护修复目标的基础上而提出的。

4.5.1 列出所用保护修复材料。

4.5.2 根据需要设计必要的材料、工艺应用实验；对于珍贵文物应进行局部处理实验。

4.5.3 列出操作的主要技术步骤流程图。

4.6 保护修复技术步骤

根据实际情况并依据技术路线制定保护修复技术步骤，主要包括除锈、脱盐、缓蚀、加固、表面封护等步骤。

4.7 风险评估

4.7.1 应说明可能的技术风险及应对措施。

4.7.2 保护修复技术路线中涉及的知识产权问题，应附录有关协议。

4.8 图示

4.8.1 病害图

文物保护修复前应绘制病害图，标示出文物的病害种类和分布。病害图的绘制应根据标准"WW/T 0004-2007"和"WW/T 0005-2007"。

4.8.2 现状图

应提供文物保护修复前的现状图，现状图可为侧重文物病害状况的图片。

4.8.3 效果图

应遵照保护修复目标制作保护修复后的效果图。

4.9 保护修复工作量与工作进度安排

依据病害程度、技术路线、不同工种等情况确定工作量，以每人每月为单位安排工作进度。

4.10 保护修复后的保存环境

应提出保护修复后文物保存的温度、湿度等环境范围。

4.11 环境安全控制

4.11.1 应说明保护修复过程中因化学及生物材料的使用而造成的对人体及环境可能的危害。

4.11.2 有害气体的排放

    a) 应尽量避免使用产生有害气体的化学、生物材料；

    b) 保护修复工作场所的空气质量应符合现行国家标准GB/T 18883—2002的有关规定。

4.11.3 排放液的处理

    a) 应尽量避免使用产生有害排放液的化学、生物材料；

    b) 保护修复操作过程中排放的污水须符合现行国家标准GB 8978—1996。

4.12 经费预算

应按照国家有关文物保护修复专项经费管理办法制定预算。

4.13 方案编制基本信息

主要包括下列几个方面：

    a) 方案编制单位基本信息，并附录相关的资质证书；

    b) 方案编制人员基本信息；

    c) 主要目标、主要研究内容、方案计划进度等。

方案编制基本信息应列表说明，遵照表4。

4.14 各方签章

应有方案委托单位和方案编制单位法人代表的签章并加盖公章，以及方案编制参与单位的公章；应有方案编制负责人、方案审核人的签章，遵照附录A。

5 格式

5.1 文本格式

5.1.1 文本幅面尺寸为A4规格。

5.1.2 正文字体为宋体。

5.1.3 正文字号为小四号字。

5.2 封面格式

封面一是文本的首封面，应包括"馆藏金属文物保护修复方案"字样，以及方案名称、方案委托单位和联系人、方案编制单位和联系人等信息。封面一格式应遵照附录B。

封面二是文本的扉页，应包括方案名称、编制单位、单位法人、方案审核人、方案编制负责人等信息。封面二格式应遵照附录C。

表 1 文物基本信息表

文物名称			
文物原编号		实验室编号	
收藏单位		提取日期	
材质		时代	
文物级别		提取经手人	
处理经手人		审批人	
文物收藏、保存环境状况			

	类别		处理前	处理后	备注
文物外观描述	外观尺寸（单位：mm）	长			
		宽			
		高			
		直径			
	重量（单位：g）				
	完残程度及色泽描述				
	其　他				

表 2 文物历次保护修复情况

文物编号	名称	保护修复部位（可附图片说明）	时间	使用方法和材料	保护修复设计人员	保护修复人员	保护修复效果	备注

表 3 文物分析检测结果表

文物编号	名称	取样部位	样品性状描述	分析样品所用仪器与分析结果					备注
				扫描电镜—能谱(SEM—EDX)	X射线衍射分析(XRD)	富利叶变换红外光谱分析(FTIR)	金相显微镜	X探伤	

表4 方案编制基本信息表

方案名称						
委托单位						
方案编制单位	名称					
	单位所在地					
	通讯地址				邮编	
	资质证书				代码	
	主管部门				代码	
其他主要参加单位	序 号	单 位 名 称				
	1					
	2					
	3					
编制负责人	姓 名		性别	□男 □女	出生年月	
	学 历	□研究生 □大学 □大专 □中专 □其他				
	职 称			□高级 □中级		
	联系电话		E—mali			
方案审核人	姓 名		性别	□男 □女	出生年月	
	职 称			□高级 □中级		
	所在单位					
方案主要编制人员	姓 名		职称	□高级 □中级 □初级		
	所在单位					
	编制范围					
方案主要编制人员	姓 名		职称	□高级 □中级 □初级		
	所在单位					
	编制范围					
方案主要编制人员	姓 名		职称	□高级 □中级 □初级		
	所在单位					
	编制范围					

表4 方案编制基本信息表（续）

主要目标 （200字以内）	
技术路线概述 （300字以内）	
方案计划进度	年 月 至 年 月
方案经费预算	总经费： 万元，申请国拨经费： 万元
风险分析	
备　注	

附录 A
（规范性附录）
各方签章

各方签章

方案委托单位（甲方）：
负责人（签章）   （公 章）
                                                  年 月 日

方案编制单位（乙方）：
负责人（签章）   （公 章）
                                                  年 月 日

方案编制负责人（签章）

                                                  年 月 日

方案编制参与单位（乙方）：
负责人（签章）   （公 章）
                                                  年 月 日

方案编制参与单位（乙方）：
负责人（签章）   （公 章）

                                                  年 月 日

方案审核人（签章）

                                                  年 月 日

附录　B
（规范性附录）
封面一

馆藏金属文物保护修复方案

方　案　名　称　_____

方案委托单位　_____

联系人及电话　_____

方案编制单位　_____

联系人及电话　_____

××××年××月
中华人民共和国国家文物局制

附录　C
(规范性附录)
封面二

文物保护修复设计资质

证书编号：文物设☐☐字

证书等级：☐☐☐☐☐☐☐

方 案 名 称

方案编制单位：

单位法人：

方案审核人：

方案编制负责人：

方案编制单位
200×年××月

A16

备案号：25934-2009

中华人民共和国文物保护行业标准

WW/T 0010-2008

馆藏金属文物保护修复档案记录规范

Specification for recording of conservation and
restoration archives of metal collections

2009-02-16 发布   2009-03-01 实施

中华人民共和国国家文物局　　发 布

前　言

本标准的附录 A、附录 B、附录 C、附录 D、附录 E、附录 F 为规范性附录。

本标准由中华人民共和国国家文物局提出。

本标准由全国文物保护标准化技术委员会（SAC/TC289）归口。

本标准起草单位：中国国家博物馆。

本标准主要起草人：姚青芳、马燕如、王永生。

本标准是首次发布。

馆藏金属文物保护修复档案记录规范

1 范围

本标准规定了馆藏金属文物保护修复档案记录的文本内容和记录所使用的材料、档案的书写、存档及记录格式和规则。

本标准适用于各级、各类文物收藏单位对所保存的金属文物保护修复档案的记录。

2 规范性引用文件

下列标准中的条款通过本标准的引用而成为本标准的条款。凡是注日期的引用文件，其随后所有的修改单（不包括勘误的内容）或修订版均不适用于本标准，然而，鼓励根据本标准达成协议的各方研究是否可使用这些文件的最新版本。凡是不注日期的引用文件，其最新版本适用于本标准。

GB/T 11821-2002 照片档案管理规范

GB/T 11822-2008 科学技术档案案卷构成的一般要求

GB/T 18894-2002 电子文件归档与管理规范

WW/T 0009-2007 馆藏金属文物保护修复方案编写规范

3 术语和定义

WW/T 0009-2007 确立的以及下列术语和定义适用于本标准。

3.1

馆藏金属文物 metal collections

主要指博物馆等收藏单位收藏的出土或传世金属质地文物，如铜器、铁器、金银器等。

3.2

病害 disease

金属文物因物理、化学和生物等因素造成的损害。主要表现为腐蚀现象。

3.3

修复 restoration

为使馆藏金属文物恢复其本来形貌而采取的补配、粘接、整形、作色等工艺过程。

4 馆藏金属文物保护修复档案记录文本内容

馆藏金属文物保护修复档案记录的文本内容包括：文物保护修复基本信息、文物保存现状、文物检测分析、文物保护修复纪录、文物保护修复验收等项。

4.1 文物保护修复基本信息

4.1.1 文物保护修复基本信息的内容包括：

文物名称、收藏单位、文物登录号、文物来源、文物时代、文物材质、文物级别、方案设计单位、保护修复单位、方案名称及编号、批准单位及文号、提取日期、提取经办人、返还日期、返还经办人、备注。

4.1.2 记录格式按附录 A 中的表 A.1。

4.2 文物保存现状

4.2.1 文物保存环境应描述文物保护修复前的保存环境及条件，包括库房、展厅、展柜等的温度、湿度，照度，空气质量等因素。

4.2.2 外型尺寸和重量是指文物保护修复前的实际尺寸与重量。

4.2.3 原保护修复情况是对那些有保护修复史的文物，要进行原保护修复情况描述。

4.2.4 病害状况应详细填写文物保护修复前的所有病害现状，描述方法可参考相关分类与病害图示规范标准。

4.2.5 影像资料记录文物保护修复前的影像资料及其调用方法和存贮方式。

4.2.6 记录格式按照附录B中的表B.1。

4.3 文物检测分析

4.3.1 文物检测分析内容主要是保护修复过程中的检测分析，包括样品编号、样品名称、样品描述、检测目的、检测分析方法、检测结果、检测单位以及备注栏。

4.3.2 检测分析如有单件样品多项检测或多件样品同项检测的，应分别记录。

4.3.3 记录格式按照附录C中的表C.1。

4.4 文物保护修复记录

4.4.1 文物保护修复情况综述。

   a) 内容包括材料、工艺及步骤和操作环境的详细、真实地记录；

   b) 材料记录指技术处理过程中所用的各种化学试剂、粘合剂；补配、填充材料等。要详细记录材料的主要成分（或药品的商品名称）、功效以及使用配比；

   c) 工艺步骤指记录文物保护修复过程中的分析检测、除锈、脱盐、缓蚀、封护、补配、粘结、作色等过程。补配、粘接部位应有施工记录图或影像资料；

   d) 应记录保护修复完成后的文物尺寸和重量。

4.4.2 完成日期是指保护修复工作完成的日期。

4.4.3 修复人员一栏要由具体保护操作人员签字或签章。

4.4.4 保护修复日志由具体保护修复操作人员根据实际工作情况填写。其中包括材料、操作步骤及条件，各阶段所用化学试剂等，应记录其主要成分（药品的商品名称）、功效、使用配比等。保护修复期长，日志内容多的记录可接续附加。

4.4.5 影像资料可以数字载体形式提供，并注明调取或链接方法。

4.4.6 记录格式按照附录D中的表D.1。

4.5 文物保护修复验收

4.5.1 自评估意见由文物保护修复项目负责人撰写并签名。内容包括：

   a) 是否达到原方案设计的预期目标；

   b) 变更设计内容及原因；

   c) 修复效果；

   d) 存在问题及讨论；

   e) 使用与保管条件建议；

   f) 完成进度。

4.5.2 应记录验收评审专家的评审结论。

4.5.3 验收意见栏由验收人或单位填写并签章。

4.5.4 记录格式按附录E中的表E.1。

5 文物保护修复档案记录形式

保护修复档案记录形式包括纸质文本和电子文档。

5.1 纸质文本

5.1.1 保护修复档案记录用A4规格纸张。

5.1.2 制作档案的书写材料及工具，应符合耐久性要求（如：热敏纸、复写纸、铅笔、圆珠笔、红墨水、纯蓝墨水等不能使用）。

5.1.3 图表、数据资料和检测报告书等应按顺序附在记录的相应位置,或整理装订成册并加以编号。

5.1.4 保护修复档案记录应保持完整,不得缺页或挖补。如有缺、漏页,应详细说明原因。

5.2 电子文档

使用数码相机、数码摄像机、三维数字扫描仪等电子设备所拍摄的文物保护修复过程,应按编号记录其电子信息,并将相关电子资料整理汇集,同时注明电子资料的编号、文件名、路径等,以便查对。

6 文物保护修复档案的书写

6.1 书写内容

保护修复档案记录要详细、清楚、真实记录金属文物保护修复的全部过程。

6.2 书写方式

采用横写方式,记录书写应工整。

6.3 书写文字

记录用文字必须是规范的简化汉字,少数民族文字与外文应依其书写规则。常用的外文缩写应符合规范,首次出现时必须注明外文原文,并加以中文注释。保护修复档案记录中属译文的应注明其外文名称。多种文字对照的文物保护修复档案,采用汉字记录同时按文物收藏单位的规定确定记录用文字。

6.4 数字的书写

文件材料的编号项、时间项、分类项中的数字应使用阿拉伯数字。

6.5 术语及计量单位书写

保护修复档案记录应使用规范的专业术语,凡涉及计量单位的记录项目一律使用统一的国家计量标准。

6.6 图形及符号书写

文物本体上的图形及符号应照录,无法照录的可改为能反映原意的其他形式的相应内容,并加"〔〕"号。

6.7 书写修改

保护修复档案记录不得随意删除、修改或增减数据。如必须修改,可在修改处画一斜线,保证修改前的记录能够辨认,并由修改人签字,注明修改时间及原因。

7 文物保护修复档案的存档

馆藏金属文物保护修复项目完成后,应按GB/T 11822-2008的要求将保护修复档案记录整理归档。照片档案的保存应符合GB/T 11821-2002的要求。将已归档的纸质文件、图纸输入光盘时,按GB/T 18894-2002的有关规定执行。

8 文物保护修复档案封面格式

保护修复档案封面格式遵照附录F。

附录 A

（规范性附录）

文物保护修复基本信息表

表A.1

文物名称			
收藏单位		文物 登录号	
文物来源		文物时代	
文物材质		文物级别	
方案设计 单位		保护修复 单位	
方案名称 及编号		批准单位 及文号	
提取日期		提取 经办人	
返还日期		返还 经办人	
备注：			

附录　B
（规范性附录）
文物保存现状表

表 B.1

尺寸(cm)			重量(g)	
文物保护环境				
病害状况				
原保护修复情况				
保护修复前影像资料				
备注：				

附录 C
（规范性附录）
文物检测分析表

表 C.1

样品编号	样品名称	样品描述	检测目的	检测分析方法	检测结果	检测单位

备注：

附录 D

（规范性附录）

文物保护修复记录表

表 D.1

文物保护修复情况综述（材料、工艺、步骤及操作条件，附保护修复后影像资料）：					
保护修复后尺寸 （cm）			保护修复后重量 （g）		
完成日期		修复人员		审核	
保护修复日志					
文物名称		修复人员		日期	

（可后续附加）

附录 E
（规范性附录）
文物保护修复验收表
表 E.1

自评估意见：
签章： 日期：
验收意见：
签章： 日期：

附录 F
（规范性附录）
封面

馆藏金属文物保护修复档案

项 目 名 称 _____

文 物 名 称 _____

××××年××月
中华人民共和国国家文物局制

A16
备案号：25935-2009

中华人民共和国文物保护行业标准

WW/T 0011-2008

馆藏出土竹木漆器类文物保护
修复档案记录规范

Specification for recording of conservation and restoration archives of
unearthed (Bamboo、Wood and Lacquer) artifacts on museum collection

2009-02-16 发布　　　　　　　　　　　　2009-03-01 实施

中华人民共和国国家文物局　　发 布

前　言

本标准的附录 A、附录 B、附录 C、附录 D、附录 E 和附录 F 为规范性附录。

本标准由中华人民共和国国家文物局提出。

本标准由全国文物保护标准化技术委员会（SAC/TC289）归口。

本标准负责起草单位为荆州文物保护中心、荆州市标准化协会参与本标准的起草。

本标准主要起草人：方北松、邱祖明、朱明。

本标准是首次发布。

馆藏出土竹木漆器类文物保护修复档案记录规范

1 范围

本标准规定了馆藏出土竹木漆器类文物保护修复档案的文本内容、记录格式、记录用文字、记录信息源及记录方法和规则。

本标准适用于全国馆藏出土竹木漆器类文物保护修复档案的记录。

2 规范性引用文件

下列文件中的条款通过本标准的引用而成为本标准的条款。凡是注日期的引用文件，其随后所有的修改单（不包括勘误的内容）或修订版均不适用于本标准，然而，鼓励根据本标准达成协议的各方研究是否可使用这些文件的最新版本。凡是不注日期的引用文件，其最新版本适用于本标准。

GB/T 11821-2002　照片档案管理规范

GB/T 11822-2008　科学技术档案案卷构成的一般要求

GB/T 18894-2002　电子文档归档与管理规范

WW/T 0008-2007　馆藏出土竹木漆器类文物保护修复方案编写规范

3 术语和定义

WW/T 0008-2007确立的以及下列术语和定义适用于本标准。

3.1

馆藏出土竹木漆器类文物　unearthed(Bamboo, Wood and Lacquer)artifacts on museum collection

馆藏出土竹木漆器类文物是指收藏单位所收藏的从地下或水下发掘出的竹器、木器、漆器三大类文物。竹、木器指以竹、木为基体制作材料的文物；漆器指以竹、木、皮、麻等为基体制作材料，且在基体材料上髹生漆的文物。

3.2

脱色　decolourization

脱色是指为使竹、木器表面颜色恢复正常的色泽而进行颜色校正的操作过程。

3.3

脱水　dehydration

脱水是指为使含水出土竹木漆器保持形体稳定而去除文物内多余水分的操作过程。

4 馆藏竹木漆器类文物保护修复档案记录文本内容

保护修复档案记录的文本内容包括：文物保护修复基本信息、文物保存现状、文物检测分析、文物保护修复记录、文物保护修复验收等项。

4.1 文物保护修复基本信息

4.1.1　文物保护修复基本信息的内容包括：文物名称、收藏单位、文物登录号、文物来源、文物时代、文物材质、文物级别、方案设计单位、保护修复单位、方案名称及编号、批准单位及文号、提取日期、提取经办人、返还日期、返还经办人、备注。

4.1.2　记录格式按附录A中的表A.1。

4.2 文物保存现状

4.2.1　文物保存环境栏描述文物保护修复前的保存环境及条件，包括库房、展厅、展柜等的温度、湿度、照度，空气质量等因素。

4.2.2　外形尺寸和重量栏填写文物保护修复前的实际尺寸与重量。

4.2.3　原保护修复情况栏是对那些有保护修复史的文物，要对其原保护修复情况进行描述，内容包括：原保护修复的时间、技术方法、所使用的主要材料、保护技术路线设计人员、保护修复操作人员、保护修复效果。

4.2.4　病害状况栏要详细填写文物保护修复前的所有病害现状，描述方法可参考相关分类与病害图示规范标准。

4.2.5　影像资料栏填写文物保护修复前的影像资料调用方法及存贮方式。

4.2.6　记录格式按附录B中的表B.1。

4.3　文物检测分析

4.3.1　文物检测分析内容包括样品编号、样品名称、样品描述、检测目的、检测分析方法、检测结果、检测单位。

4.3.2　检测分析如有单件样品多项检测或多件样品同项检测的，应分栏填写。

4.3.3　记录格式按附录C中的表C.1。

4.4　文物保护修复记录

4.4.1　应对文物保护修复全过程做综述性记录，内容包括材料、工艺、步骤和操作条件。

4.4.1.1　材料指技术处理过程中所用的各种化学类和生物类材料。要详细记录材料的主要成分（或试剂的商品名称）、功效及配比。

4.4.1.2　工艺步骤是指记录文物保护修复过程中所使用的技术方法和操作步骤。包括竹木漆器的清洗、脱色、脱水、修补等过程的技术方法与操作步骤。

4.4.1.3　操作条件指文物保护修复过程中操作环境的温度、湿度等和操作过程中所使用的仪器设备情况。

4.4.1.4　应记录保护修复完成前后文物的尺寸和重量，记录脱色过程时还应记录颜色变化情况。

4.4.2　完成日期是指保护修复工作完成的日期。

4.4.3　修复人员一栏要由具体保护操作人员签字或签章。

4.4.4　修复日志由具体保护修复操作人员根据实际工作情况填写。其中包括材料、操作步骤及操作条件。可连续附加。

4.4.5　影像资料可以数字载体形式提供，并注明调取或链接方法。

4.4.6　记录格式按照附录D中的表D.1。

4.5　文物保护修复验收

4.5.1　自评估意见栏应由文物保护修复项目负责人填写并签名。

从下列方面记录保护修复效果的自评估：

a）是否完成方案预期目的；
b）变更设计内容及原因；
c）修复效果；
d）存在的问题及讨论；
e）完成进度；
f）使用与保管条件建议。

4.5.2　应记录项目评审专家的评审结论。

4.5.3　验收意见栏由验收人或单位填写并签章。

4.5.4　记录格式按附录E中的表E.1。

5　文物保护修复档案记录形式

保护修复档案记录形式包括纸质文本和电子文档。

5.1 纸质文本

5.1.1 保护修复档案记录用 A4 规格纸张。

5.1.2 制作档案的书写材料及工具，应符合耐久性要求（如：热敏纸、复写纸、铅笔、圆珠笔、红墨水、纯蓝墨水等不能使用）。

5.1.3 图表、数据资料和检测报告书等应按顺序附在记录的相应位置，或整理装订成册并加以编号。

5.1.4 保护修复档案记录应保持完整，不得缺页或挖补；如有缺、漏页，应详细说明原因。

5.2 电子文档

使用数码相机、数码摄像机、三维数字扫描仪等电子设备所拍摄的文物保护修复过程，应按编号记录其电子信息并将相关电子资料整理汇集，同时注明电子资料的编号、文件名、路径等，以便查对。

6 文物保护修复档案的书写

6.1 书写内容

保护修复档案记录要详细、清楚、真实记录竹木漆器类文物保护修复的全部过程。

6.2 书写方式

采用横写方式，记录书写应工整。文件材料的编号项、时间项、分类项中的数字应使用阿拉伯数字。

6.3 书写文字

记录用文字必须是规范的简化汉字，少数民族文字与外文应依其书写规则。常用的外文缩写应符合规范，首次出现时必须注明外文原文，并加以中文注释。保护修复档案记录中属译文的应注明其外文名称。多种文字对照的文物保护修复档案，采用汉字记录同时按文物收藏单位的规定确定记录用文字。

6.4 术语及计量单位书写

保护修复档案记录应使用规范的专业术语，凡涉及计量单位的记录项目一律使用统一的国家计量标准。

6.5 书写修改

保护修复档案记录不得随意删除、修改或增减数据。如必须修改，可在修改处画一斜线，保证修改前的记录能够辨认，并由修改人签字，注明修改时间及原因。

6.6 图形及符号书写

文物本体上的图形及符号应照录，无法照录的可改为能反映原意的其他形式的相应内容，并加"〔〕"号。

7 文物保护修复档案的存档

保护修复工作结束后，应按 GB/T 11822-2008 的要求将保护修复记录整理归档。照片档案的保存应符合 GB/T 11821-2002 的要求。将已归档的纸质文本转化为电子文档及电子文档归档时，按 GB/T 18894-2002 的有关规定执行。

8 文物保护修复档案封面格式

保护修复档案记录封面格式应按附录 F。

附 录 A
（规范性附录）
文物保护修复基本信息表

表 A.1

文物名称			
收藏单位		文物 登录号	
文物来源		文物时代	
文物材质		文物级别	
方案设计 单位		保护修复 单位	
方案名称 及编号		批准单位 及文号	
提取日期		提取 经办人	
返还日期		返还 经办人	
备注：			

附 录 B
（规范性附录）
文物保存现状表

表 B.1

文物保存环境			
外形尺寸 (cm)		重 量 (g)	
原保护修复情况			
病害状况			
影像资料			
备注：			

附录 C
（规范性附录）
文物检测分析表

表 C.1

样品编号	样品名称	样品描述	检测目的	检测分析方法	检测结果	检测单位

备注：

附录 D
（规范性附录）
文物保护修复记录表

表 D.1

综述（材料、工艺、步骤及操作条件，附影像资料）：						
完成日期		修复人员		审核		
保护修复日志						
文物名称			修复人员		日期	
					（可后续附加）	

附录E
（规范性附录）
文物保护修复验收表

表 E.1

自评估意见：
签章： 日期：
验收意见：
签章： 日期：

附 录 F
（规范性附录）
封面

馆藏竹木漆器保护修复档案

项 目 名 称 _____

文 物 名 称 _____

××××年××月
中华人民共和国国家文物局制

_____

A16
备案号：25936-2009

中华人民共和国文物保护行业标准

WW/T 0012-2008

石质文物保护修复档案记录规范

Specification for recording of conservation
and restoration archives of ancient stone collections

2009-02-16 发布　　　　　　　　　　　　　　　2009-03-01 实施

中华人民共和国国家文物局　　发 布

前　言

本标准的附录 A、附录 B、附录 C、附录 D、附录 E、附录 F 为规范性附录。

本标准由中华人民共和国国家文物局提出。

本标准由全国文物保护标准化技术委员会（SAC/TC289）归口。

本标准起草单位：西安文物保护修复中心。

本标准主要起草人：周萍、马涛、齐扬、周伟强。

本标准是首次发布。

石质文物保护修复档案记录规范

1　范围

　　本标准规定了石质文物保护修复档案记录的文本内容和记录格式、记录用文字、记录信息源、记录方法和规则。

　　本标准适用于各级各类文物收藏单位所保存的石质文物保护修复档案的记录。

2　规范性引用文件

　　下列标准中的条款通过本标准的引用而成为本标准的条款。凡是注日期的引用文件，其随后所有的修改单（不包括勘误的内容）或修订版均不适用于本标准。然而，鼓励根据本标准达成协议的各方研究是否可使用这些文件的最新版本。凡是不注日期的引用文件，其最新版本适用于本标准。

　　GB/T 11821-2002　照片档案管理规范

　　GB/T 11822-2008　科学技术档案案卷构成的一般要求

　　GB/T 18894-2002　电子文件归档与管理规范

　　WW/T 0002-2007　石质文物病害分类与图示

　　WW/T 0007-2007　石质文物保护修复方案编写规范

3　术语和定义

　　WW/T 0002-2007和WW/T 0007-2007确立的以及下列术语和定义适合于本标准。

3.1

石质文物　the ancient stone objects

　　石质文物是指各级文博单位收藏或保存的,在人类历史发展过程中遗留下来的具有历史、艺术、科学价值的，以天然石材为原材料加工制作的遗物。主要包括：石刻文字、石雕(刻)艺术品与石器时代的石制用具三大类别，以及各类文博单位收藏的建筑石构件、摩崖题刻等。不可移动的石窟寺、摩崖题刻及石构建筑不属于本规范的范畴。

3.2

石质文物病害　diseases of the ancient stone objects

　　指石质文物在长期使用、流传、保存过程中由于环境变化、营力侵蚀、人为破坏等因素导致的石质文物在物质成分、结构构造、甚至外貌形态上所发生的一系列不利于文物安全或有损文物外貌的变化。

4　石质文物保护修复档案记录文本内容

　　石质文物保护修复档案记录的文本内容包括：文物保护修复基本信息、文物保存现状、文物检测分析、文物保护修复记录、文物保护修复验收等项。

4.1　文物保护修复基本信息

4.1.1　文物保护基本信息的内容包括：文物名称、收藏单位、文物登录号、文物来源、文物时代、文物材质、文物级别、方案设计单位、保护修复单位、方案名称及编号、批准单位及文号、提取日期、提取经办人、返还日期、返还经办人、备注。

4.1.2　记录格式按附录A中表A.1

4.2　文物保存现状

4.2.1　文物保存环境栏描述文物保护修复前的保存环境及条件，包括库房、展厅、展柜等的温度、湿度、照度，空气质量等因素。

4.2.2 外形尺寸和重量栏填写文物保护修复前的实际尺寸与重量。

4.2.3 原保护修复情况栏是对那些有保护修复史的文物，要对其原保护修复情况进行描述。

4.2.4 病害状况栏要详细填写文物保护修复前的所有病害现状,描述方法可参考相关分类与病害图示规范标准。

4.2.5 影像资料栏填写文物保护修复前的影像资料及其调用方法和存贮方式。

4.2.6 记录格式按附录B中表B.1。

4.3 文物检测分析

4.3.1 文物检测分析内容主要是保护修复过程中的检测分析,包括样品编号、样品名称、样品描述、检测目的、检测分析方法、检测结果、检测单位。

4.3.2 检测分析如有单件样品多项检测或多件样品同项检测的，应分栏填写。

4.3.3 记录格式按附录C中表C.1。

4.4 文物保护修复记录

4.4.1 综述

4.4.1.1 填写内容包括材料、工艺、步骤及操作条件，附影像资料。

4.4.1.2 保护修复程序按照方案设计进行，主要包括：地基处理、扶正稳固；断裂、残缺部位的黏结、稳定性处理；表面附着物的清洗；表面渗透加固；裂隙/缝部位灌浆、锚固；石刻的补配修复；表面封护等实施程序和具体的工艺。

4.4.1.3 对各阶段所用化学试剂和化学溶液等，应记录其主要成分、功效、所用配比以及抗老化实验等，为未来的保护提供详细信息。

4.4.1.4 粘接、机械加固部位还应有施工图的记录。

4.4.1.5 影像资料可以数字载体形式提供，要注明调取或链接方法。

4.4.2 完成日期填写保护修复工作完成的日期。

4.4.3 修复人员、审核要由本人签字或单位签章。

4.4.4 修复日志由修复文物的操作人员填写，主要根据文物修复的实际工作填写。包括修复的材料、工艺、步骤及操作条件，并附影像资料。各阶段所用化学试剂和化学溶液等，应记录其主要成分、功效以及所用配比，抗老化实验等。表格按修复时间续页。

4.4.5 记录格式按附录D中表D.1。

4.5 文物保护修复验收

4.5.1 自评估意见栏由文物保护修复项目负责人填写并签名。内容包括：

    a) 是否达到原方案设计预期目标；

    b) 变更设计内容及原因；

    c) 修复效果；

    d) 存在问题及讨论；

    e) 使用与保管条件建议；

    f) 完成进度。

4.5.2 应记录项目评审专家的评审结论。

4.5.3 验收意见栏由验收人或单位填写并签章。

4.5.4 记录格式按附录E中表E.1。

5 文物保护修复档案记录形式

保护修复档案记录形式包括纸质文本和电子文档。

5.1 纸质文本

5.1.1 保护修复档案记录用 A4 规格纸张。

5.1.2 制作档案的书写材料及工具，应符合耐久性要求（如：热敏纸、复写纸、铅笔、圆珠笔、红墨水、纯蓝墨水等不能使用）。

5.1.3 图表、数据资料和检测报告书等应按顺序附在记录的相应位置，或整理装订成册并加以编号。

5.1.4 保护修复档案记录应保持完整，不得缺页或挖补，如有缺、漏页，应详细说明原因。

5.2 电子文档

使用数码相机、数码摄像机、三维数字扫描仪等电子设备所拍摄的文物保护修复过程，应按编号记录其电子信息并将相关电子资料整理汇集，同时注明电子资料的编号、文件名、路径等，以便查对。

6 文物保护修复档案的书写

6.1 书写内容

保护修复档案记录要详细、清楚、真实记录石质文物保护修复的全部过程。

6.2 书写方式

采用横写方式，记录书写应工整。

6.3 书写文字

记录用文字必须是规范的简化汉字，少数民族文字与外文应依其书写规则。常用的外文缩写应符合规范，首次出现时必须注明外文原文，并加以中文注释。保护修复档案记录中属译文的应注明其外文名称。多种文字对照的文物保护修复档案，采用汉字记录同时按文物收藏单位的规定确定记录用文字。

6.4 数字的书写

文件材料的编号项、时间项、分类项中的数字应使用阿拉伯数字。

6.5 术语及计量单位书写

保护修复档案记录应使用规范的专业术语，凡涉及计量单位的记录项目一律使用统一的国家计量标准。

6.6 图形及符号书写

文物本体上的图形及符号应照录，无法照录的可改为能反映原意的其他形式的相应内容，并加"〔〕"号。

6.7 书写修改

保护修复档案记录不得随意删除、修改或增减数据。如必须修改，可在修改处画一斜线，保证修改前的记录能够辨认，并由修改人签字，注明修改时间及原因。

7 文物保护修复档案的存档

石质文物保护修复项目完成后，应按GB/T 11822-2008的要求将保护修复档案记录整理归档。照片档案的保存应符合GB/T 11821-2002的要求。纸质文本转化为电子文档和电子文档归档时，按GB/T 18894-2002的有关规定执行。

8 文物保护修复档案封面格式

文物保护修复档案封面格式遵照附录F。

附 录 A

（规范性附录）

文物保护修复基本信息表

表 A.1

文物名称			
收藏单位		文物 登录号	
文物来源		文物时代	
文物材质		文物级别	
方案设计 单位		保护修复 单位	
方案名称 及编号		批准单位 及文号	
提取日期		提取 经办人	
返还日期		返还 经办人	
备注：			

附 录 B
（规范性附录）
文物保存现状表

表 B.1

文物保存环境			
外形尺寸 (cm)		重量 (g)	
原保护修复情况			
病害状况			
影像资料			
备注：			

附录 C
(规范性附录)
文物检测分析表
表 C.1

样品编号	样品名称	样品描述	检测目的	检测分析方法	检测结果	检测单位

备注：

附录 D
（规范性附录）
文物保护修复记录表

表 D.1

综述（材料、工艺、步骤及操作条件，附影像资料）：					
完成日期		修复人员		审核	
保护修复日志					
文物名称			修复人员		日期

（可后续附加）

195

附录E
（规范性附录）
文物保护修复验收表

表 E.1

自评估意见：
签章： 日期：
验收意见：
签章： 日期：

附录 F
（规范性附录）
封面

石质文物保护修复档案

项目名称：＿＿＿＿＿＿＿＿＿＿＿＿＿＿＿＿＿＿＿＿

文物名称：＿＿＿＿＿＿＿＿＿＿＿＿＿＿＿＿＿＿＿＿

××××年××月
中华人民共和国国家文物局制

A16
备案号：25937-2009

中华人民共和国文物保护行业标准

WW/T 0013-2008

馆藏丝织品病害与图示

Diseases and legends of silk textiles on museum collection

2009-02-16 发布   2009-03-01 实施

中华人民共和国国家文物局   发 布

前　言

本标准的附录 A、附录 B 为资料性附录。

本标准由中华人民共和国国家文物局提出。

本标准由全国文物保护标准化技术委员会（SAC/TC289）归口。

本标准负责起草单位：中国丝绸博物馆。

本标准主要起草人：徐德明、周旸、赵丰、汪自强、王淑娟。

本标准是首次发布。

馆藏丝织品病害与图示

1 范围

本标准规定了馆藏丝织品病害与图示的文本内容和格式，确定了病害与图示中的基本术语、病害类型和病害标识符号。

本标准主要适用于馆藏丝织品病害的记录与图示。

2 术语和定义

下列术语和定义适用于本标准。

2.1

馆藏丝织品 silk textiles on museum collection

主要指由各级文博单位收藏或保存的，以丝纤维为基本材质的文物。包括丝纤维原料、平面或立体织物以及织物制成品。

注：本标准中，藏品等同于馆藏丝织品。

2.2

馆藏丝织品类别 types of silk textiles

馆藏丝织品可分为纤维类、织物类、服装类、饰品类和其他类。

示例：丝线为纤维类，匹料为织物类，龙袍为服装类，荷包为饰品类，卤薄仪仗为其他类。

2.3

馆藏丝织品保存环境 the environmental conditions of silk textiles

指馆藏丝织品所存放的环境。本标准中主要划分为三种类型：库房环境、展厅环境、工作室环境。

2.4

馆藏丝织品病害 diseases of silk textiles

指在长期使用、流传、保存过程中，因物理、化学、生物损害而造成的一系列不利于藏品安全或有损于藏品外貌的变化。

注：馆藏丝织品病害包括动物损害、微生物损害、残缺、破裂、糟朽、污染、粘连、皱褶、晕色、褪色、水渍、印绘脱落、不当修复、饱水等。

2.5

图示 legend

以图形为主要特征记录表示丝织品病害类型的符号，主要用于病害图的绘制。

3 馆藏丝织品病害类型

3.1 动物损害

昆虫、鼠类等动物活动对馆藏丝织品造成不同程度的污染或损害（参见附录 A.1）。

3.2 微生物损害

微生物的滋生对馆藏丝织品产生的伤害，亦称"菌害"、"霉变"（参见附录 A.2）。

3.3 残缺

馆藏丝织品在传承过程中出现缺失，无法保持其完整（参见附录 A.3）。

3.4 破裂

馆藏丝织品的经线或纬线断裂形成的破口或裂纹（参见附录 A.4）。

3.5 糟朽

在长期的保存过程中，馆藏丝织品的化学结构发生严重降解，导致藏品结构疏松，力学强度大幅降低的现象（参见附录 A.5）。

3.6 污染

馆藏丝织品在保存、使用、传承、收藏、埋藏、出土等过程中表面形成的污渍（参见附录 A.6）。

3.7 粘连

馆藏丝织品在长期折叠或叠压状态下造成难以分离的状态（参见附录 A.7）。

3.8 皱褶

馆藏丝织品表面的不平整，包括可调整和不可调整的变形，影响馆藏丝织品的外观（参见附录 A.8）。

3.9 晕色

颜色较深部位的呈色物质向浅色部位扩散或沾染的现象（参见附录 A.9）。

3.10 褪色

馆藏丝织品出现色度降低的现象（参见附录 A.10）。

3.11 水渍

因水侵蚀在馆藏丝织品表面留下的沉积物或水浸过的痕迹（参见附录 A.11）。

3.12 印绘脱落

由于胶黏剂的失效导致印绘痕迹的模糊（参见附录 A.12）。

3.13 不当修复

在不当理念指导下采用不当材料、不当方法进行的修复（参见附录 A.13）。

3.14 饱水

馆藏丝织品组织结构内饱含水分（参见附录 A.14）。

4 馆藏丝织品病害标识符号

4.1 进行馆藏丝织品病害现状调查时，应按照表1的符号标识要求，对馆藏丝织品的病害或现状作记录（参见附录 B 的图 B.1）。

4.2 符号为黑色图形，白色衬底。

4.3 符号清晰，线条宽度以 0.3mm 为宜。

4.4 符号的疏密程度可以反映馆藏丝织品病害存在的状况，符号或线条之间的距离间隔应适度。

表1 馆藏丝织品病害标识符号

序号	名称	标识符号	符号说明
1	动物损害		单个符号大小以4mm²为宜，间隔不小于1mm。
2	微生物损害		单个符号大小以4mm²为宜，间隔不小于1mm。
3	残缺		闭合曲线，勾出残缺部位。
4	破裂		勾出破裂痕迹。
5	糟朽		黑点直径以不小于0.5mm为宜。
6	污染		平行线间隔以3mm～5mm为宜。
7	粘连		平行线间隔以3mm～5mm为宜。
8	皱褶		线段长5mm,黑点直径与线段宽度一致。
9	晕色		线段长以2mm、平行间隔以3mm～5mm为宜。
10	褪色		平行线间隔以3mm～5mm为宜。

表1 馆藏丝织品病害标识符号（续）

序号	名称	标识符号	符号说明
11	水渍		线段长以2mm、平行间隔以3mm～5mm为宜。
12	印绘脱落		圆圈直径以2mm为宜，间隔不小于1mm。
13	不当修复		单个符号大小以4mm²为宜，间隔不小于1mm。
14	饱水		平行线间隔以3mm～5mm为宜。

附录 A
（资料性附录）
馆藏丝织品病害照片示例

A.1 动物损害

A.2 微生物损害

A.3 残缺

A.4 破裂

A.5 糟朽

A.6 污染

A.7 粘连

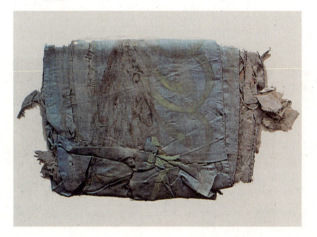

A.8 皱褶

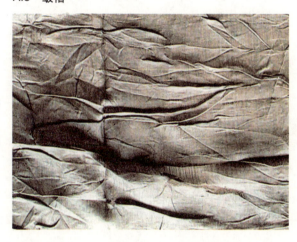

A.9 晕色

A.10 褪色

A.11 水渍

A.12　印绘脱落

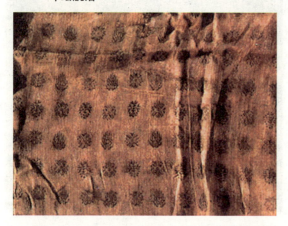 

A.13　不当修复

 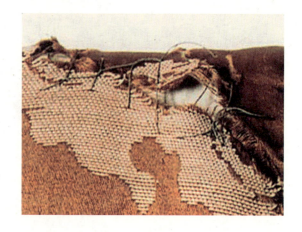

A.14　饱水

附录 B
（资料性附录）
馆藏丝织品现状调查图示例

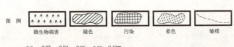

调 查		中国丝绸博物馆	项目名称	清深褐色曲水花卉纹袄的保护修复
制 图			图纸比例	
校 核			比 例	见比例尺

图 B.1　深褐色曲水花卉纹袄病害分布图

A16

备案号：25938-2009

中华人民共和国文物保护行业标准

WW/T 0014-2008

馆藏丝织品保护修复方案编写规范

Specifications for compilation of conservation and restoration plan
of silk textiles on museum collection

2009-02-16 发布

2009-03-01 实施

中华人民共和国国家文物局 　发　布

前　言

本标准的附录 A、附录 B、附录 C 为规范性附录。

本标准由中华人民共和国国家文物局提出。

本标准由全国文物保护标准化技术委员会（SAC/TC289）归口。

本标准负责起草单位：中国丝绸博物馆。

本标准主要起草人：周旸、赵丰、汪自强、徐德明、王淑娟。

本标准是首次发布。

馆藏丝织品保护修复方案编写规范

1 范围

本标准规定了馆藏丝织品保护修复方案编写的文本内容和格式,确定了保护修复方案中的基本术语。

本标准主要适用于馆藏丝织品保护修复方案的编写,对于企业收藏、流散或传世文物以及考古现场丝织品文物保护修复方案的编写也具有一定的参考价值。

2 规范性引用文件

下列文件中的条款通过本标准的引用而成为本标准的条款。凡是注日期的引用文件,其随后所有的修改单(不包括勘误的内容)或修订版均不适用于本标准,然而,鼓励根据本标准达成协议的各方研究是否可使用这些文件的最新版本。凡是不注日期的引用文件,其最新版本适用于本标准。

GB 8978-1996 污水综合排放标准

GB/T 18883-2002 室内空气质量标准

WW/T 0013-2008 馆藏丝织品病害与图示

3 术语和定义

WW/T 0013-2008 中确立的以及下列术语和定义适用于本标准。

3.1

馆藏丝织品 silk textiles on museum collection

主要指由各级文博单位收藏或保存的,以丝纤维为基本材质的文物。包括丝纤维原料、平面或立体织物以及织物制成品。

注:本标准中,藏品等同于馆藏丝织品。

3.2

馆藏丝织品类别 types of silk textiles

馆藏丝织品可分为纤维类、织物类、服装类、饰品类和其他类。

示例:丝线为纤维类,匹料为织物类,龙袍为服装类,荷包为饰品类,卤簿仪仗为其他类。

3.3

馆藏丝织品病害 diseases of silk textiles

指在长期使用、流传、保存过程中,因物理、化学、生物损害而造成的一系列不利于藏品安全或有损于藏品外貌的变化。

3.4

馆藏丝织品保护修复 conservation and restoration of silk textiles

为保持藏品的内容完整和结构稳定,采取必要的材料和可行的工艺,防止藏品继续劣变的干预活动,一般包括检测、消毒、揭展、清洗、加固、修复、包装、保管等步骤。

3.5

前期研究 laboratory investigations

针对藏品的病害现状,对拟采用的修复材料和工艺进行实验研究,检测藏品在保护修复前后相关性质的变化,根据效果评估选择最佳方案。

3.6

效果评估 effect evaluation

通过科学的测试实验来评估保护修复处理的效果,证明拟实施保护修复方案的可行性和科学性。

4 保护修复方案文本内容

前言;基本信息与文物价值;保存现状的调查与评估;保护修复工作目标;拟采取的技术路线及操作步骤;可能的技术难题及应对措施;风险评估;保护修复后保存环境建议;保护修复工作量与进度安排;安全措施;经费预算与管理;各方签章。

馆藏丝织品保护修复方案编制基本信息表按表1编制。

4.1 前言

应编写任务来源、立项过程、目的意义、任务要求等内容。

4.2 基本信息与文物价值

4.2.1 基本信息

包括下列几方面:

a) 藏品名称、种类、登录号、等级、年代、来源、出土时间、收藏时间、质地、尺寸;

b) 应列出藏品所在的收藏单位及收藏时间.若同一批拟保护修复的藏品属于不同收藏单位,应列出所有单位及其藏品.若藏品数量较多,应列出明细表;

c) 公开发表的有关藏品资料的书名、期刊号。

4.2.2 文物价值

包括下列几方面:

a) 从历史、艺术、科学等角度说明藏品的文物价值;

b) 说明藏品在其收藏单位中的地位及在本地区历史研究中的作用;

c) 可一并说明在同类别藏品或在同时代文物考古研究中的重要性。

4.3 保存现状的调查与评估

4.3.1 资料与数据

为做好藏品保存现状的调查与评估,应进行以下有关基础资料与数据的收集:

a) 保存环境状况调查;

b) 主要病害类型的调查与分类;

c) 病害现状的总体评估:按完好、微损、中度、严重、濒危五个级别进行评估;

d) 保护修复史:已做过保护修复的藏品,应调查原来的保护修复资料;

e) 病害现状的记录方式包括文字、照相和图纸。

藏品信息表按表2编制,包括藏品基本信息、文物价值、保存环境调查和病害情况调查评估,应一物一表。

4.3.2 检测分析

编制方案时,应根据需要对藏品进行一定的检测分析;未能做检测的,需说明原因,并编列于保护修复方案中。需要采样的,应该按照相关程序申报。

包括下列几方面:

a) 纤维鉴别;

b) 织物组织结构分析;

c) 染料/颜料的检测;

d) 颜色记录;

e) 污染物分析。

检测分析表按表3编制。

4.3.3 历次修复资料

已做过保护修复的藏品,应提供历次保护修复的有关资料。

包括下列几方面：

a) 历次保护修复的起止时间；

b) 历次保护修复的技术方法、所使用的主要材料、保护修复技术路线设计人员、保护修复操作人员；

c) 保护修复效果。

历次保护修复情况按表4编制。

4.3.4　图示

保存现状调查与评估应配以相应的图示，包括现状图、病害图和效果图。图示应能清晰真实地反映藏品现状，可置于方案正文中，也可作为方案的附件。拍摄照片时，应在藏品边放置色标，线图应标注尺寸。

4.3.4.1　病害图

藏品在保护修复前应绘制病害图，标示出藏品的病害种类和分布。病害图的绘制应按照标准WW/T 0013-2008。

4.3.4.2　现状图

应提供藏品保护修复前的现状图，包括总图和主要病害区域的图片。

4.3.4.2　效果图

按照保护修复目标，针对藏品现状，宜绘制出保护修复后的效果图。

4.4　保护修复工作目标

4.4.1　应明确需保护修复的藏品数量。

4.4.2　应从保护修复后的颜色、柔软度、完整性、稳定性等方面确定考核本次保护修复工作的技术指标。

4.4.3　保护修复工作过程中可能形成的保护修复推广应用技术、基地或专业实验室目标。

4.5　保护修复技术路线及操作步骤

4.5.1　技术路线是保护修复方案的核心组成部分，是在对藏品保存现状、保护修复工作目标、丝织品保护修复原则、国内外丝织品保护修复方法充分研究的基础上提出的。主要包括保护修复的方法、材料和工艺。

4.5.2　应根据保护修复技术路线制定保护修复技术步骤，主要包括检测、消毒、揭展、清洗、加固、修复、包装、保管等步骤。

4.5.3　应注明每件藏品保护修复的基本操作程序，程序相同者可一并列举。

4.5.4　消毒是用物理方法或化学试剂杀灭或消除藏品上的有害微生物和害虫。需进行消毒处理的藏品，应列出主要消毒方法，简述消毒过程对藏品可能产生的影响。

4.5.5　揭展是用物理方法或化学试剂分离粘连糟朽的藏品。需采用化学试剂揭展的藏品，应列出主要揭展试剂，简述揭展过程对藏品可能产生的影响。

4.5.6　清洗是用物理方法或化学试剂清除藏品上有害污染物。需采用化学试剂清洗的藏品，应列出主要清洗试剂，简述清洗过程对藏品可能产生的影响。

4.5.7　加固是在保持现状的前提下，用物理方法或化学试剂使藏品总体强度得以改善。需进行加固的藏品，应列出主要加固试剂，简述加固过程对藏品可能产生的影响。

4.5.8　需进行修复的藏品，应列出所用修复材料和修复方法，简述修复过程对藏品可能的影响。对于原来已进行过修复的藏品，如果全部或部分保留原修复部分的，应简述现用修复材料与原用修复材料的相容性。如果两次修复过程不相容，应说明清除原修复部分的材料和方法，应说明清除过程对藏品可能产生的影响。

4.5.9　需异地保护修复的，应说明运输措施、运期等对藏品的影响。

4.5.10　需进行包装的藏品，应标明具体的包装材料、形式以及包装过程中的注意事项，简述包装过程对藏品可能产生的影响。

4.5.11　保护修复过程中，操作环境的温度、湿度和光照对藏品的影响及应对措施。

4.6　可能的技术难题及应对措施

应说明在检测、消毒、揭展、清洗、加固、修复、包装、保管等保护修复过程中的各个环节中，可能遇到的技术难题，并制定具体应对措施。

4.7　风险评估

4.7.1　应说明可能的技术风险及应对措施。

4.7.2　保护修复技术路线中涉及的知识产权问题，应附录有关协议。

4.8　工作量与进度安排

4.8.1　工作量

应确定整个保护修复项目各环节的工作量，根据拟保护修复的藏品数量、种类及其难度，在具备一定场地、设备的情况下，确定所需技术人员的数量、工作时间。

4.8.2　进度安排

应说明按年月的进度安排，每时间段的工作量指标。工作进度安排应根据下列各项确定：

a）保护修复工作量的多少；

b）项目实施人员的人数及投入时间；

c）若存在不可预测的因素影响工作进度，应作相应说明。

4.9　保存条件建议

4.9.1　应就藏品保护修复后的保存条件提出相应的建议，包括陈列环境、库房环境、保管方式、包装形式等。

4.9.2　应说明在保护修复工作完成后的保存期内，在符合藏品保存环境的条件下，藏品可能出现的变化及解决该问题的具体措施。

4.10　安全措施

4.10.1　应简述保护修复过程中因化学及生物材料的使用而造成的对人体及环境可能的危害，以及应对措施。

4.10.2　有害气体的排放：

a）应尽量避免使用产生有害气体的化学材料；

b）保护修复工作场所的空气质量应符合现行国家标准 GB/T 18883－2002。

4.10.3　排放液的处理：

a）应尽量避免使用产生有害排放液的化学及生物材料，尽量减少污水的产生；

b）保护修复操作过程中排放的污水应符合现行国家标准 GB 8978－1996。

4.11　经费预算与管理

4.11.1　馆藏丝织品保护修复经费是指在项目组织实施过程中与保护修复活动直接相关的各项费用。

4.11.2　经费预算的编制应当根据馆藏丝织品保护修复的合理需要，坚持目标相关性、政策相符性和经济合理性原则，应按照国家有关文物保护修复专项经费管理办法编制预算。

4.11.3　经费管理

属于国家专款或单位自有资金的，应按国家有关规定制定使用规则；属于社会捐赠的，制定使用原则时应特别考虑到捐赠单位或个人的有关要求。

4.12　各方签章

应有方案委托单位、方案编制单位、方案参与编制单位法人代表的签章及加盖公章；应有方案编制负责人、方案审核人的签章，遵照附录 A。

5　格式

5.1　幅面尺寸

文本幅面尺寸为 A4 规格的纸张。

5.2　封面格式

封面 1 格式应按照附录 B。

封面 2 格式应按照附录 C。

5.3　文本字体

方案名称一律为宋体 3 号字，正文字体一律为宋体小 4 号字。

表1　方案编制基本信息表

方案名称					
委托单位					
方案编制单位	名　称				
	单位所在地				
	通讯地址		邮编		
	资质证书		代码		
	主管部门		代码		
其他主要参加单位	序　号	单　位　名　称			
	1				
	2				
	3				
方案编制负责人	姓　名		性别	□男□女	出生年月	
	学　历	□研究生　□大学　□大专　□中专　□其他			
	职　称	□高级　　□中级			
	联系电话		E－mail		
方案审核人	姓　名		性别	□男□女	出生年月	
	职　称	□高级　　□中级			
	所在单位				
方案主要编制人员	姓　名		职　称	□高级□中级□初级	
	所在单位				
	编制范围				
方案主要编制人员	姓　名		职　称	□高级□中级□初级	
	所在单位				
	编制范围				
方案主要编制人员	姓　名		职　称	□高级□中级□初级	
	所在单位				
	编制范围				

表1 方案编制基本信息表（续）

主要目标 （200字以内）	
技术路线概述 （300字以内）	
方案计划进度	年　月　至　　年　月
方案经费预算	总经费：　　万元，申请国拨经费：　　万元
风险分析	
备注	

表2 藏品信息表

名称		登录号	
年代		来源	
出土时间		出土地点	
等级		尺寸	
种类		质地	
收藏单位		收藏时间	
基本形态描述 （附现状图）			
病害描述 （附病害图）			
藏品价值描述			
病害情况 调查评估	病害种类	□动物病害　□微生物病害　□残缺　□破裂　□糟朽 □污染　□粘连　□皱褶　□晕色　□褪色　□水渍　□印绘脱落 □不当修复　□饱水	
	病害活动评估	对病害的活动性、安全性进行评估（是否还在发展？是否危险？）	
	以往保护情况	□已保护　□未保护	
	病害的综合评估	□基本完好　　　　　　　　——预防性保护 □轻微　　　　　　　　　　——需要进行保护修复 □中度 □重度　　　　　　　　　　——需要进行抢救性保护修复 □濒危	

表3　分析检测表

序号	登录号	名称	取样部位	样品描述	检测目的	检测单位	检测仪器	检测结果

表4　历次保护修复情况表

序号	登录号	名称	保护修复起止时间	保护修复情况概述			保护修复效果
				技术方法	主要材料	设计及操作人员	

附录 A
（规范性附录）
各方签章

各方签章

方案委托单位（甲方）：
负责人（签章）　　　　　　　　　　　　　　　　　　　（公 章）
　　　　　　　　　　　　　　　　　　　　　　　　　　年　月　日

方案编制单位（乙方）：
负责人（签章）　　　　　　　　　　　　　　　　　　　（公 章）
　　　　　　　　　　　　　　　　　　　　　　　　　　年　月　日

方案编制负责人（签章）
　　　　　　　　　　　　　　　　　　　　　　　　　　年　月　日

方案编制参与单位（乙方）：
负责人（签章）　　　　　　　　　　　　　　　　　　　（公 章）
　　　　　　　　　　　　　　　　　　　　　　　　　　年　月　日

方案编制参与单位（乙方）：
负责人（签章）　　　　　　　　　　　　　　　　　　　（公 章）

　　　　　　　　　　　　　　　　　　　　　　　　　　年　月　日

方案审核人（签章）
　　　　　　　　　　　　　　　　　　　　　　　　　　年　月　日

附录　B

（规范性附录）

封面一

馆藏丝织品保护修复方案

方案名称 _____

方案委托单位 _____

联系人及电话 _____

方案编制单位 _____

联系人及电话 _____

××××年××月

中华人民共和国国家文物局制

附录　C
（规范性附录）
封面二

文物保护修复设计资质

证书编号：文物设　　字

证书等级：

方　案　名　称

方案编制单位：

单位法人：

方案审核人：

方案编制负责人：

方案编制单位

200×年××月

A16
备案号：25939-2009

中华人民共和国文物保护行业标准

WW/T 0015-2008

馆藏丝织品保护修复档案记录规范

Specification for recording of conservation and restoration
archives of silk textiles on museum collection

2009-02-16发布　　　　　　　　　　　　　　2009-03-01实施

中华人民共和国国家文物局　　发 布

前　言

本标准的附录 A、附录 B、附录 C、附录 D、附录 E、附录 F 为规范性附录。

本标准由中华人民共和国国家文物局提出。

本标准由全国文物保护标准化技术委员会（SAC/TC289）归口。

本标准由中国丝绸博物馆负责起草，浙江理工大学参与起草。

本标准主要起草人：王淑娟、吴微微、周旸、赵丰、徐德明、汪自强。

本标准为首次发布。

馆藏丝织品保护修复档案记录规范

1 范围

本标准规定了馆藏丝织品保护修复档案记录中的相关术语、文本内容、记录格式、记录用文字、记录信息源及记录方法和规则。

本标准主要适用于馆藏丝织品文物保护修复工作的档案记录。

2 规范性引用文件

下列文件中的条款通过本标准的引用而成为本标准的条款。凡是注日期的引用文件，其随后所有的修改单（不包括勘误的内容）或修订版均不适用于本标准，然而，鼓励根据本标准达成协议的各方研究是否可使用这些文件的最新版本。凡是不注日期的引用文件，其最新版本适用于本标准。

GB/T 11821-2002 照片档案管理规范
GB/T 11822-2008 科学技术档案案卷构成的一般要求
GB/T 18894-2002 电子文档归档与管理规范
WW/T 0013-2008 馆藏丝织品病害与图示

3 术语和定义

WW/T 0013-2008中确立的以及下列术语和定义适用于本标准。

3.1

馆藏丝织品 silk textiles on museum collection

主要指由各级文博单位收藏或保存的，以丝纤维为基本材质的文物。包括丝纤维原料、平面或立体织物以及织物制成品。

注：本标准中，藏品等同于馆藏丝织品。

3.2

馆藏丝织品类别 types of silk textiles

馆藏丝织品可分为纤维类、织物类、服装类、饰品类和其他类。

示例：丝线为纤维类，匹料为织物类，龙袍为服装类，荷包为饰品类，卤簿仪仗为其他类。

3.3

织物组织 weave

织物组织是指织物中经纬线相互交织的规律。其中，平纹、斜纹和缎纹是最常用的，也是构成其他组织的三种基本结构，称为三原组织。

3.4

织物密度 fabric density

织物密度是指织物单位长度中所排列的丝线根数，分经密和纬密两种。丝织物的密度通常以1cm中的经线根数（根/cm）或1cm中的纬线根数（根/cm）为计量单位。

3.5

丝线捻度 twist

丝线捻度是指丝线单位长度内的捻回数。丝线捻度通常用T（r/cm）表示，并按其加捻程度的不同分为弱捻、中捻和强捻。

3.6

丝线捻向 direction of twist

丝线捻向是指丝线加捻的方向。根据加捻回转方向的区别，丝线的捻向有Z捻和S捻两种。

3.7

丝线细度 fineness

丝线细度是指丝线的粗细程度，通常以旦尼尔（D）或特克斯（Tex）为单位。

3.8

纹样图 patterns of silk fabric

丝织品上的装饰花纹称为丝绸纹样，分连续纹样和单独纹样两类。在保护修复过程中对藏品纹样作绘制记录所获得的图案称为纹样图。

3.9

裁剪图 cutting drawing

用曲、直、斜、弧线等特殊图线及符号将服装款式造型分解展开成平面裁剪方法的图。

3.10

保护修复档案 archives of conservation and restoration

保护修复档案是指在藏品保护修复全部过程中，对藏品本身信息和实施保护修复所使用的各类方法、材料以及检测分析数据、结果、评估的记录。主要包括图片、照片、声像和文字记录。

4 保护修复档案文本内容

保护修复档案文本主要内容：保护修复项目名称、藏品基本信息、藏品保存现状、藏品检测分析、藏品保护修复过程记录、藏品保护修复验收等。

4.1 保护修复项目名称

每项保护修复工作都应有项目名称。项目名称可由藏品所在单位名加藏品名称构成，如藏品为出土文物，则在藏品名称前加墓名。若为国家文物主管部门获批的项目，应注明项目编号。

示例1：绍兴市文物考古研究所葛云飞战袍保护修复

示例2：黑龙江省考古研究所阿城金墓绣鞋保护修复

4.2 藏品基本信息

藏品的基本信息应包括：

a) 藏品名称、登录号、类别、等级、年代、来源和收藏单位等。若藏品数量较多，应列出明细表；

b) 藏品的工艺特征。包括尺寸、材质、制造工艺、织物组织、织物密度及丝线颜色、丝线细度、丝线捻度、丝线捻向等；

c) 藏品的相关信息记载。指对藏品的文字记载、照片记载（包括数码照片和胶印照片）、声像记载、历史背景以及相关检测分析的记载；

d) 藏品保护修复方案编制单位、方案名称及编号、批准单位及文号、保护修复委托单位、藏品提取日期、返还日期、提取经办人和返还经办人等。

以上藏品基本信息列为表格时按照附录A中的表A.1。

4.3 藏品保存现状

4.3.1 保存环境

记录藏品保护修复前所处保存环境的条件与状况，包括温湿度条件、采光照明条件、保存形式、保存建筑物情况等。

4.3.2 外观描述

记录藏品保护修复前因病害所造成的损伤、残缺或污染等情况，并写明病害的数量与部位。病害情况记录见WW/T 0013-2008。

4.3.3 原保护修复情况

记录以往对藏品所作过的技术处理，注明原保护修复的时间、部位、所使用的主要材料、技术方法、技术实施人员、修复效果等。

以上藏品保存环境、病害情况及原保护修复情况列为表格时按照附录 B 中的表 B.1。

4.3.4 图示与照片

应绘制藏品的纹样图、裁剪图及保护修复前病害图，并提供藏品整体状态、病害状况及其他特点的照片，并以编号的形式置于与文字记录相对应的位置。具体有：

a) 对于提花、印花或绣花类藏品，宜绘制其纹样图；

b) 对服饰类藏品，宜绘制其裁剪图；

c) 根据藏品现状绘制病害图。病害图的绘制应符合 WW/T 0013－2008；

d) 拍摄藏品正反面及关键局部的照片。拍摄时，应在藏品边放置色标。照片置于外观描述文字记录的相应位置。

4.4 藏品检测分析

采用适当的科学检测方法对丝织品的纤维、污染物等与藏品品质有关的因素和信息源进行测试，以确定其劣化状况及修复的必要性，并记录检测的仪器设备、检测单位、检测结果等。

检测分析包括下列几方面：

a) 纤维鉴别；

b) 织物组织结构分析；

c) 染料／颜料的检测；

d) 颜色记录；

e) 污染物分析。

检测分析列为表格时按照附录 C 中的表 C.1。

4.5 藏品保护修复过程记录

4.5.1 综述

应对藏品保护修复全过程做综述性记录，内容包括材料、工艺步骤、试样和操作条件。

4.5.1.1 材料

记录修复用材料的名称、规格、产品技术指标、用量、来源及制备方法。

4.5.1.2 工艺步骤

记录所使用的技术方法和操作步骤，包括检测、消毒、揭展、清洗、加固、修复、包装、保管等。

4.5.1.3 操作条件

记录操作过程中所使用的仪器设备和操作环境的温度、湿度等情况。

4.5.1.4 试样保存

对某些试验的试样结果做必要的保存，附于修复记录中的相应位置。

4.5.1.5 影像

a) 记录对藏品实施技术处理过程中关键工艺的照片，必要时应采取视频的形式；

b) 记录修复过程中需绘制的修复材料使用线图；

c) 影像资料可以数字载体形式提供，并注明调取或链接方法。

4.5.2 特殊情况处理

藏品修复过程中，如遇到未能预料的意外情况，应详细记录原因和现象、调整后的方案及实施效果。

4.5.3 完成日期和修复人员

填写保护修复工作完成的日期，并由具体保护操作人员签章。

4.5.4 修复日志

修复日志包括材料、操作步骤、操作条件以及相关影像资料，由具体保护修复操作人员根据实际工作情况填写，可连续附加。

以上藏品保护修复过程记录列为表格时按照附录 D 中的表 D.1。

4.6　藏品保护修复验收

4.6.1　自评估意见

保护修复工作完成后，由修复人员从下列几方面撰写自评估意见：

a）是否完成方案预期目标；

b）变更方案内容及原因；

c）修复效果；

d）使用与保管条件建议；

e）存在问题及讨论；

f）完成进度。

4.6.2　验收意见

应记录项目评审专家的评审结论，验收意见栏由验收人或单位填写并签章。

以上自评估意见及验收意见均列入附录 E 中表 E.1 所示的验收表格中。

5　藏品保护修复档案记录形式

保护修复档案记录形式包括纸质文本和电子文档。

5.1　纸质文本

5.1.1　保护修复档案记录用 A4 规格纸张。

5.1.2　制作档案的书写材料及工具，应符合耐久性要求（如：热敏纸、复写纸、铅笔、圆珠笔、红墨水、纯蓝墨水等不能使用）。

5.1.3　图表、数据资料和检测报告书等应按顺序附在记录的相应位置，或整理装订成册并加以编号。

5.1.4　保护修复档案记录应保持完整，不得缺页或挖补，如有缺、漏页，应详细说明原因。

5.2　电子文档

使用数码相机、数码摄像机、三维数字扫描仪等电子设备所拍摄的藏品保护修复过程，应按编号记录其电子信息并将相关电子资料整理汇集，同时注明电子资料的编号、文件名、路径等，以便查对。

6　藏品保护修复档案的书写

6.1　书写内容

保护修复档案要详细、清楚、真实地记录藏品保护修复的全部过程。

6.2　书写方式

采用横写方式，书写应工整。文件材料的编号项、时间项、分类项中应使用阿拉伯数字。

6.3　书写文字

记录用文字必须是规范的简化汉字，少数民族文字及外文应依其书写规则。常用的外文缩写应符合规范，首次出现时必须注明外文原文，并加以中文注释。记录中的术语或词汇以译文表示时，应注明其外文名称。对于需多种文字对照的藏品保护修复档案，在以汉字记录的同时，应按藏品收藏单位的规定确定其他记录用文字。

6.4　术语及计量单位书写

保护修复档案记录应使用规范的专业术语，凡涉及计量单位的记录项目一律使用统一的国家计量标准。

6.5　书写修改

保护修复档案记录不得随意删除、修改或增减数据。如必须修改，可在修改处划一斜线，确保修改前的记录能够辨认，并由修改人签字、注明修改时间及原因。

7 藏品保护修复档案的存档

保护修复工作结束后，应按GB/T 11822－2008的要求将保护修复记录整理归档。照片档案的保存应符合GB/T 11821－2002的要求。将已归档的纸质文本转化为电子文档及电子文档归档时，按GB/T 18894－2002的有关规定执行。

8 藏品保护修复档案封面格式

保护修复档案记录封面格式应按附录F。

附录 A
（规范性附录）
藏品基本信息表

表 A.1

名称			登录号		
年代			来源		
出土时间			出土地点		
等级			尺寸		
种类			质地		
收藏单位			收藏时间		
制造工艺			织物组织		
织物密度	经线	（根/cm）	丝线颜色	经线	
	纬线	（根/cm）		纬线	
丝线细度		丝线捻向		丝线捻度	
相关信息记载	文字				
	照片	（填写照片编号）			
	声像	（填写声像材料编号）			
	检测分析	（填写检测分析报告编号）			

表A.1（续）

方案设计单位		保护修复单位	
方案名称及编号		批准单位及文号	
提取日期		提取经办人	
返还日期		返还经办人	

备注：

附录 B
（规范性附录）
藏品保存现状表

表 B.1

藏品保存环境	
原保护修复情况	
病害状况	
影像资料	（填写影像材料编号）
备注：	

附录 C
(规范性附录)
藏品检测分析表

表 C.1

样品编号	样品名称	样品描述	检测目的	检测分析方法	检测结果	检测单位

备注:

附录 D
（规范性附录）
藏品保护修复记录表

表 D.1

综述（材料、工艺、步骤及操作条件，附影像资料）：					
特殊情况处理					
完成日期			修复人员	审核	
保护修复日志					
藏品名称			修复人员	日期	

（可后续附加）

附录E
（规范性附录）
藏品保护修复验收表

表 E.1

自评估意见：
签章： 日期：
验收意见：
签章： 日期：

附录F
（规范性附录）
封面

馆藏丝织品保护修复档案

项目名称：_____

藏品名称：_____

××××年××月
中华人民共和国国家文物局制

A16

备案号：25940-2009

中华人民共和国文物保护行业标准

WW/T 0016-2008

馆藏文物保存环境质量检测技术规范

Technical specifications for monitoring of museum
environment quality

2009-02-16 发布

2009-03-01 实施

中华人民共和国国家文物局　　发　布

前　言

　　本标准的附录 A、附录 B、附录 C、附录 D、附录 E、附录 F、附录 G、附录 H、附录 I、附录 J、附录 K 为规范性附录。

　　本标准由中华人民共和国国家文物局提出。

　　本标准由全国文物保护标准化技术委员会（SAC/TC289）归口。

　　本标准负责起草单位：上海博物馆。

　　本标准参加起草单位：华东理工大学、上海市环境监测中心。

　　本标准主要起草人：解玉林、吴来明、徐方圆、施超欧、王复、张元茂。

　　本标准是首次发布。

引　言

　　为贯彻《中华人民共和国文物保护法》,完善馆藏文物保存环境检测制度,评价和了解博物馆文物保存环境质量和现状、研究环境因素对文物的损毁机理、探索有效的控制和治理对策、开展文物保护技术研究,提高馆藏文物预防性保护的管理水平,根据国家文物局2004年发布的《文物保护行业标准管理办法》和有关文件要求,制定本标准。馆藏文物保存环境质量检测在环境对象(文物)、微环境条件、检测项目及范围、布点采样、安全因素等方面都不同于其他环境的质量检测。

馆藏文物保存环境质量检测技术规范

1 范围

本标准给出了馆藏文物保存环境质量检测的技术指南。

本标准适用于博物馆馆藏文物保存环境的质量检测，主要包括保存馆藏文物的库房、博物馆、纪念馆展厅以及各种材质、式样的文物展柜、文物储藏柜等空间的环境质量检测。

2 规范性引用文件

下列文件中的条款通过本标准的引用而成为本标准的条款。凡是注日期的引用文件，其随后所有的修改单（不包括勘误的内容）或修订版均不适用于本标准。然而，鼓励根据本标准达成协议的各方研究是否可使用这些文件的最新版本。凡是不注日期的引用文件，其最新版本适用于本标准。

GB/T 5700　照明测量方法

GB/T 6919-1986　空气质量　词汇（GB/T 6919-1986，eqv ISO 4225：1980）

GB/T 8170-2008　数值修约规则与极限数值的表示和判定

GB/T 11742　居住区大气中硫化氢卫生检验标准方法　亚甲蓝分光光度法

GB/T 12372　居住区大气中二氧化氮检验标准方法　改进的 Saltzman 法

GB/T 14678　空气质量　硫化氢、甲硫醇、甲硫醚和二甲二硫的测定　气相色谱法

GB/T 15262　环境空气　二氧化硫的测定　甲醛吸收—副玫瑰苯胺分光光度法

GB/T 15435　环境空气　二氧化氮的测定　Saltzman 法

GB/T 15437　环境空气　臭氧的测定　靛蓝二磺酸钠分光光度法

GB/T 15438　环境空气　臭氧的测定　紫外光度法

GB/T 16128　居住区大气中二氧化硫卫生检验标准方法　甲醛溶液吸收—盐酸副玫瑰苯胺分光光度法

GB/T 17061　作业场所空气采样仪器的技术规范

GB/T 17095　室内空气中可吸入颗粒物卫生标准

GB/T 18204.13　公共场所空气温度测定方法

GB/T 18204.14　公共场所空气湿度测定方法

GB/T 18204.15　公共场所风速测定方法

GB/T 18204.21　公共场所照度测定方法

GB/T 18204.24　公共场所空气中二氧化碳测定方法

GB/T 18204.25　公共场所空气中氨测定方法

GB/T 18204.26　公共场所空气中甲醛测定方法

GB/T 18204.27　公共场所空气中臭氧测定方法

GB/T 18883　室内空气质量标准

HJ/T 93　PM_{10} 采样技术要求和检测方法

HJ/T 167　室内环境空气质量监测技术规范

JJG 254　光照度计

3 术语和定义

GB/T 6919-1986 确立的以及下列术语和定义适用于本标准。

3.1

馆藏文物 museum objects

指收藏于各类博物馆、纪念馆、考古所等文物收藏单位的可移动文物。

3.2

馆藏文物保存环境 museum environment

指保存各类文物的相对独立的空间,包括保存文物的库房、博物馆、纪念馆展厅以及文物展柜、文物储藏柜等空间。

3.3

馆藏文物保存环境质量参数 museum environment quality parameter

指馆藏文物保存环境中与文物长久保存有关的物理、化学、生物参数。

3.4

瞬时采样 grab sampling

在很短时间内,采集一个样品,就是常说的抽样。

3.5

连续采样 continuous sampling

在全部操作过程或预定时间内,不间断地采样。

3.6

无动力扩散采样 passive diffusion sampling

指将采样装置或气样捕集介质暴露于环境空气中,不需要抽气动力,依靠环境空气中待测成分的自然扩散作用而直接采集待测物质的采样方式。

3.7

细颗粒 fine particles

指悬浮在空气中,空气动力学当量质量中位径等于 $2.5\mu m$ 的悬浮颗粒物。

3.8

可吸入颗粒物 inhalable particles

指悬浮在空气中,空气动力学当量质量中位径等于 $10\mu m$ 的悬浮颗粒物。

3.9

标准状态 normal state

指温度为 273K,压力为 101.3kPa 时的干物质状态。

3.10

风速 air velocity

指在单位时间内空气在水平方向上移动的距离,单位用 m/s 表示。

3.11

挥发性有机化合物 Volatile Organic Compounds, VOCs

指沸点在 $50℃ \sim 260℃$、室温下饱和蒸气压超过 133.132kPa 的有机化合物。

3.12

光学辐射 optical radiation

波长位于向 X 射线过渡区 ($\lambda \approx 1nm$) 和向无线电波过渡区 ($\lambda \approx 1mm$) 之间的电磁辐射。

3.13

可见辐射 visible radiation

能直接引起视感觉的光学辐射,通常将波长范围限定在 380nm 至 780nm 之间。

3.14

紫外辐射 ultraviolet radiation

波长比可见辐射波长短的光学辐射。通常将波长在100nm至400nm之间的紫外辐射细分为：UV-A 315nm～400nm；UV-B 280nm～315nm；UV-C 100nm～280nm。

3.15

照度 illuminance

表面上某一点的光照度是入射在包含该点的面元上的光通量$d\Phi$除以该面元面积dA之商，即：$E=d\Phi/dA$，单位：lx。

3.16

年曝光量 annual lighting exposure

度量物体年累积接受光照度的值，用物体接受的照度与年累积小时的乘积表示，单位为lx·h/年。

4 布点和采样

4.1 布点数量

采样点的数量根据所需检测面积大小和现场情况而确定，测量值应能真实反映该馆藏文物保存环境的质量。

气态物质浓度、温湿度的采样检测，原则上每个相对独立空间设1～3个点，面积超过100m²时，应适当增加检测点。所选择的相对独立空间内应基本保证温湿度、气态物质浓度均匀。

光学辐射检测时应选择文物主要受光面，均匀布置3～5个点。

4.2 布点方式

多点采样时应按对角线或梅花式均匀布点。

气态物质浓度、温湿度采样检测应避开通风口、墙壁和门窗口。采样点高度应与文物中点高度一致。

光学辐射检测时，检测仪器的测量面应与所测文物主要受光面平行，位置基本与文物保持一致。

4.3 采样时间及频次

新建或经装修改造的展馆、库房及新制作的展柜、储藏柜内气态待测物的采样，在充分排污后和在正式使用前应进行检测；日常的采样检测的采样频次及采样时间，应根据检测目的、待测物浓度水平及检测分析方法的检出限确定。

新建或经改造的照明系统在进文物前应进行光学辐射检测，日常的采样检测根据实际需要确定。年曝光量的检测至少应在照明正常使用过程中连续采样一个星期后换算。

4.4 采样条件

气态物质浓度、温湿度的采样检测，应在待测环境相对稳定后进行。展柜、储藏柜内的采样应尽量避免采样过程中柜内外空气的交换。对于采用集中空调的室内环境及采用主动方式调控的展柜内环境的采样检测应在设备正常运转24h后进行。有特殊要求的可根据现场情况及要求而定。

光学辐射现场测量时，应在下列时间后进行：白炽灯和卤钨灯应燃点15min；气体放电灯类光源应燃点40min。

4.5 采样方法

具体采样方法应按各检验方法中规定的方法和操作步骤进行。要求年平均、日平均、8h平均值的参数时，应按累积法的要求采样。

4.5.1 瞬时采样

在满足4.4要求的条件下，迅速采集环境样品，检测值代表某一时间点的环境质量参数。若需要多次采样时，一般采样间隔时间为10min～15min，每个点位应至少采集3次样品，每次的采样量大致相同。

4.5.2 有动力连续采样

在满足4.4要求的条件下，用有动力的抽气装置，在预定的一段时间内连续采集待测环境样品，检测值代表该时段内环境空气质量参数的平均值。

4.5.3 无动力扩散采样

在满足4.4要求的条件下，将采样装置或气样捕集介质暴露于待测环境空气中，不需要抽气动力，依靠环境空气中待测物质的自然扩散作用而直接采集气态物质，检测值代表一段时间内某气态物质的时间加权平均浓度或浓度变化趋势。展柜、储藏柜内等馆藏文物保存微环境中气态待测物质的采集建议采用该方法。

4.6 采样的质量保证

4.6.1 采样仪器

采样仪器应符合国家有关标准和技术要求，并通过计量检定。使用前，应按仪器说明书对仪器进行检验和标定。采样时采样仪器（包括采样管）不能被阳光直接照射。

4.6.2 采样人员

采样人员必须通过岗前培训，切实掌握采样技术，并通过考核取得相应资质。

4.6.3 气密性检查

有动力采样器在采样前应对采样系统气密性进行检查，不得漏气。

4.6.4 流量检查或校准

有动力采样器在采样前和采样后要用经检定合格的高一级的流量计(如一级皂膜流量计、活塞式流量计)在采样负载条件下校检采样流量。采样前如采样流量与要求的采样流量不符，应将采样流量调整至要求的采样流量；采样后要用同一流量校准装置校检采样流量，两次校准的误差不得超过5%。取采样前和采样后流量测量值的平均值作为采样流量的实际值，并记录流量校检现场的气压和温度，以及流量校验结果。

4.6.5 现场空白检验

在进行现场采样时，一批应至少留有两个采样管不采样，并同其他样品管一样对待，作为采样过程中的现场空白，采样结束后和其他采样吸收管一并送交实验室。样品分析时测定现场空白值，并与校准曲线的零浓度值进行比较。若空白检验超过控制范围，则这批样品作废。

4.6.6 平行样检验

每批采样可根据需要，设置平行采样数量。每次平行采样，测定值之差与平均值比较的相对偏差不得超过20%。

4.6.7 采样体积校正

在计算浓度时应按以下公式将采样体积换算成标准状态下的体积：

$$V_0 = V \cdot \frac{T_0}{T} \cdot \frac{P}{P_0}$$

式中：

V_0——换算成标准状态下的采样体积，L；

V——采样体积，L；

T_0——标准状态的温度，273 K；

T——采样时采样点现场的温度，K；

P——采样时采样点的大气压力，kPa；

P_0——标准状态下的大气压力，101.3 kPa。

4.7 采样记录

采样时要使用墨水笔或档案用圆珠笔对现场情况、采样日期、时间、地点、数量、布点方式、大气压力、气温、相对湿度以及采样人员等做出详细现场记录，必要时可用照相机记录采样环境的实际状况；每个样品上也要贴上标签，标明点位编号、采样日期和时间、测定项目等，字迹应端正、清晰。采样记录随样品一同报到实验室。

4.8 采样装置

根据馆藏文物保存环境中待测物质的理化特性及其监测分析方法的检测限,采用相应的采样装置。采样装置的规格和技术性能要求按照 GB/T17061。

4.8.1 空气采样器

由流量计、流量调节阀、稳流器、计时器及采样泵等装置组成。采样流量范围为 0.10~1.00L/min,流量计应不低于 2.5 级。

4.8.2 玻璃注射器

适用于采集化学性质稳定、不与玻璃起化学反应且浓度较高的待测气体。

4.8.3 空气采样袋

适用于采集化学性质稳定、不与采样袋起化学反应的待测气体,如 VOCs。用带金属衬里的采样袋可以延长样品的保存时间,也可使用 Tedlar® 袋、四氟乙烯采样袋等。

4.8.4 冲击式吸收瓶

适用于采集气态物质。

4.8.5 多孔玻板吸收瓶

适用于采集气态或气态与气溶胶共存的物质。

4.8.6 固体吸附管

适用于采集能被吸附管内固体吸附剂吸附并方便解吸的气态物质。

4.8.7 滤膜

适用于采集挥发性低的气溶胶,如可吸入颗粒物等。常用的滤料有玻璃纤维滤膜、聚氯乙烯纤维滤膜、微孔滤膜、聚四氟乙烯滤膜、石英滤膜等。

玻璃纤维滤膜吸湿性小、耐高温、阻力小。但是其机械强度差。除做可吸入颗粒物的重量法分析外,样品可以用酸或有机溶剂提取,适于做不受滤膜组分及所含杂质影响的元素分析及有机物质分析。

聚氯乙烯纤维滤膜吸湿性小、阻力小、有静电现象、采样效率高、不亲水、能溶于乙酸丁酯,适用于重量法分析,消解后可做元素分析。

微孔滤膜阻力大,且随孔径减小而显著增加、吸湿性强、有静电现象、机械强度好,可溶于丙酮等有机溶剂,消解后适于做元素分析;经丙酮蒸汽使之透明后,可直接在显微镜下观察颗粒形态。

聚四氟乙烯滤膜疏水性强,具有极好的化学耐受性和热稳定性,耐高温、耐冲击、耐腐蚀。适用于重量法分析,洗脱后可做离子分析。

石英滤膜具有颗粒物捕集效率高、碳本底低、耐高温(>900℃)的特点,适合于测定颗粒物中有机成分。

4.8.8 不锈钢采样罐

不锈钢采样罐的内壁经过抛光或硅烷化处理。可根据采样要求,选用不同容积的采样罐。该方法可用于馆藏文物保存环境中总挥发性有机物的采样。

4.8.9 无动力扩散采样器

该方法不用任何动力装置,可对馆藏文物保存微环境中多种污染气体采集,且避免了颗粒物对检测结果的影响。配合后续分析方法,可一次采样,定量分析环境中多种污染气体。

4.9 采样安全措施

在检测的馆藏文物保存环境中空气质量有明显超标时,采样工作人员应采用适当的防护措施。

5 样品的运输与保存

样品由专人运送,按采样记录清点样品,防止错漏,为避免运输中采样管震动破损,装箱时可用泡沫塑料等分隔固定。样品因物理、化学等因素的影响，使组分和含量可能发生变化，应根据不同项目要求，进行有效处理和防护。贮存和运输过程中要避开高温、强光。样品运抵后要与接收人员交接并登记。检测样品要注明保存期限，并在保质期内完成检测。超过保存期限的样品，要按照相关规定及时处理。

6 检测项目与分析方法

6.1 检测项目

6.1.1 检测项目的确定原则

6.1.1.1 选择相关馆藏文物保存环境质量标准中要求控制的检测项目。

6.1.1.2 选择会加速文物劣化的检测项目。

6.1.1.3 选择博物馆藏展材料有害物质限量标准中要求控制的检测项目。

6.1.1.4 选择人们日常活动可能产生的和对文物保存有害的物质。

6.1.1.5 选择馆藏文物保存环境装饰装修及杀灭有害生物（如灭菌、杀虫）等情况可能产生的对文物保存有害的物质。

6.1.1.6 选择周边环境可能对馆藏文物保存有影响的和对文物保存有害的物质。

6.1.1.7 选择空调系统污染可能对馆藏文物保存有影响的和对文物保存有害的物质

6.1.1.8 所选检测项目应有国家或行业标准分析方法、行业推荐的分析方法。

6.1.2 检测项目的选择

6.1.2.1 检测项目见表1。

表1 馆藏文物保存环境质量检测项目

应测项目	其他项目
温度、相对湿度、风速、可见光照度、紫外照度、二氧化硫、二氧化氮、二氧化碳、甲酸、乙酸、氨、臭氧、甲醛、硫化氢、挥发性有机物（VOCs）、颗粒物（包括细颗粒 $PM_{2.5}$ 与可吸入颗粒物 PM_{10}）、霉菌等	大气压、噪声、一氧化碳、亚硝酸、羰基硫、氯化氢、苯、甲苯、二甲苯、甲苯二异氰酸酯（TDI）、氡（^{222}Rn）等

6.1.2.2 新装饰、装修过的展厅、文物库房应测定甲醛、甲酸、乙酸、硫化氢、氨、挥发性有机物（VOCs）、颗粒物等。

6.1.2.3 新制作、装修过的展柜、文物储藏柜应测定甲醛、甲酸、乙酸、氨、挥发性有机物（VOCs）等。

6.1.2.4 新建、改建照明系统后应测定可见光照度、紫外照度等。

6.1.2.5 在文物库房及展柜内应测定霉菌。

6.1.2.6 在人流量较多的展厅应测定二氧化碳、硫化氢、氨等。

6.1.2.7 使用臭氧消毒、净化设备及复印机等可能产生臭氧的馆藏文物保存环境应测臭氧。

6.1.2.8 新建筑物应测定氨等。

6.1.2.9 文物库房、展厅及展柜内新添、改造或检修通风设备或空调设备后应测定风速并至少连续记录24h设备调控环境的温湿度波动情况。

6.1.2.10 展柜、文物储藏柜内的温湿度检测应采用连续检测记录，检测时间不得少于24h，时间间隔时间不得大于1h。

6.1.2.11 展示书画、丝织品、彩绘等对光敏感文物的展柜应检测可见光照度和紫外辐照强度。

6.1.2.12 对酸敏感文物的保存与展示环境应测定甲酸、乙酸、二氧化氮、二氧化硫等酸性物质。

6.1.2.13 对氧化性气氛敏感的书画、彩绘等文物的保存与展示环境应测定臭氧。

6.1.2.14 对含硫化合物敏感的彩绘、银器等文物的保存与展示环境应测定硫化氢。

6.2 分析方法

6.2.1 分析方法的选择原则

6.2.1.1 首先选用相关评价标准中指定的分析方法。

6.2.1.2 在没有指定方法时，依次选用国家标准分析方法、行业标准方法，或行业推荐方法。

6.2.1.3 在某些项目的检测中，可采用ISO、美国EPA 和日本JIS 方法体系等其他等效分析方法，或由权威的技术机构制定的方法，但应经过验证合格，其检出限、检测限、准确度和精密度应能达到本规范的质控要求。

6.2.1.4 选择的分析方法应符合博物馆、纪念馆、考古所等文物收藏单位相关防火防盗的规定。在展柜、储藏柜内等与文物直接接触相对密闭空间的各项检测应尽量避免外接电源及采用有动力的液体吸收管采样的方法。

6.2.2 分析方法的选择

馆藏文物保存环境质量各项参数的推荐检测分析方法见表2。

表2 馆藏文物保存环境质量各项参数的检测方法

序号	参数	检验方法	依据
1	温度	(1) 玻璃液体温度计法 (2) 数显式温度计法	GB/T 18204.13
2	相对湿度	(1) 通风干湿表法 (2) 毛发湿度表法 (3) 电湿度计法	GB/T 18204.14
3	风速	(1) 热球式电风速计法 (2) 数字风速表法	GB/T 18204.15
4	照度	照度计法（附录A）	GB/T 18204.21 GB/T 5700
5	紫外照度	紫外照度计法	附录B
6	二氧化硫 SO_2	(1) 甲醛溶液吸收—盐酸副玫瑰苯胺分光光度法 (2) 紫外荧光法	(1) GB/T 16128 GB/T 15262 (2) HJ/T 167 ISO/CD 10498-2004[1]
7	二氧化氮 NO_2	(1) 改进的Saltzaman 法 (2) 化学发光法	(1) GB/T 12372 GB/T 15435 (2) HJ/T 167 EN 14211-2005[2]
8	甲酸 HCOOH 乙酸 CH_3COOH	(1) 主动采样——离子色谱法 (2) 无动力扩散采样——离子色谱法	(1) 附录C.1 (2) 附录C.2
9	二氧化碳 CO_2	(1) 不分光红外线气体分析法 (2) 气相色谱法 (3) 容量滴定法	GB/T 18204.24

表2 馆藏文物保存环境质量各项参数的检测方法（续）

序号	参 数	检验方法	依 据
10	氨 NH_3	(1) 靛酚蓝分光光度法 (2) 主动采样——离子色谱法 (3) 无动力扩散采样——离子色谱法	(1) GB/T 18204.25 (2) 附录D.1 (3) 附录D.2
11	臭氧 O_3	(1) 靛蓝二磺酸钠分光光度法 (2) 紫外光度法	(1) GB/T 18204.27 GB/T 15437 (2) GB/T 15438
12	甲醛 HCHO	(1) 酚试剂分光光度法 (2) 气相色谱法 (3) 电化学传感器法	(1) GB/T 18204.26 (2) GB/T 18204.26 (3) HJ/T 167
13	硫化氢 H_2S	(1) 亚甲蓝分光光度法 (2) 气相色谱法	(1) GB/T 11742 (2) GB/T 14678
14	挥发性有机化合物 VOCs	(1) 热解吸——毛细管气相色谱法 (2) 光离子化总量直接检测法（非仲裁用）	(1) GB/T 18883 (2) HJ/T 167
15	颗粒物	撞击式——称量法	GB/T 17095 HJ/T 93
16	霉菌总数	自然沉降法	附录E
注：各项第一个方法为仲裁方法。			

7 检测数据处理和报告

7.1 检测数据处理

7.1.1 检测数据的记录与归档

7.1.1.1 检测采样、样品运输、样品保存、样品交接和实验室分析的原始记录是检测工作的重要凭证，应在记录表格或专用记录本上按规定格式，对各栏目认真填写。个人不得擅自销毁，按期归档保存，涉及同一检测报告的原始记录一并归档。各种现场检测的相关报表见附录F～附录J。

7.1.1.2 各种原始记录均使用墨水笔或档案用圆珠笔书写，做到字迹端正、清晰。如原始记录上数据有误而要改正时，应将错误的数据画两道横线；如需改正的数据成片，应以框线将这些数据框起，并注明"作废"两字。再在错误数据的上方写上正确的数据，并在右下方签名(或盖章)。不得在原始记录上涂改。

7.1.1.3 各项记录必须现场填写，不得事后补写。

7.1.1.4 测量物质浓度低于方法的检测限时应记录为"≤（仪器检测限）"。

7.1.2 原始记录有效数字保留位数

原始记录有效数字保留位数见表3。

表3 原始记录有效数字保留位数

项目	有效数字保留位数	单位
气温	小数点后一位	℃
气压	小数点后一位	kPa
相对湿度	小数点后一位	%
风速	小数点后一位	m/s
照度	整数	lx
紫外照度	小数点后两位	$\mu W/cm^2$
气体采样流量	小数点后两位	L/min
颗粒物采样流量	整数	L/min
采样时间	整数	min
采样体积及换算标准状态体积	小数点后一位	L
二氧化碳浓度以其体积分数表示	整数	10^{-6}
甲醛浓度以其体积分数表示	小数点后两位	10^{-6}
VOCs浓度以其体积分数表示	整数	10^{-9}
$PM_{2.5}$（重量法）称重	小数点后两位	mg
PM_{10}（重量法）称重	小数点后四位	g
分光光度法测定吸光度值	小数点后三位	吸光度

7.1.3 校准曲线回归处理与有效数字

7.1.3.1 用具有回归统计功能的计算器进行计算时，把原始数据输入则可直接显示相关系数 r、斜率 a、截距 b，从而求得一元回归方程：

$$y=ax+b$$

回归时应扣除空白值。不扣除空白值，直接回归的曲线，可用来计算空白值的浓度。

7.1.3.2 r 取小数点后全部 9（但最多取小数点后四位）与第一位非 9 的修约数字。

7.1.3.3 a 的有效数字位数，应与自变量 x 的有效数字位数相等，或最多比 x 多保留一位。b 的最后一位数，则和应变量 y 的最后一位数取齐，或最多比 y 多一位。

7.1.4 检测结果的统计处理

检测数据的统计主要进行平均值、超标率及超标倍数三项统计计算。参加统计计算的检测数据必须是按照本规范要求所获得的检测数据。不符合本规范要求所得到的数据不得填报，也不参加统计计算。

温度和相对湿度的检测结果不进行上述统计处理。

7.1.4.1 平均值的计算

检测数据平均值的计算均指算术平均值。

7.1.4.1.1 单个项目单一测点检测数据平均值的计算

单一测点检测数据平均值的计算公式如下：

$$\overline{C}_j = \frac{1}{n}\sum_{i=1}^{n} C_{ij}$$

式中：

$\overline{C}_j$ —— j 检测点的平均值；

n —— 检测数据的数目；

c_{ij} —— j 检测点上第 i 个检测数据；

如样品浓度低于分析方法最低检出限，则该检测数据以 1／2 最低检出限的数值参加平均值统计计算。

7.1.4.1.2 单个项目多个测点检测数据平均值的计算

多个测点检测数据平均值的计算公式如下：

$$\overline{C} = \frac{1}{m}\sum_{j=1}^{m} \overline{C}_j$$

式中：

$\overline{C}$ —— 多个检测点检测数据的平均值；

m —— 检测点的数目；

$\overline{C}_j$ —— j 检测点的平均值；

7.1.4.2 超标倍数的计算

超标倍数按如下公式计算：

$$超标倍数 = \frac{C - C_0}{C_0}$$

式中：

C —— 检测数据值；

C_0 —— 馆藏文物保存环境质量标准值。

7.1.4.3 超标率的计算

超标率按如下公式计算：

$$超标率\% = \frac{超标样品个数}{总有效样品个数} \times 100\%$$

不符合本规范要求的检测数据不计入超标样品和总有效样品个数。未检出点计入超标样品和总有效样品个数。

对于未颁布标准的检测项目，一般不进行超标率计算。

7.1.5 检测数据的数字修约及计算规则

7.1.5.1 数字修约

数字修约按国家标准 GB/T 8170-2008 的规定进行。

7.1.5.2 计算规则

在根据正确记录的原始数据进行数据处理时，有效数字的处理方法需按以下原则进行：

7.1.5.2.1 加减运算时，得数经修约后，小数点后面有效数字的位数应和参加运算的数中小数点后面有效数字位数最少者相同。

7.1.5.2.2 乘除运算时，得数经修约后，其有效数字位数应和参加运算的数中有效数字位数最少者相同。

7.1.5.2.3 进行对数计算时，对数的有效数字位数和真数相同。

7.1.5.2.4 进行平方、立方或开方运算时，计算结果有效数字的位数和原数相同。

7.1.5.2.5 计算中，常数 π、e 和 $\sqrt{2}$、$1/3$ 等数有效数字位数是无限的，根据需要取有效数字的位数。

7.1.5.2.6 来自一个正态总体的一组数据(多于4个)，其平均值的有效数字位数可比原数增加一位。

7.1.5.2.7 表示分析结果精密度的数据一般只取一位有效数字，只有当测定次数很多时才能取两位，且最多只能取两位。

7.1.5.2.8 分析结果有效数字所能达到的位数不能超过方法最低检出浓度的有效数字所能达到的位数。

7.2 检测结果评价与报告

7.2.1 检测结果的评价

检测结果以平均值表示，物理性、化学性和生物性指标平均值符合标准值要求时，为达标；有一项检验结果未达到标准要求时，为不达标。并应对单个项目是否达标进行评价。

7.2.2 检测报告

检测报告应包括以下内容：被检测方或委托方、检测地点、检测项目、检测时间、检测仪器、检测依据、检测结果及检验人员、报告编写人员、审核人员、审批人员签名等。检测报告应加盖检测机构监(检)测专用章，并要加盖骑缝章。报告格式参见附录K。

8 质量保证与质量控制

馆藏文物保存环境质量检测，质量保证是贯穿检测全过程的质量保证体系，包括：人员培训、采样点位的选择、检测分析方法的选定、实验室质量控制、数据处理和报告审核等一系列质量保证措施和技术要求。

8.1 检测人员的基本要求

8.1.1 凡从事馆藏文物保存环境质量检测的工作人员，须经专业技术培训，考核合格后取得相应资质。

8.1.2 正确熟练地掌握环境检测中操作技术和质量控制程序；熟知有关环境检测管理的法规、标准和规定；学习和了解国内外环境检测新技术、新方法。

8.1.3 检测人员对于所获得的检测数据资料应及时整理归档，认真填写各种检测表格，字迹工整。严禁弄虚作假，擅自涂改、伪造数据资料。

8.1.4 要定期对所用仪器、仪表及各种检测用具进行检查、校准和维护。

8.2 采样的质量控制

参见 4.6。

8.3 现场检测的质量控制

8.3.1 人员要求

现场检测人员和质量控制人员要求具有仪器仪表、化学分析、标准传递、计算机、数据处理等多个相关专业知识，必须接受严格的技术培训和考核，能正确和熟练掌握仪器设备的操作和使用，能迅速判断故障并能及时排除故障。

8.3.2 仪器校准

仪器必须按规定做好周期计量检定／校准的工作，使用前后都要进行性能检查，并在检定周期中至少进行一次期间核查。

8.3.3 填写现场检测记录

现场检测人员要认真填写现场检测记录并签名，现场质控人员审核现场检测的过程和核验检测记录合格后签名。

8.3.4 日常检查和维护

现场检测仪器要做好日常检查和维护，保证检测仪器处于良好的状态。

8.4 实验室样品分析质量控制

8.4.1 分析方法的选择

所用检测方法优先选用国家标准、行业标准规定的检测分析方法。新方法或分析人员首次使用的方法，应进行完整的方法确认工作，以考察方法的适用性和分析人员操作水平。

8.4.2 标准溶液

8.4.2.1 标准溶液的配制

8.4.2.1.1 采用基准试剂或用分析法指定规格的试剂配制标准溶液。用称量法直接配制标准溶液时，其精度应准确称量至 0.1mg，在 A 级容量瓶中定容。

8.4.2.1.2 非直接配制的标准溶液必须经过标定，取平行标定结果平均值作为标定值。平行标定结果的相对偏差应小于 2%，否则需重标。

8.4.2.1.3 也可直接使用有证标准溶液。

8.4.2.2 标准溶液的使用与储存

配制好的标准溶液必须储存在适宜的试剂瓶中，变质或过期的标准溶液必须重新配制，标准溶液需分装使用，以避免污染。

8.4.2.3 标准溶液的检验

8.4.2.3.1 实验室配制的标准溶液与国家一级或二级标准物质进行比对实验,检验其是否符合要求。

8.4.2.3.2 用 F 检验法进行总体方差一致性检验，用 t 检验法进行总体均值一致性检验。

8.4.2.3.3 经检验均值无显著性差异，实验室配制的标准溶液符合要求可以使用。

8.4.2.3.4 经检验均值有显著性差异，表明实验室配制的标准溶液存在系统误差，不能使用应重新配制。

8.5 全程序空白值的检查

全程序空白值是指测定某物质时，除样品中不含该测定物质外，整个分析过程的全部因素引起的测定信号值或相应浓度值。每次测定2个平行样，连测5d，计算10次所测结果的批内标准偏差S_{wb}。

$$S_{wb} = \sqrt{\frac{\sum_{i=1}^{n}\left(X_i - \bar{X}\right)^2}{m(n-1)}}$$

式中：

m——测定天数；

n —— 每天测定平行样个数。

检出限按下列公式计算：

$$L = 2\sqrt{2}t_f S_{wb}$$

式中：

L —— 方法检出限；

$t_f(0.05)$ —— 单侧显著性水平为5%，批内自由度$f=m(n-1)$时 t 分布临界值；

S_{wb} —— 测定次数为 n 次的空白值标准差；

f —— 批内自由度，$f=m(n-1)$；m 为重复测定次数，n 为平行测定次数；

t —— 显著性水平为 0.05(单侧)，自由度为 f 的 t 值。

若所得检出限大于方法规定检出限，表明空白值不合格，应查找原因改进，否则影响样品测定的准确度和精密度，即检测质量不合格。

8.6 校准曲线

绘制校准曲线时，至少要有六个浓度点（包括零浓度），在接近线性范围上限和下限的点，每个点应做平行测定。校准曲线回归的相关系数 r 大于 0.999 者为合格校准曲线，回归方程截距 a 小于 0.005 为合格，若 a 大于 0.005 时，当取 95% 的置信水平，将截距 a 与 0 作 t 检验，无显著性差异时，$a=0$，可用回归方程计算浓度；当截距 a 与 0 有显著性差异时，应找出原因并予以纠正后，重新绘制并经检验合格方可使用。

当分析方法要求每次测定需同时绘制校准曲线时，应按方法规定执行；若校准曲线斜率较为稳定，可定期检查其是否可继续使用，检验方法是测定两个校准点（以测定上限浓度0.3倍和0.7倍两点为宜），当此两点与原曲线相应点的相对偏差小于5%（最多10%）时原曲线可以继续使用，否则需重新绘制。

8.7 精密度和准确度

8.7.1 精密度

每次检测时，必须在现场加采不少于10%的密码平行样，与样品同时测定，平行样相对偏差应符合要求（相对偏差不大于方法规定值的两倍为合格），平行测定合格率≥95%方为合格。若不足95%，则应重测不合格的平行双样，应增测10%～15%的密码平行样，如此累进直至合格率≥95%为止。

8.7.2 准确度

在样品检测同时必须做标准样品测定。标准样品测定值应在控制范围内。

8.8 检测报告的审核

严格执行原始数据及检测报告的三级审核制度。审核范围：采样原始记录、分析原始记录、检测报告。审核内容包括检测方法、数据计算过程、质控措施、计量单位、报告内容等。

9 检测安全

馆藏文物保存环境质量现场检测时应遵守馆藏文物保存各项安全制度，规范操作，保持检测现场整洁。实验室分析时安全操作，加强剧毒化学药品的管理。

附录 A
（规范性附录）
馆藏文物保存环境照度的测定方法

光学辐射作为一种能量对文物有一定的潜在危害,馆藏文物保存环境中可见光照度应遵循有利于观赏展品和保护展品的原则,达到安全可靠、经济适用、技术先进、节约能源、维修方便的要求。馆藏文物保存环境中照度的测定通常采用（光）照度计测量。

A.1 相关标准和依据

本方法主要依据 GB/T 18204.21 和 GB/T 5700。

A.2 原理

照度计是利用光电探测器的物理光电现象制成的。当外来光线入射于光电探测器表面后,光电探测器将光能转变为电压、电流或频率,通过后继电路显示出光的照度值。光电探测器的光谱响应被修整为人眼光谱光视效率曲线。

A.3 仪器和设备

A.3.1 照度计

A.3.1.1 照度计的性能如下:

量程：使用照度计最小分辨率不得大于 1 lx,检测上限在 5000 lx 以上;

应用一级国家标准照度计,性能：相对示值误差不大于 ±4%；V（λ）匹配误差 f '<6%；余弦特性不大于 ±4%；非线性误差不大于 ±1%；换挡误差不大于 ±1%；疲劳误差不大于 -0.5%；红外线响应误差不大于 2%；紫外线响应误差不大于 1.5%；温度系数不大于 ±0.5%。

光照度计的检定应符合 JJG 245 的规定。

A.4 测定

A.4.1 测定点的确定

A.4.1.1 馆藏文物保存环境中照度的测量应选择其中有代表性的测量点,测量面与文物主要受光面平行,距离文物不超过 10cm,应在测量结果中详细注明测量点的位置。

A.4.2 照度测定时注意事项

A.4.2.1 测定开始前,白炽灯和卤钨灯应燃点 15min；气体放电灯类光源应燃点 40min。

A.4.2.2 受光器上必须洁净无尘。

A.4.2.3 测定时受光器稳定平行放置于接近文物的主要受光面。

A.4.2.4 应防止各类人员和物体对光接受器造成遮挡。

A.4.3 年曝光量的测定

A.4.3.1 将受光器固定于测定位置,定期（通常为 1h）记录照度值和间隔时间。

A.4.3.2 累积各时段的曝光量值（照度×间隔时间）。

A.4.3.3 年曝光量的计算必须连续累积计算三个工作日后按比例换算成年曝光量。

A.4.3.4 闭馆后若检测环境无光照射,则仅需累积开馆时的曝光量。

A.4.3.5 对于感应灯光年曝光量的测量推荐采用具有自动累积计算的照度计检测,并至少连续累积测量一周。

A.5   结果计算

A.5.1   测定结果可直接记录，也可以记录最大值、最小值及平均值，必须记录详细的检测位置和受光面的朝向。

A.5.2   曝光量按下式计算。

$$C_k = \sum_{i=1}^{k} E_i \cdot t_i$$

式中：

C_k——k 时段曝光量，lx · h；

E_i——i 时段平均照度，lx；

t_i——i 时段时间间隔，h。

A.5.3   年曝光量计算。

$$C_{年} = C_k \times \frac{365}{t_k}$$

式中：

$C_{年}$——年曝光量，lx · h/a；

C_k——k 时段曝光量，lx · h；

t_k——检测时间，d。

注：365 是 1a 的统计计算天数。

附录 B

（规范性附录）

馆藏文物保存环境紫外照度的测定方法

紫外辐射是波长比可见辐射波长短的光学辐射，通常将波长在100nm至400nm之间的紫外辐射细分为：UV-A 315nm～400nm；UV-B 280nm～315nm；UV-C 100nm～280nm。由于紫外辐射的能量较大，因此对文物的损害也较大。馆藏文物保存环境中紫外照度的测定通常采用紫外照度计测定。

B.1 原理

紫外照度计是利用光敏半导体原件的物理光电现象制成的。当外来一定波长的紫外线射到硅光电池（光学元件）后，硅光电池即将光能转变为电能，通过电流表显示出紫外线的辐照强度值。

B.2 仪器和设备

B.2.1 紫外辐射照度计

紫外辐射照度计的性能如下：

辐照度测量范围：$0.01\mu W/cm^2 \sim 1.999 \times 10^4 \mu W/cm^2$；

紫外带外区杂光：$< 0.02\%$；

余弦特征：符合JJG254中二级光照度计标准；

准确度：$\pm 5\%$。

B.3 测定

B.3.1 测定点的确定

B.3.1.1 馆藏文物保存环境中紫外辐照强度的测量应选择其中有代表性的测量点，测量面与文物主要受光面平行，距离文物不超过10cm，应在测量结果中详细注明测量点的位置。

B.3.2 照度测定时注意事项

B.3.2.1 测定开始前，白炽灯和卤钨灯应燃点15min；气体放电灯类光源应燃点40min。

B.3.2.2 受光器上必须洁净无尘。

B.3.2.3 测定时受光器稳定平行放置于接近文物的主要受光面。

B.3.2.4 应防止各类人员和物体对光接受器造成遮挡。

B.3.2.5 通常馆藏文物保存环境中紫外辐射的检测仅需测量UV-A（波长为315nm～400nm）值。

B.3.2.6 检测仪器应定期校准。

B.4 结果计算

B.4.1 测定结果可直接记录，也可以记录最大值、最小值及平均值，必须记录详细的检测位置和受光面的朝向。

B.4.2 紫外线相对含量按下式计算。

$$R = I \times 10^4 / E$$

式中：

R ——紫外线相对含量，$\mu W/lm$；

I——紫外照度，$\mu W/cm^2$；

E——照度，lx；

10^4——转换系数，$lx \cdot cm^2 \cdot lm^{-1}$。

附录　C

（规范性附录）

馆藏文物保存环境中甲酸、乙酸的测定方法

馆藏文物保存环境中甲酸和乙酸等酸性气体的测定方法通常采用离子色谱法，根据采样方法的不同，可分为主动采样和无动力扩散采样两种。

C.1　主动采样—离子色谱法

C.1.1　原理

空气中的甲酸、乙酸等酸性气态待测物，在用碱性溶液采样吸收过程中发生中和反应，生成可溶性盐。然后用离子交换色谱柱分离，根据保留时间确定甲酸根和乙酸根，并采用抑制电导检测器检测，外标法定量。

C.1.2　测定范围

测定范围为 20mL 样品溶液中含 $0.5\mu g \sim 200\mu g$ 甲酸或乙酸。采样 30L，可测浓度范围为 $0.02mg/m^3 \sim 6.67mg/m^3$。

C.1.3　试剂和材料

所用试剂均为优级纯或分析纯。所用水为超纯水，电阻率不低于 $18.2M\Omega/cm$。

C.1.3.1　吸收液：称取质量分数为 50% 的优级纯氢氧化钠溶液 1.6g，溶于 100mL 超纯水中，配成 200mmol/L 氢氧化钠浓吸收液，密封。临用时将其稀释 10 倍。

C.1.3.2　乙酸根标准储备液：精确称取在硫酸干燥器中干燥的优级纯无水乙酸钠 68.31mg，溶于超纯水中，在 100mL 容量瓶中定容，放入冰箱，4℃冷藏存放，此标准储备液 1.00mL 相当于含 $500\mu g\,CH_3COO^-$，可稳定 3 个月。

C.1.3.3　乙酸根标准工作液：精确量取乙酸根标准储备液 20.00mL，于 500mL 容量瓶中，用超纯水稀释至刻度，此标准工作液 1.00mL 相当于含 $20\mu g\,CH_3COO^-$。此溶液应在临用现配。

C.1.3.4　甲酸根标准储备液：精确称取在硫酸干燥器中干燥的优级纯无水甲酸钠 73.89mg，溶于超纯水中，在 100mL 容量瓶中定容，放入冰箱，4℃冷藏存放，此标准储备液 1.00mL 相当于含 $500\mu g\,HCOO^-$，可稳定 3 个月。

C.1.3.5　甲酸根标准工作液：精确量取甲酸根标准储备液 20.00mL，于 500mL 容量瓶中，用超纯水稀释至刻度，此标准溶液 1.00mL 相当于含 $20\mu g\,HCOO^-$。此溶液应在临用现配。

C.1.3.6　淋洗液：

C.1.3.6.1　浓淋洗液配制：在一洁净的干燥烧杯中称取 2.0g 质量分数为 50% 的优级纯氢氧化钠溶液，用超纯水转移至 1L 淋洗罐中，并且继续加入超纯水至 1L，所配制的氢氧化钠淋洗液浓度为 25mmol/L。

C.1.3.6.2　稀淋洗液配制：用洁净的量筒量取 200mL 已经配制好的 25mmol/L 氢氧化钠淋洗液，加超纯水稀释到 1L，所配制氢氧化钠淋洗液浓度为 5mmol/L。

　　注1：如果离子色谱仪有二元泵或四元泵，可只配 25mmol/L 氢氧化钠溶液，另一路用超纯水代替。

　　注2：如果离子色谱仪有淋洗液发生装置，可通过面板设置所需的氢氧化钾（钠）淋洗液的浓度，无需配制淋洗液。

C.1.4　仪器和设备

C.1.4.1　多孔玻板吸收瓶

在使用前，用 100mmol 氢氧化钠溶液浸泡过夜，然后用超纯水超声清洗至无甲酸、乙酸空白干扰（用离子色谱检定）。

C.1.4.2 空气采样器

流量范围0L/min~2L/min，流量稳定，使用前后，用皂膜流量计校准采样系统的流量，误差小于5%。

C.1.4.3 离子色谱仪

泵系统具有两个或两个以上的流路，或带有淋洗液流路切换的单泵，或带有淋洗液发生装置的单泵；抑制电导检测器；阴离子交换色谱柱，采用OH体系的淋洗液。

C.1.4.4 色谱柱

带有保护柱的阴离子色谱分离柱，首选Ionpac AS18（4mm×250mm）+AG18（4mm×50mm），其次为Ionpac AS11-HC（4mm×250mm）+AG11-HC（4mm×50mm）或Ionpac AS17（4mm×250mm）+ AG17（4mm×50mm）。

C.1.4.5 抑制器

高容量的连续化学抑制器或电化学抑制器。

C.1.5 采样和样品保存

用多孔玻板吸收瓶，内装20mL20mmol/L氢氧化钠吸收液，以1.0L/min流量，采气30L~45L。采样前后需将吸收瓶两端密封，以防止运输过程中吸收外界的甲酸、乙酸。

C.1.6 分析步骤

C.1.6.1 色谱分析条件

分析时，应根据离子色谱仪的型号和性能，制定能分析甲酸、乙酸的最佳测试条件。下面所列举的测试条件是一个实例。

离子色谱仪：DX120(双系统)。

淋洗液流速：1.0mL/min。

色谱柱：Ionpac AS18（4mm×250mm）+AG18（4mm×50mm）

0min~1min	5mmol/L NaOH
1.01min~8min	25mmol/L NaOH
8.01min~15min	5mmol/L NaOH

检测温度：色谱柱和检测器温度为28℃±2℃。

进样体积：进样量为25μL，体积过大会造成色谱峰变形。

C.1.6.2 标准曲线的绘制

取6个50mL容量瓶，按表C.1定容制备甲酸、乙酸标准系列。

表 C.1 甲酸、乙酸标准系列

管 号	1	2	3	4	5	6
乙酸根标准工作液/mL	25.00	10.00	2.50	1.25	0.25	0.05
甲酸根标准工作液/mL	25.00	10.00	2.50	1.25	0.25	0.05
超纯水定容体积/mL	50.00	50.00	50.00	50.00	50.00	50.00
乙酸根含量/μg/mL	10.00	4.000	1.000	0.500	0.100	0.020
甲酸根含量/μg/mL	10.00	4.000	1.000	0.500	0.100	0.020

仪器稳定后，按管号次序从6到1依次进样，进样量25μL，以含量（μg/mL）为横坐标，峰面积为纵坐标，绘制标准曲线，并计算回归方程。斜率的倒数作为样品测定时的计算因子Bs[μg/（mL·峰面积）]。

C.1.6.3　样品测定

采样后，将吸收管中的吸收液移入洁净的玻璃瓶中，按C.1.6.1色谱条件和C.1.6.2分析步骤测定，每个样品重复做三次，用保留时间确认甲酸根、乙酸根的色谱峰，测量其峰面积，得峰面积的平均值。

C.1.6.4　空白试验

用空白吸收液代替样品溶液，按C.1.6.3操作步骤进样和分析。

C.1.7　结果计算

C.1.7.1　将采样体积按4.6.7计算在标准状态下的采样体积。

C.1.7.2　空气中的甲酸、乙酸浓度计算

空气中甲酸、乙酸浓度按下式计算：

$$c = \frac{(A - A_0) \times B_s \times V_l}{V_0 \times K}$$

式中：

c —— 空气中甲酸或乙酸的浓度，mg/m³；

A —— 样品溶液色谱峰面积的平均值；

A_0 —— 空白吸收液色谱峰面积的平均值；

B_s —— 由C.1.6.2得到的计算因子，μg/（mL·峰面积）；

V_l —— 采样用的吸收液的体积，mL；

V_0 —— 标准状态下的采样体积，L；

K —— 相应离子转化为对应酸性气体的转换系数，甲酸取0.978，乙酸取0.983。

C.1.8　方法特性

C.1.8.1　精密度

重复性相对标准偏差为1%～3%；

再现性相对标准偏差为3%～5%。

C.1.8.2　准确度

流量误差不超过5%，吸收管采样效率不得低于98%，实际样品加标回收率在95%～105%之间。

C.1.9　干扰及排除

室内空气中的一氧化氮、二氧化氮、二氧化硫、硫化氢和氟化物对本法均无干扰。

C.2　无动力扩散采样－离子色谱法

C.2.1　原理

空气中的甲酸、乙酸气态待测物通过扩散作用进入无动力扩散采样器，与采样器中吸收膜上的碱性浸渍剂作用，生成盐。然后用超纯水将膜上吸附的离子浸泡提取，用离子交换色谱柱分离，根据保留时间确定乙酸根和甲酸根，并采用抑制电导检测器检测，外标法定量。

C.2.2　测定范围

测定范围为5mL样品溶液中含0.125μg～50.0μg的乙酸和甲酸。若采样5d，可测浓度范围经过换算为：0.001mg/m³～2.000mg/m³。

C.2.3　试剂和材料

所用试剂均为优级纯。所用水均为超纯水。

C.2.3.1　采样浸渍液：称取2.0g三乙醇胺和1.0g丙三醇，用超纯水稀释定容到10mL。

C.2.3.2　乙酸根标准储备液：精确称取在硫酸干燥器中干燥的优级纯无水乙酸钠68.31mg，溶于超纯水中，在100mL容量瓶中定容，放入冰箱，4℃冷藏存放，此标准储备液1.00mL相当于含500μg CH_3COO^-，可稳定3个月。

C.2.3.3　乙酸根标准工作液：精确量取乙酸根标准储备液20.00mL，于500mL容量瓶中，用超纯水稀释至刻度，此标准工作液1.00mL相当于含20μg CH_3COO^-。此溶液临用现配。

C.2.3.4　甲酸根标准储备液：精确称取硫酸干燥器中干燥的优级纯无水甲酸钠73.89mg，溶于超纯水中，在100mL容量瓶中定容，放入冰箱，4℃冷藏存放，此标准储备液1.00mL相当于含500μg $HCOO^-$，可稳定3个月。

C.2.3.5　甲酸根标准工作液：精确量取甲酸根标准储备液20.00mL，于500mL容量瓶中，用超纯水稀释至刻度，此标准溶液1.00mL相当于含20μg $HCOO^-$。此溶液临用现配。

C.2.3.6　淋洗液的配制：

C.2.3.6.1　浓淋洗液配制：在一洁净的干燥烧杯中称取2.0g质量分数为50%的优级纯氢氧化钠溶液，用超纯水转移至1L淋洗罐中，并且继续加入超纯水至1L，所配制的氢氧化钠淋洗液浓度为25mmol/L。

C.2.3.6.2　稀淋洗液配制：用洁净量筒量取200mL已经配制好的25mmol/L氢氧化钠淋洗液，加超纯水稀释到1L，所配制氢氧化钠淋洗液浓度为5mmol/L。

注1：如果离子色谱仪有二元泵或四元泵，可只配25mmol/L氢氧化钠溶液，另一路用超纯水代替。

注2：如果离子色谱仪有淋洗液发生装置，可通过面板设置所需的氢氧化钾（钠）淋洗液的浓度，无需配制淋洗液。

C.2.3.7　采样滤纸：按无动力扩散采样器的使用说明确定滤纸的尺寸。采样前滴加浸渍液，用于吸收被测组分。

C.2.4　仪器和设备

C.2.4.1　无动力扩散采样器

C.2.4.1.1　采样器的结构：包括前盖、不锈钢丝网、挡颗粒物滤膜（聚四氟乙烯膜）、扩散腔、阻隔膜（聚四氟乙烯膜）及后盖。

C.2.4.1.2　采样器及滤纸的洗涤

将无动力扩散采样器的各个部分及采样滤纸，分别放入聚丙烯量杯中用超纯水浸泡洗涤，每天浸泡4次，每次冲洗3次，一般清洗时间为3天。无动力扩散采样器在干燥前必须经过空白测试，其浸泡后的溶液经离子色谱测定，甲酸根、乙酸根、氯离子、亚硝酸根离子、硝酸根离子和硫酸根离子浓度应低于25μg/L。第一次使用的无动力扩散采样器在常规清洗前须用100mmol/L氢氧化钠溶液进行浸泡，浸泡时间为1d。

C.2.4.1.3　采样器各部件的干燥

将无动力扩散采样器的各个部分及采样滤纸置于干净托盘中，将托盘置于洁净的真空干燥箱中真空干燥，干燥温度40℃~45℃，干燥时间在3h左右。

C.2.4.1.4　采样器的组装与保存

在一个洁净的实验室内的超净工作台上，用镊子将干燥的阻隔膜（聚四氟乙烯膜）放入无动力扩散采样器后盖中，将采样滤纸置于阻隔膜上，将扩散腔扣上，用移液枪在采样滤纸上均匀滴入100μL采样浸渍液，依次在扩散腔上部压上挡颗粒物滤膜、不锈钢丝网和前盖。将安装好的空白采样器置于125mL的聚丙烯样品瓶中，并在样品瓶中放入保护性采样吸收器（去掉聚四氟乙烯滤膜和不锈钢丝网的无动力扩散采样器），充入高纯氮，放入2L的聚丙烯样品瓶，盖紧瓶盖于4℃冷藏保存。

注：为减少操作过程中的污染，操作人员应戴口罩以及无离子的一次性手套。

C.2.4.2　离子色谱仪

泵系统具有两个或两个以上的流路，或带有淋洗液流路切换的单泵，或带有淋洗液发生装置的单泵；抑制电导检测器；阴离子交换色谱柱，采用OH体系的淋洗液。

C.2.4.3 色谱柱

带有保护柱的阴离子色谱分离柱，首选Ionpac AS18（4mm × 250mm）+ AG18（4mm × 50mm），其次为Ionpac AS11-HC（4mm × 250mm）+AG11-HC（4mm × 50mm）或Ionpac AS17（4mm × 250mm）+ AG17（4mm × 50mm）。

C.2.4.4 抑制器

高容量的连续化学抑制器或电化学抑制器。

C.2.4.5 提取瓶

用于样品的前处理，白色或棕色玻璃材质，带塑料瓶盖及聚四氟乙烯盖垫，使用前用100mmol氢氧化钠溶液浸泡过夜，然后用超纯水超声清洗至无甲酸、乙酸空白干扰（用离子色谱检定）。

C.2.4.6 样品瓶

用于无动力扩散采样器的密封保存，聚丙烯材质，使用前用超纯水洗净，规格为20mL～25mL。

C.2.4.7 真空干燥箱，内部洁净，不与其他可能的污染实验混用。

C.2.4.8 超声波清洗器

C.2.5 采样和样品提取

C.2.5.1 采样

将无动力扩散采样器按要求放置在指定的位置，并使采样器中装有不锈钢丝网的一面朝上，暴露于检测空间，采样时间根据所检测环境的污染状况而定，一般放置3d。采样后将无动力扩散采样器放入样品瓶中，盖紧瓶盖，带回实验室检测。

C.2.5.2 样品提取

用干净的镊子将采样滤纸和阻隔膜从无动力扩散采样器后盖中取出，放入测过空白的洁净提取瓶中，加入5mL超纯水，盖上瓶盖，放入超声波清洗仪中超声振荡5min。样品应在处理后12h内测定。

由于超声过程中产生少量纸絮，进样时用0.22μm过滤头进行过滤，过滤头可重复使用，过滤之前用超纯水清洗过滤头至少5次。

C.2.6 分析步骤

C.2.6.1 色谱分析条件

分析时，应根据离子色谱仪的型号和性能，制定能分析甲酸、乙酸的最佳测试条件。下面所列举的测试条件是一个实例。

离子色谱仪：DX120(双系统)。

淋洗液流速：1.0 mL/min。

色谱柱：Ionpac AS18（4mm × 250mm）+ AG18（4mm × 50mm）

0min～1min	5mmol/L NaOH
1.01min～8min	25mmol/L NaOH
8.01min～15min	5mmol/L NaOH

检测温度：色谱柱和检测器温度为28℃ ± 2℃。

进样体积：进样量为25μL。

C.2.6.2 标准曲线的绘制

取6个50mL容量瓶，按表C.1定容制备甲酸、乙酸标准系列。

仪器稳定后，按管号次序从6到1依次进样，进样量25μL，以含量（μg/mL）为横坐标，峰面积为纵坐标，绘制标准曲线，并计算回归方程。斜率的倒数作为样品测定时的计算因子B_s[μg/（mL·峰面积）]。

C.2.6.3　样品测定

采样后按 C.2.5.2 提取后，按 C.2.6.1 色谱分析条件和 C.2.6.2 分析步骤测定，每个样品重复作三次，用保留时间确认甲酸根、乙酸根的色谱峰，测量其峰面积，得峰面积的平均值。

C.2.6.4　空白试验

将带至采样现场但未采过样的空白采样器按 C.2.6.3 操作步骤提取和分析。

C.2.7　结果计算

空气中各离子的浓度 c 用下式进行计算：

$$c = \frac{(A - A_0) \times B_s \times V_l}{k \times t}$$

式中：

c —— 空气中甲酸或乙酸的浓度，mg/m³；

A —— 样品提取液色谱峰面积的平均值；

A_0 —— 空白提取液色谱峰面积的平均值；

B_s —— 由 C.2.6.2 得到的计算因子，μg/（mL·峰面积）；

V_l —— 提取溶液体积，mL；

k —— 无动力扩散采样器的采样速率（根据无动力扩散采样器使用说明），L/min；

t —— 采样时间，min。

C.2.8　方法特性

C.2.8.1　精密度

重复性相对标准偏差在 1%～3%；

再现性相对标准偏差在 3%～5%。

C.2.8.2　准确度

实际样品加标回收率为 90%～110%。

C.2.9　干扰及排除

空气中的硝酸根、硫酸根、亚硝酸根、碳酸根等离子对本法均无干扰。

附录 D

（规范性附录）

馆藏文物保存环境中氨的测定方法

馆藏文物保存环境中氨的测定在展厅、库房内常用主动采样方法，主要检测方法有：靛酚蓝试剂比色法（GB/T18204.25）、离子色谱法等。对于文物展柜及文物储藏柜内氨的检测常采用无动力扩散采样——离子色谱法检测。

D.1 主动采样—离子色谱法

D.1.1 原理

空气中的氨被甲基磺酸吸收液吸收后，生成甲基磺酸铵。用离子交换色谱柱分离，根据保留时间确定铵离子，并用抑制电导检测器检测，外标法定量。

D.1.2 测定范围

在吸收液为 20mL，采样体积为 30L～60L 时，测定范围为 0.003mg/m³～3.300mg/m³，对于高浓度样品测定前必须进行稀释。

D.1.3 试剂和材料

分析中所用试剂全部为符合国家标准的分析纯或优级纯试剂；所用水为超纯水，电阻率不低于 18.2MΩ/cm。

D.1.3.1 甲基磺酸吸收液：

准确称取甲基磺酸（CH_3SO_3H）0.96g，溶于少量水中，用超纯水于 1L 容量瓶中定容，此溶液中 $c(CH_3SO_3H)=0.01mol/L$，贮存于冰箱可稳定 3 个月。

D.1.3.2 氯化铵标准贮备液

精确称取在硫酸干燥器中干燥的优级纯无水氯化铵 0.7852g，于 250mL 容量瓶中用超纯水稀释定容，此标准溶液 1.00mL 相当于含 $1000\mu gNH_3$，放入冰箱，4℃ 冷藏存放，可稳定 3 个月。

D.1.3.3 氯化铵标准工作液

精确量取氯化铵标准贮备液 5.0mL，于 500mL 容量瓶中，用超纯水稀释至刻度线，此标准溶液 1mL 相当于含 $10.0\mu gNH_3$，此溶液应在临用前配置。

D.1.3.4 淋洗液：

在两只测过空白的干燥烧杯中分别称取 3.84g 和 1.44g 优级纯甲基磺酸，分别用超纯水溶解后转移至两只 1L 淋洗罐中，并且继续加入超纯水至 1.0L，所配制的甲基磺酸溶液浓度分别为 40 mmol/L 和 15mmol/L。

D.1.4 仪器与设备

D.1.4.1 20mL 多孔玻板吸收瓶

在使用前，用甲基磺酸吸收液浸泡过夜，然后用超纯水超声清洗至用离子色谱测定无空白干扰。

D.1.4.2 空气采样器

流量范围 0L/min～2.0L/min，流量稳定，使用前后，用皂膜流量计校准采样系统的流量，误差小于 ± 5%。

D.1.4.3 离子色谱仪

Peek 单泵系统，抑制电导检测器。

D.1.4.4 色谱柱：

带有保护柱的阳离子色谱分离柱。首选 Ionpac CS16(4mm × 250mm) +CG16(4mm × 50 mm)，

淋洗液为40mmol/L甲基磺酸溶液；其次选用Ionpac CS12A（4mm × 250mm）＋CG12A（4mm × 50mm)时，淋洗液为15mmol/L甲基磺酸溶液

D.1.4.5 抑制器:

采用高容量的连续的化学抑制器或电化学抑制器。

D.1.5 采样和样品保存

用多孔玻板吸收瓶，内装20mL吸收液，以1L/min流量，采气30L～60L。采样前后需密封吸收管的两头，以防止吸收外界的氨。

D.1.6 分析步骤

D.1.6.1 色谱分析条件:

分析时，应根据离子色谱仪的型号和性能，制定能分析氨离子的最佳测试条件。下面所列举的测试条件是一个实例。

离子色谱仪：DX120。

淋洗液流速：1.0mL/min。

色谱柱：Ionpac CG16（4mm × 250mm）＋CS16（4mm × 50mm）

淋洗液：40mmol/L甲基磺酸；

色谱柱和检测器温度：28℃ ± 2℃

进样量：25μL。

D.1.6.2 标准曲线的绘制

取12只50.0mL的容量瓶，按表D.1及D.2制备铵离子标准溶液系列。

表D.1 低浓度NH$_4^+$标准溶液

管 号	0	1	2	3	4	5	6
氯化铵标准工作液 /mL	0	0.05	0.125	0.25	0.5	1.25	2.5
超纯水定容体积 /mL	50.00	50.00	50.00	50.00	50.00	50.00	50.00
氨含量 / μg/mL	0	0.01	0.025	0.05	0.10	0.25	0.50

表D.2 高浓度NH$_4^+$标准溶液

管 号	0	6	7	8	9	10	11
氯化铵标准工作液 /mL	0	2.5	3.5	5.0	7.5	10	25
超纯水定容体积 /mL	50.00	50.00	50.00	50.00	50.00	50.00	50.00
氨含量 / μg/mL	0	0.5	0.7	1.0	1.5	2.0	5.0

仪器稳定后，将标准溶液依次进样，以氨含量（μg/mL）为横坐标，峰面积为纵坐标，按上表所示，分高低浓度，绘制两条标准曲线，并分别计算回归方程。以斜率的倒数作为样品测定时的计算因子 B_S [μg/（mL·峰面积）]。

D.1.6.3 样品分析

采样后，将吸收瓶中的吸收液移入洁净的容器中，按D.1.6.1操作测定。每个样品重复作三次，用保留时间确认铵离子的色谱峰，测量其峰面积，得峰面积的平均值。

D.1.6.4 空白试验

用空白吸收液代替样品溶液按D.1.6.3操作步骤进样和分析。

D.1.7 结果计算

D.1.7.1 将采样体积按4.6.7计算在标准状态下的采样体积。

D.1.7.2 空气中的氨浓度计算

空气中氨浓度用下式计算：

$$c = \frac{(A - A_0) \times B_s \times V_l}{V_0 \times K}$$

式中：

c —— 空气中氨的浓度，mg/m^3；

A —— 样品溶液色谱峰面积的平均值；

A_0 —— 空白吸收液色谱峰面积的平均值；

B_s —— 由D.1.6.2得到的计算因子，$\mu g/(mL \cdot$ 峰面积)；

V_l —— 采样用的吸收液的体积，mL；

V_0 —— 标准状态下的采样体积，L；

K —— $NH_3 \rightarrow NH_4^+$ 的转换系数，0.94。

D.1.8 方法特性

D.1.8.1 精密度

重复性相对标准偏差在1%～3%；

再现性相对标准偏差在3%～5%。

D.1.8.2 准确度

流量误差不超过5%，吸收管采样效率不得低于98%，实际样品加标回收率在95%～105%之间。

D.1.9 干扰与排除

空气中的钾、镁、钙等离子对本法均无干扰。高浓度钠离子对氨测定可能存在干扰。

D.2 无动力扩散采样－离子色谱法

D.2.1 原理

空气中的氨，通过扩散作用进入无动力扩散采样器的吸收膜上，与吸收膜上的酸性浸渍液作用，中和生成盐。然后用超纯水将膜中铵离子浸泡提取，用离子交换色谱柱分离，根据保留时间确定铵离子，并采用抑制电导检测器检测，外标法定量。

D.2.2 测定范围

测定范围为5mL样品溶液中含0.01μg～5μg的铵离子。若采样5d，可测浓度范围经过换算为0.05μg/m³～100μg/m³。

D.2.3 试剂和材料

分析中所用试剂全部为符合国家标准的分析纯或优级纯试剂；所用水为超纯水，电阻率不低于18.2MΩ/cm。

D.2.3.1 甲基磺酸吸收液

10%（w/v）甲基磺酸+20%（w/v）丙三醇溶液。称取1g甲基磺酸和2g丙三醇并用超纯水定容至10mL。

D.2.3.2 氯化铵标准贮备液

精确称取在硫酸干燥器中干燥的优级纯无水氯化铵0.7852g，于250mL容量瓶中，用超纯水稀释定容，此标准溶液1.00mL相当于含1000μg NH_3，放入冰箱，4℃冷藏存放，可稳定3个月。

D.2.3.3 氯化铵标准工作液

精确量取氯化铵标准贮备液5.0mL，于500mL容量瓶中，用超纯水稀释至刻度线，此标准溶液1mL相当于含10.0μg NH_3，此溶液应在临用前配置。

D.2.3.4　淋洗液

　　在两只测过空白的干燥烧杯中分别称取3.84g和1.44g优级纯甲基磺酸，分别用超纯水溶解后转移至两只1 L 淋洗罐中，并且继续加入超纯水至1.0 L，所配制的甲基磺酸溶液浓度分别为40mmol/L 和15mmol/L。

D.2.3.5　采样滤纸：按无动力扩散采样器的使用说明确定滤纸的尺寸。采样前滴加浸渍液，用于吸收被测组分。

D.2.4　仪器和设备

D.2.4.1　无动力扩散采样器

D.2.4.1.1　采样器的结构：包括前盖、不锈钢丝网、挡颗粒物滤膜（聚四氟乙烯膜）、扩散腔、阻隔膜（聚四氟乙烯膜）及后盖。

D.2.4.1.2　采样器及滤纸的洗涤

　　将无动力扩散采样器的各个部分及采样滤纸，分别放入聚丙烯量杯中用超纯水浸泡洗涤，每天浸泡4次，每次冲洗3次，一般清洗时间为3d。无动力扩散采样器在干燥前必须经过空白测试，其浸泡后的溶液经离子色谱测定铵离子浓度应低于20μg/L。第一次使用的采样器在常规清洗前须用50mmol/L硫酸进行浸泡，浸泡时间为1d。

D.2.4.1.3　采样器各部件的干燥

　　将无动力扩散采样器的各个部分及采样滤纸置于干净托盘中，将托盘置于洁净的真空干燥箱中40℃～45℃真空干燥3h左右。

D.2.4.1.4　采样器的组装与保存

　　在一个洁净的实验室内的超净工作台上，用镊子将干燥的阻隔膜（聚四氟乙烯膜）放入无动力扩散采样器后盖中，将采样滤纸置于阻隔膜上，将扩散腔扣上，用移液枪在采样滤纸上均匀滴入100μL采样浸渍液，依次在扩散腔上部压上挡颗粒物滤膜、不锈钢丝网和前盖。将安装好的空白采样器置于125mL的聚丙烯样品瓶中，并在样品瓶中放入保护性采样吸收器（去掉聚四氟乙烯滤膜和不锈钢丝网的无动力扩散采样器），盖紧瓶盖，4℃冷藏保存。

　　注：为减少操作过程中的污染，操作人员应戴口罩以及无离子的一次性手套。

D.2.4.2　离子色谱仪：Peek 单泵系统，抑制电导检测器。

D.2.4.3　色谱柱

　　带有保护柱的阳离子色谱分离柱。淋洗液为40mmol/L甲基磺酸溶液时，选用 Ionpac CS16(4mm × 250mm)+CG16(4mm × 50mm)；淋洗液为15mmol/L甲基磺酸溶液时，选用为 Ionpac CS12A(4mm × 250mm)+CG12A(4mm × 50mm)。

D.2.4.4　抑制器

　　采用高容量的连续的化学抑制器或电化学抑制器。

D.2.4.5　提取瓶

　　用于样品的前处理，白色或棕色玻璃材质，带塑料瓶盖及聚四氟乙烯盖垫，使用前用50 mmol硫酸溶液浸泡过夜，然后用超纯水超声清洗至无铵离子空白干扰（用离子色谱检定）。

D.2.4.6　样品瓶

　　用于无动力扩散采样器的密封保存，聚丙烯材质，使用前用超纯水洗净。

D.2.4.7　真空干燥箱，内部洁净，不与其他可能的污染实验混用。

D.2.4.8　超声波清洗器

D.2.5　采样及样品的提取

D.2.5.1　采样

　　将无动力扩散采样器按要求放置在指定的位置，并使采样器中装有不锈钢丝网的一面朝上，暴露于检测空间，采样时间根据所检测环境的污染状况而定，一般放置3d。采样后将无动力扩散采样器放入样品瓶中，盖紧瓶盖，带回实验室检测。

D.2.5.2 样品提取

用干净的镊子将采样滤纸和防沾污膜从无动力扩散采样器后盖中取出，放入测过空白的洁净提取瓶中，加入 5mL 超纯水，盖上瓶盖，放入超声波清洗仪中超声振荡 5min。样品应在处理后 12h 内测定。

由于超声过程中产生少量纸絮，进样时用 0.22μm 过滤头进行过滤，过滤头可重复使用，过滤之前用超纯水清洗过滤头 5 次。

D.2.6 分析步骤

D.2.6.1 色谱分析条件：

分析时，应根据离子色谱仪的型号和性能，制定能分析铵离子的最佳测试条件。下面所列举的测试条件是一个实例。

离子色谱仪：DX120。

淋洗液流速：1.0mL/min。

色谱柱：Ionpac CG16（4mm × 250mm） + CS16（4mm × 50mm）

淋洗液：40mmol/L 甲基磺酸；

色谱柱和检测器温度：28℃ ± 2℃

进样量：25μL。

D.2.6.2 标准曲线的绘制

取 12 只 50.0 mL 的容量瓶，按表 D.1 及 D.2 制备铵离子标准溶液系列。

仪器稳定后，将标准溶液依次进样。以氨含量（μg/mL）为横坐标，峰面积为纵坐标，按上表所示，分高低浓度，绘制两条标准曲线，并计算回归方程。以斜率的倒数作为样品测定时的计算因子 Bs[μg/（mL·峰面积）]。

D.2.6.3 样品分析

采样后，按 J.3.5.2 提取后，在线过滤进样，按 D.2.6.1 色谱条件和 D.2.6.2 操作步骤测定，每个样品重复做三次，用保留时间确认铵离子的色谱峰，测量其峰面积，得峰面积的平均值。

D.2.6.4 空白试验

将空白采样器按 D.2.6.3 操作步骤提取和分析。

D.2.7 结果计算

空气中氨的浓度 c 用下式进行计算：

$$c = \frac{(A - A_0) \times B_s \times V_l}{k \times t}$$

式中：

c ——空气中氨的浓度，mg/m³；

A ——样品提取液色谱峰面积的平均值；

A_0 ——空白提取液色谱峰面积的平均值；

B_s ——由 D.2.6.2 得到的计算因子，μg/（mL·峰面积）；

V_l ——提取溶液体积，mL；

k ——无动力扩散采样器的采样速率（根据无动力扩散采样器使用说明），L/min；

t ——采样时间，min。

D.2.8 方法特性

D.2.8.1 精密度

重复性相对标准偏差在 1%～3%；

再现性相对标准偏差在 3%～5%。

D.2.8.2 准确度

实际样品加标回收率为 90%～110%。

D.2.9 干扰及排除

空气中的钾、镁、钙等离子对本法均无干扰，但高浓度钠对氨测定可能存在干扰。

附录 E
（规范性附录）
馆藏文物保存环境中霉菌总数的测定方法

馆藏文物保存环境中霉菌总数的测定主要采用自然沉降法（natural sinking method）。

E.1 原理

指直径9cm的培养基平板在采样点暴露5min～10min，计数在营养琼脂培养基上经28℃±1℃，3d～5d培养所形成的菌落数，以每立方米空气中菌落形成单位（cfu/m³）报告。

E.2 仪器和设备

E.2.1 高压蒸气灭菌器。

E.2.2 干热灭菌器。

E.2.3 恒温培养箱。

E.2.4 冰箱。

E.2.5 平皿（直径9cm）。

E.2.6 制备培养基用一般设备：量筒，三角烧瓶，pH计或精密pH试纸等。

E.3 培养基

E.3.1 孟加拉红培养基

E.3.1.1 成分：

蛋白胨	5g
葡萄糖	10g
磷酸二氢钾	1g
硫酸镁（$MgSO_4 \cdot 7H_2O$）	0.5g
琼脂	20g
1/3000孟加拉红	100mL
氯霉素	0.1g
蒸馏水至	1000mL

E.3.1.2 制法

将上述成分加热溶解后，加入孟加拉红溶液，另用少量乙醇溶解氯霉素加入，加蒸馏水至1000mL，分装，121℃，20min高压灭菌。在无菌操作条件下，倾注约15mL培养基于灭菌平皿内，制成培养基平板。

E.3.2 马铃薯葡萄糖琼脂培养基

E.3.2.1 成分：

马铃薯（去皮切块）	300g
葡萄糖	20g
琼脂	20g
蒸馏水至	1000 mL

E.3.2.2 制法

将马铃薯去皮切块，加1000mL蒸馏水，煮沸10min～20min，用纱布过滤，加入葡萄糖和琼脂，加热溶化，加蒸馏水补至1000mL，分装，121℃，20min高压灭菌。在无菌操作条件下，倾注约15mL培养基于灭菌平皿内，制成培养基平板。

E.4 操作步骤

E.4.1 设置采样点时，应根据现场的大小，选择有代表性位置作为空气霉菌检测的采样点。采样高度接近文物放置面。采样点应避开空调、通风换气管道口、门窗等空气流通处。

E.4.2 将培养基平板置于采样点处，打开皿盖，暴露5min～10min，盖上皿盖，翻转平板，置28℃±1℃恒温箱中，培养3d～5d。计数每块平板上生长的菌落数，逐日观察并于第五天记录结果。若真菌数量过多可于第五天计数结果，并记录培养时间，换算成cfu/m³。

E.5 结果计算

空气中霉菌总数按下式计算。

$$m = \frac{N \times 50000}{A \times t}$$

式中：

m ——空气中霉菌总数，cfu/m³；

N ——平板平均菌落数，cfu；

A ——平板面积，cm²；

t ——平板的暴皿时间，min。

附录 F

（规范性附录）

馆藏文物保存环境空气待测物有动力连续采样现场记录表

采样地点：＿＿＿＿＿＿＿＿＿＿＿＿＿＿＿＿＿＿　　　　　待测物：＿＿＿＿＿＿＿＿＿

样品号	位　置	开始时刻	结束时刻	采样流量 L/min	气温／℃	相对湿度 /%	大气压 /kPa

现场情况及布点示意图：

备注

采样及现场检测人：　　　　　　　　　　　　　　　　审核人

附录 G
（规范性附录）
馆藏文物保存环境空气待测物无动力扩散现场采样记录表

采样地点：＿＿＿＿＿＿＿＿＿＿＿＿＿＿＿＿＿＿＿＿＿

样品号	位　置	开始时刻		结束时刻		采样期间温度范围/℃	采集气体种类
		日期	时刻	日期	时刻		

采样及现场检测人：　　　　　　　　　　　　审核人：

附录　H

（规范性附录）

样品接收记录表

序号	被检测方名称	名称及编号	接收日期	样品是否完好	保存期	送样人	接收人

附录 I

（规范性附录）

馆藏文物保存环境空气质量现场瞬时采样检测报表

检测地点：_____　　　　　检测日期：_____

序号	位　　置	温度/℃	湿度/%	CO$_2$/ppm	甲醛/ppm	TVOC/ppb	备注

采样及现场检测人：　　　　　　　　　　　　　　　审核人：

附录 J
（规范性附录）
馆藏文物保存环境照明检测报表

检测地点：_____ 　　　　检测日期：_____

序号	位置	检测部位	照度/lx	紫外辐射强度/μW·cm⁻²	紫外线相对含量/μW/lm	光源种类

现场检测人：　　　　　　　　　　　　　　　　　审核人：

附录　K
（规范性附录）
馆藏文物保存环境质量检测报告格式

K.1　检测报告封面样式

报告编号：

馆藏文物保存环境质量检测报告

被检测方：_____

检测地点：_____

检测项目：_____

检测日期：_____

检测机构：_____（章）

中华人民共和国国家文物局制

K.2　检测报告样式

检 测 报 告

报告编号：＿＿＿＿＿＿＿＿＿＿＿　　　　　共　页 第　页

检测地点：＿＿＿＿＿＿＿＿＿　　检测项目：＿＿＿＿＿＿＿＿＿

检测时间：＿＿＿＿＿＿＿＿＿　　检测依据：＿＿＿＿＿＿＿＿＿

检测方法：＿＿＿＿＿＿＿＿＿　　检测仪器：＿＿＿＿＿＿＿＿＿

检测人员：＿＿＿＿＿＿＿＿＿　　报告编写：＿＿＿＿＿＿＿＿＿

检验结果及结论

（检测报告专用章）

日期：

参考文献

[1] ISO/CD 10498−2004 Ambient air−Determination of sulfur dioxide−Ultraviolet fluorescence method

[2] EN 14211−2005 Ambient air quality−Standard method for the measurement of the concentration of nitrogen dioxide and nitrogen monoxide by chemiluminescence

A16

备案号：25941-2009

中华人民共和国文物保护行业标准

WW/T 0017-2008

馆藏文物登录规范

Specification for registration of museum objects

2009-02-16 发布

2009-03-01 实施

中华人民共和国国家文物局　发　布

前　言

本标准由中华人民共和国国家文物局提出。

本标准由全国文物保护标准化技术委员会（SAC/TC289）归口。

本标准起草单位：秦始皇兵马俑博物馆。

本标准主要起草人：朱学文、张颖岚、赵昆、马生涛、叶晔、张天柱。

本标准是首次发布。

馆藏文物登录规范

1 范围

本标准规定了馆藏文物登录的操作流程和所需相关文档（包括纸质文档和电子文档）的基本内容和填写要求。

本标准适用于文物收藏单位的文物登录工作。

2 规范性引用文件

下列文件中的条款通过本标准的引用而成为本标准的条款。凡是注日期的引用文件，其随后所有的修改单（不包括勘误的内容）或修订版均不适用于本标准，然而，鼓励根据本标准达成协议的各方研究是否可使用这些文件的最新版本。凡是不注日期的引用文件，其最新版本适用于本标准。

WW/T 0020-2008 文物藏品档案规范

3 术语和定义

WW/T 0020-2008中确立的以及下列术语和定义适用于本标准。

3.1

馆藏文物 museum objects

由文物收藏单位正式入藏并登记入账的文物，包括一、二、三级和一般文物。其中三级以上文物（含三级）为珍贵文物。

3.2

登录 registration

对入藏文物相关资料的建立、管理和维护的过程，包括登记、编目、建账、建档等。

3.3

文物藏品总登记账 general accounts of museum collections

是国家科学、文化财产账，用来记录收藏单位所有入藏文物的账目。设专人负责管理，永久保存。

3.4

文物藏品分类账 ledger of museum collections

是根据文物收藏单位藏品分类的具体情况，按照不同类别和分库管理的状况，分别确立的账册。

3.5

文物编目 catalog of museum objects

对入藏文物各种基本信息进行详细登记的过程。

4 馆藏文物登录的流程

4.1 由本单位或省级文物行政部门组织有关人员对文物进行鉴定，并填写《文物鉴定表》。

4.2 填写《入藏凭证》。

4.3 文物影像资料的采集，包括拍照、绘图、拓片等。

4.4 文物编目，填写《文物编目卡》。

4.5 填写《文物藏品总登记账》。

4.6 填写《文物藏品分类账》。

4.7 填写文物藏品档案。

4.8 根据已建立的文物资料将文物藏品信息数字化，建立文物藏品信息数据库。

4.9 主动掌握文物提用信息，将详细提用记录更新到藏品档案中，若文物现状在提用过程中发生变化，将变化情况同时记录到《文物藏品总登记账》、《文物藏品分类账》和文物藏品信息数据库中。

5 馆藏文物登录的相关文档

馆藏文物登录的内容包括文物的基本信息、历史信息、研究信息、保护修复信息以及对文物的管理、使用过程中产生的各类相关信息。基本信息项的填写方法参考附录A进行，文物照片的拍摄方法参考附录B进行。

5.1 《文物鉴定表》

记录文物的鉴定信息。其基本内容应包括：

a）原编号；

b）文物名称；

c）年代；

d）质地；

e）数量；

f）完残程度；

g）文物来源；

h）级别；

i）鉴定意见；

j）鉴定人；

k）鉴定日期。

5.2 《入藏凭证》

记录文物入藏时的详细信息。其基本内容应包括：

a）原编号；

b）总登记号；

c）文物名称；

d）年代；

e）质地；

f）数量；

g）级别；

h）文物来源；

i）完残程度；

j）藏品移交方和接收方签字；

k）入藏日期。

5.3 《文物编目卡》

对文物进行编目时填写的记录文物基本信息的卡片。其基本内容应包括：

a）总登记号；

b）文物名称；

c）年代；

d）质地；

e）数量；

f）尺寸、质量；

g）文物来源；

h）完残程度；

　i）形态特征；

　j）题识情况；

　k）流传经历；

　l）照片；

　m）级别；

　n）鉴定意见、鉴定人；

　o）制卡人签字；

　p）制卡日期。

5.4 《文物藏品总登记账》

《文物藏品总登记账》必须建立，一式一份，不能被复制。填写《文物藏品总登记账》时应使用不褪色的蓝色或黑色墨水逐页、逐件、逐项填写，不得任意涂改。如有订正，应经本单位文物管理部门负责人批准，在订正处用红色墨水画双线，线上方书写更正内容，并加盖更改人图章。其基本内容应包括：

　a）总登记号；

　b）文物名称；

　c）年代；

　d）质地；

　e）数量；

　f）尺寸、质量；

　g）级别；

　h）文物来源；

　i）完残程度；

　j）入藏日期；

　k）备注。

5.5 《文物藏品分类账》

文物的分类管理账。其基本内容应包括：

　a）总登记号；

　b）分类号；

　c）文物名称；

　d）年代；

　e）质地；

　f）数量；

　g）尺寸、质量；

　h）级别；

　i）文物来源；

　j）完残程度；

　k）库房位次；

　l）登记日期；

　m）备注。

5.6 文物藏品档案

记录与文物相关的各类详细信息，藏品档案应该报上级文物行政部门和国家文物局备案。其内容包括七个方面：藏品的历史资料、鉴定资料、研究资料、保护资料、提供使用资料、影像资料、基本资料。其填写方法按照 WW/T 0020-2008 进行。

6　文物藏品信息电子文档的管理

应建立文物藏品信息数据库，对文物的相关电子文档进行管理。数据库应符合《博物馆藏品信息指标著录规范》的要求，可实现录入、查询、存储、管理、检索、统计、打印输出、备份等功能。

附录 A
（资料性附录）
基本信息项填写说明

A.1　原编号

文物入藏以前的原有编号。

A.2　总登记号

总登记号一件（套）一号。总登记号一经确定即永久使用，不能更改和重复使用，文物注销后原总登记号仍应保留。

总登记号应用小字清晰地标写在文物上，书写位置以不妨碍观瞻和不易摩擦为宜；不宜直接书写的文物，应贴、挂编号标签，标签贴挂应确保牢固，避免遗失。

A.3　文物名称

文物名称通常由特征和通称两部分组成。古代文物特征指年代、款识、作者、地域、工艺、纹饰、颜色、质地、器形等信息要素，近现代文物特征指物主、时间、地点、事件、用途、质地等要素。通称是器物的通用称谓。

A.4　年代

登记文物所属的天文时代、地质时代、考古文化期、历史朝代或历史时期。1949 年 10 月 1 日以前的文物，有具体纪年的写具体纪年，并加注公元纪年；具体纪年不明的写历史朝代或历史时期。1949 年 10 月 1 日以后的文物，写公元纪年或历史事件时期。

A.5　质地

构成文物主体材料的物质成分类别。

A.6　数量

单件藏品一号即为一件，成套藏品分为实际数量和传统数量两种：组成部分可以独立存在的，按个体编号计件（实际数量）；组成部分不能独立存在的，整体编一个号，每个部分列分号，按一件(套)计算，在实际数量栏内注明整套藏品的实际数量。

A.7　尺寸、质量

藏品测量方法：平面文物量长和宽，书画类文物量画心；立体文物量长、宽、高或口径、底径、高，口径、底径均量外径；不规则形状的文物，量其最长、最宽、最高处。

藏品计量单位：采用国家法定计量单位，以厘米、克、毫升作为常用文物计量基本单位，较大、较重或较长的可采用米、千克、公升计量。一般文物不称重量，贵重金属、宝石等文物称重量。

A.8　文物来源

写直接来源的地区、单位和个人，注明发掘、采集、收购、调拨、交换、捐赠、旧藏等入藏方式。出土文物写明出土时间、地点和发掘单位；近现代文物写明与使用者或保存者的关系；自然标本写明产地、采集单位或个人。

A.9 完残程度

写明文物及文物附件的完整、损伤、残缺或污染等具体情况。

A.10 形态特征

对文物的整体形态特征的描述。遵循先上后下、先左后右、先内后外的顺序，应使用文物、考古学对器物描述的基本术语并揭示藏品的内涵，指出它的科学和艺术价值。

A.11 题识情况

文物藏品的题跋、款识、铭文等相关信息。文物藏品的题跋信息包括题跋类别、作者姓名、字数、题写位置等。汉语古文字款识、铭文一般录其释文，中国少数民族文字款识、铭文和外国文字款识、铭文一般录其译文。

A.12 流传经历

藏品被现收藏单位收藏以前的流传过程。包括藏品入藏以前的发现、鉴藏、递藏的过程，以及修复、著录、传拓、有关传闻等。

A.13 照片

包括传统照片和数码照片。

A.14 级别

根据文物藏品的历史价值、艺术价值、科学价值确定的级别。参见《中华人民共和国文物保护法实施细则》和《文物藏品定级标准》。

A.15 鉴定意见

《文物编目卡》中应填写最近一次的鉴定结论，文物藏品档案中应填写历次鉴定结论。

附录 B
（资料性附录）
馆藏文物照片拍摄技术要求

B.1 拍摄设备

馆藏文物二维影像的拍摄设备至少不低于以下要求：

a) 120 或 135 传统机身，600 万像素（含）以上数码单反机身；

b) 具有可以移动和俯仰镜头光轴的中焦距镜头；

c) 影室灯一套（不少于三盏，每盏输出功率 ≥ 500WS，造型灯功率 150W；调光范围 < 全光 ∽ 1/4 级>；有同步触发和闪光触发；含柔光箱），对于需要多段拼合的影像拍摄，建议采用重复性能好，色温稳定的数码闪灯系统。

B.2 拍摄环境

a) 场地宜高大有进深，面积不小于 30m²，高度 ≥ 3m；

b) 特大型文物如飞机、汽车等，选择暗背景拍摄；

c) 场地环境应适于保护藏品与摄影设备。

B.3 拍摄规格

a) 应同时使用正片和负片；

b) 藏品数码影像采用 RGB 真彩色模式的位图表示法；

c) 藏品数码影像每个原色的灰度等级不低于 64 级（26）；

d) 藏品直接数值化采集数码影像时，每帧不小于 300 万像素。

B.4 格式与精度

a) 珍贵品应采用 TIF 格式，不压缩储存；

b) 普通品可采用 JEPG 格式存储，压缩后影像质量为"中"。

B.5 拍摄工作规范

B.5.1 立体藏品拍摄工作规范

a) 每件独立编号的立体藏品必须以主要代表面，拍摄全形图像一张，并拍摄正视角度的顶面和底面图像各一张；

b) 对没有独立编号的成套藏品必须拍摄组套图像，并加拍独件文物的全形图像；

c) 对具有花纹、附件、内壁铭文或其他特殊情况的立体藏品各相应部位进行局部拍摄。对具有不同花纹、铭文的各个面都要进行正面拍摄；

d) 对扁平形器物（如扁担、钱币等）一般拍摄正、反两面，如有边沿上的特殊信息，加拍边沿影像；

e) 对具有连续花纹、内壁铭文或其他特殊情况的文物（如不规则形状的文物）每隔30°～45°拍一张；

f) 藏品如附有图纸或拓片的应加拍相关资料的影像。

B.5.2 平面藏品的拍摄工作规范

a) 每件平面藏品必须拍摄全形图像一张，尽量用一幅画面记录平面文物的影像；

b) 无法在一张影像中记录全形的，以分段拍摄形式记录时，胶片上画面的接口重叠部分不得小于0.5cm（每一分段以独立的影像编号命名，拼合后的影像数据给予一个全新的影像编号。例：藏品编号为100的原件分为三部分拍摄，获得三个影像文件，分别命名为100-1、100-2、100-3，由三个影像文件拼合而成的完整影像文件命名为100-4。）；

c) 对有铭文、款识等附加信息的平面藏品要加拍相关影像，如有特殊的装裱形式亦应对其做影像记录（如宋画以明代封套盛放，除对画心拍摄外，对装裱部分亦应予以记录）。

B.6 拍摄技术规范

B.6.1 藏品拍摄基本技术规范

a) 主体突出，背景干净；

b) 为保证影像信息含量，被摄体应尽量充满画面；

c) 注意视点的选择，减少由于镜头透视产生的视差；

d) 色调准确、层次丰富。

B.6.2 立体藏品拍摄技术规范

a) 主题图案清晰；

b) 器形完整，无明显的俯仰变形。

B.6.3 平面藏品拍摄技术规范

a) 布光均匀，画面内无明显亮度差别；

b) 拍摄平面与被摄物平面保持平行，保证画面无畸变。

参考文献

[1]　《博物馆藏品信息指标著录规范》
[2]　《馆藏品二维影像技术规范》
[3]　《博物馆藏品管理办法》
[4]　《中华人民共和国文物保护法实施细则》
[5]　《文物藏品定级标准》

A16

备案号25942-2009

中华人民共和国文物保护行业标准

WW/T 0018-2008

馆藏文物出入库规范

Specification for in-out storeroom of museum objects

2009-02-16发布   2009-03-01实施

中华人民共和国国家文物局   发 布

前　言

本标准由中华人民共和国国家文物局提出。

本标准由全国文物保护标准化技术委员会（SAC/TC289）归口。

本标准起草单位：秦始皇兵马俑博物馆。

本标准主要起草人：朱学文、张颖岚、赵昆、马生涛、叶晔、张天柱。

本标准是首次发布。

馆藏文物出入库规范

1 范围

本标准规定了馆藏文物出入库的操作流程和所需的相关工作文档，不包括新增文物入库。

本标准适用于文物收藏单位的文物出入库操作、登记工作。

2 规范性引用文件

下列文件中的条款通过本标准的引用而成为本标准的条款。凡是注日期的引用文件，其随后所有的修改单（不包括勘误的内容）或修订版均不适用于本标准，然而，鼓励根据本标准达成协议的各方研究是否可使用这些文件的最新版本。凡是不注日期的引用文件，其最新版本适用于本标准。

WW/T 0017-2008　馆藏文物登录规范

WW/T 0019-2008　馆藏文物展览点交规范

3 术语和定义

WW/T 0017-2008中确立的以及下列术语和定义适用于本标准。

3.1

出入库　in-out storage

馆藏文物因展览、研究、保护和修复等原因从库房提取和退还的过程。

3.2

点交　condition check

文物交接双方对出入库文物的名称、编号、数量和保存状况等基本信息进行详细核对、交接、记录的过程。

3.3

提用人　handler

获得授权许可，负责办理文物借用手续的责任人。

3.4

文物管理员　conservator

负责馆藏文物保管的人员。

4 文物提用审批手续

根据文物提用目的和文物级别的不同，需获得相关机构的批准。

4.1 修复

一级文物的修复，应经省级文物行政部门审核后报国家文物行政部门批准。二、三级文物的修复，应报省级文物行政部门批准。

4.2 拍摄绘图

4.2.1　收藏部门为文物管理进行的拍摄绘图，应报收藏部门负责人批准。

4.2.2　本单位为制作出版物进行的拍摄绘图，应报单位法人或法人授权人批准。

4.2.3　外单位拍摄绘图，一级文物应经省级文物行政部门审核后报国家文物行政部门批准。二、三级文物应报省级文物行政部门批准。

4.3 馆外展出

借用一级文物，应经省级文物行政部门审核后报国家文物行政部门批准。借用二、三级文物，应报省级文物行政部门批准。

4.4 馆内陈列

应报单位法人或法人授权人批准。

5 馆藏文物出入库的操作流程

5.1 文物提用人根据提用目的、文物级别，办理文物提用报批手续，批准后，文物管理员入库提取文物。

5.2 文物管理员与提用人进行点交，由文物管理员填写《文物出入库凭证》出库栏目，双方确认后签字。点交参照 WW/T 0019－2008 执行。

5.3 文物出库。

5.4 文物归还时，文物管理员与提用人依据文物借出时的《文物出入库凭证》清点文物，填写《文物出入库凭证》的入库栏目，并签字、存档。

5.5 文物入库。

5.6 若在归还时，文物现状发生变化，文物管理员必须做出"文物现状发生变化报告"并同提用方共同签字，上报相关负责人，按相关处理意见实施并存档。

5.7 定期对文物出入库情况进行藏品数量变动和提用动态统计。

6 馆藏文物出入库相关文档

6.1 文物提用相关审批文件

6.2 文物出入库凭证

文物出入库时填写的凭证，记录文物出库和入库时的信息。其基本内容应包括：

a）提取原因；

b）总登记号；

c）文物名称；

d）年代；

e）质地；

f）数量；

g）尺寸、质量；

h）级别；

i）出库时文物现状、入库时文物现状；

j）文物管理员、提用人签名；

k）提取单位或部门；

l）归还人、文物管理员签名；

m）借出时间和归还时间；

n）相关负责人签名。

6.3 藏品数量变动统计表

藏品数量变动统计表是藏品管理用的辅助表格，方便随时统计库房内的藏品数量。藏品数量变动统计的基本信息项包括：

a）前期藏品总数；

b）本期增加数；

c）本期减少数；

d）本期藏品总数；

e）起止时间；

f) 制表人、审核人签名。

藏品数量变动统计表格参见附录 A 的表 A.1。

6.4 藏品提用动态统计表

藏品提用动态统计表是藏品管理用的辅助表格，方便记录库房内藏品数量的变动情况。藏品提用动态统计的基本信息项包括：

a) 馆内提用；

b) 馆外提用；

c) 其他；

d) 合计；

e) 起止时间；

f) 制表人、审核人签名。

藏品提用动态统计表格参见附录 B 的表 B.1。

7 文物出入库中的影像记录

在文物出入库的登记中，文物现状用文字不能尽述的部分，应采用影像记录，参照 WW/T 0017－2008 附录 B 执行。

附 录 A

（规范性附录）

藏品数量变动统计表（样表）

A.1 《藏品数量变动统计表》格式

表 A.1 藏品数量变动统计表

起止时间：　　　　　　　　　　　　　　　　　　　　　　制表时间：

项目＼类别	前期藏品总数	本期增加数						本期减少数				本期藏品总数	备注
		移交	调入	捐赠	交换	其他	小计	损毁	调出	其他	小计		

审核人：　　　　　　　　　　　　　　　　　　　　　制表人：

A.2 《藏品数量变动统计表》填写说明

A.2.1 类别

根据各收藏单位文物分类标准填写。

A.2.2 本期增加数

因移交、调入、捐赠、交换等原因新入库的藏品数量。

A.2.3 本期减少数

因损毁、调出等原因已出库且需注销的藏品数量。

附录 B
（资料性附录）
藏品提用动态统计表(样表)

B.1 《藏品提用动态统计表》格式

表 B.1 藏品提用动态统计表

起止时间：　　　　　　　　　　　　　　　　　　　　　制表时间：

用途 / 类别	馆内提用										馆外提用								合计	
	馆内陈列		拍摄绘图		科学研究		观摩鉴赏		保护修复		馆外展出		境外展出		保护修复		其他			
	次数	数量	次数	数量	次数	数量	次数	数量	次数	数量	次数	数量	次数	数量	次数	数量	次数	数量	次数	数量

审核人：　　　　　　　　　　　　　　　　　　　　　　制表人：

B.2 《藏品提用动态统计表》填写说明

B.2.1 馆外提用

包括在文物收藏单位以外举办的各类展览和需在文物收藏单位之外的其他机构进行的文物保护修复。

B.2.2 其他

上述内容之外的工作。

参考文献

[1]《馆藏品二维影像技术规范》
[2]《中华人民共和国文物保护法》
[3]《中华人民共和国文物保护法实施条例》

————————————

A16
备案号：25943-2009

中华人民共和国文物保护行业标准

WW/T 0019-2008

馆藏文物展览点交规范

Specification for condition checking in exhibition of museum objects

2009-02-16 发布　　　　　　　　　　　　　　　　2009-03-01 实施

中华人民共和国国家文物局　　发　布

前　言

本标准由中华人民共和国国家文物局提出。

本标准由全国文物保护标准化技术委员会（SAC/TC289）归口。

本标准起草单位：秦始皇兵马俑博物馆。

本标准主要起草人：朱学文、张颖岚、赵昆、马生涛、叶晔、张天柱。

本标准是首次发布。

馆藏文物展览点交规范

1 范围

本标准规定了馆藏文物展览点交的必要条件与要求、工作流程、操作规程以及相关文档的记录方法。

本标准适用于文物收藏单位的馆藏文物展览点交工作。模型、复制品、展具等相关展品的点交可参考本规范执行。

2 规范性引用文件

下列文件中的条款通过本标准的引用而成为本标准的条款。凡是注日期的引用文件，其随后所有的修改单（不包括勘误的内容）或修订版均不适用于本标准，然而，鼓励根据本标准达成协议的各方研究是否可使用这些文件的最新版本。凡是不注日期的引用文件，其最新版本适用于本标准。

WW/T 0017－2008　馆藏文物登录规范

WW/T 0018－2008　馆藏文物出入库规范

3 术语和定义

WW/T 0017－2008和WW/T 0018－2008中确立的以及下列术语和定义适用于本标准。

3.1

展览点交　condition check in exhibition

文物交接双方对参展文物名称、编号、数量和保存状况进行详细文字、影像记录，并认可的过程。

4 馆藏文物展览点交发生的必要条件

4.1 审批文件

馆藏文物的展览点交必须有批准文物参与展览的正式文件方可进行。该文件包括但不局限于上级文物行政部门的批准文件、展览承办单位与文物收藏单位之间的合同书和技术文件及保险合同等。

4.2 点交人员

点交人员必须拥有文物收藏单位或展览承办单位或与该展览相关的管理机构的授权。

4.3 点交环境

4.3.1 点交工作应在室内进行，环境必须安全、安静、整洁、明亮。

4.3.2 点交工作现场禁止吸烟，不能存放各类饮料和食物。

4.3.3 点交场所的环境应该适宜干文物的存放。

4.3.4 放置文物的工作台应平稳牢固，且台面需铺有软垫。

4.3.5 点交场所应采用无紫外线光源。

5 馆藏文物展览点交的流程

5.1 在文物收藏单位的点交流程

5.1.1 提用人向文物收藏单位出示相关的授权证明及提用文物详单。

5.1.2 文物收藏单位指派专人与提用人进行文物点交，并作出详细记录。

5.1.3 所有文物点交结束后，由点交经手人及提用人在点交记录上签字。

5.1.4 文物归还库房时，依据借出时的点交记录进行点交，若发现文物现状发生变化，必须及时向文物收藏单位以及相关管理机构报告。

5.1.5 点交记录由提用人、文物收藏单位、相关管理机构各持一份存档。

5.2 在文物收藏单位以外的点交流程

5.2.1 参加点交的各方代表必须向对方出示相关的授权证明。

5.2.2 文物点交时，应依据文物现状核对相关点交记录，并做出记录。

5.2.3 点交记录需由各方点交经手人签字认可。若发现文物现状发生变化，应及时向文物收藏单位以及相关管理机构报告。

5.2.4 点交记录由参与点交的各方各持一份。

6 馆藏文物展览点交的操作规程

6.1 点交人员应保持手部清洁与干燥，并根据需要佩戴手套和口罩。

6.2 点交时接触文物应轻拿轻放，双手捧持，禁止堆叠。不触及文物的脆弱处或断裂处。

6.3 点交人员在持拿文物时，应使文物位于工作台面范围内。先查视器物外观，确认文物结构安全后再移动文物，双手施力宜平均，保持器物重心的平稳与移动时的安全。

6.4 对于具有较大体量，或不便于持拿的文物，应利用必要的工具安全移动。

7 馆藏文物展览点交的工作文档

7.1 展览协议或协议复印件

7.2 相关审批文件

7.3 点交记录

馆藏文物展览点交的记录，必须包括文字记录和影像记录。其基本内容应包括：

a) 总登记号；

b) 文物名称；

c) 年代；

d) 质地；

e) 数量；

f) 级别；

g) 尺寸、质量；

h) 现状描述；

必须写明文物及附件的完整、损伤、残缺或污染等具体情况。除完整外，其他各种情况应根据已颁布的相关文物保护行业标准写出具体部位、程度与量化指标。

i) 照片；

　　1) 点交记录中的照片，必须是点交时现场拍摄的；

　　2) 照片拍摄的技术参数参照 WW/T 0017–2008 附录 B 执行；

　　3) 照片应尽可能包括文物的各个角度。文物各角度照片应包括全景和特写。

j) 各方签章；

参与点交的各方经手人以及法人或法人授权人签字，加盖公章。

k) 点交时间及地点。

参考文献

[1] 《博物馆藏品信息指标著录规范》
[2] 《馆藏品二维影像技术规范》

A16

备案号：25944-2009

中华人民共和国文物保护行业标准

WW/T 0020-2008

文物藏品档案规范

Specification of the archives for museum collections

2009-02-16 发布   2009-03-01 实施

中华人民共和国国家文物局　　发 布

前　言

本标准为文物保护行业推荐性标准。

本标准的附录 A、附录 B、附录 C、附录 D、附录 E 是规范性附录。

本标准由中华人民共和国国家文物局提出。

本标准由全国文物保护标准化技术委员会（SAC/TC289）归口。

本标准负责起草单位：中国文化遗产研究院。

本标准参与起草单位：河南博物院、天津博物馆、山西博物院。

本标准主要起草人：侯八五、王建平、郭灿江、王玮、邢淑琴、荣大为、侯石柱、田凯。

本标准是首次发布。

文物藏品档案规范

1 范围

本标准规定了文物藏品档案的归档范围、立卷和装帧要求等内容。

本标准适用于一级文物藏品建档工作。其他级别的文物藏品建档工作，可比照执行。

2 规范性引用文件

下列文件中的条款通过本标准的引用而成为本标准的条款。凡是注日期的引用文件，其随后所有的修改单（不包括勘误的内容）或修订版均不适用于本标准，然而，鼓励根据本标准达成协议的各方研究是否可使用这些文件的最新版本。凡是不注日期的引用文件，其最新版本适用于本标准。

GB/T 2260-2007　中华人民共和国行政区划代码

GB/T 2659-2000　世界各国和地区名称代码（eqv ISO 3166-1:1997）

GB/T 7156-2003　文献保密等级代码与标识

3 术语和定义

下列术语和定义适用于本标准。

3.1

文物藏品档案　archives for museum collections

在文物藏品征集、鉴定、入藏、编目、保管、保护、利用和研究等工作过程中形成的有关文物本体属性、文物管理工作和其他相关事项的历史记录，形式有文字、图表、照片、拓片、摹本、电子文件等。

4 归档范围

4.1 文物藏品档案材料的记录内容

4.1.1　文物藏品的本体属性信息。

4.1.2　文物藏品的管理工作信息。

4.1.3　文物藏品的研究利用信息。

4.1.4　文物藏品的保护修复信息。

4.2 属于归档范围的文件材料

4.2.1　《文物藏品登记表》

《文物藏品登记表》的格式及著录说明，见附录A。

4.2.2　《文物藏品动态跟踪记录汇总表》

《文物藏品动态跟踪记录汇总表》的格式及著录说明，见附录B。

4.2.3　照片

文物藏品档案应收录文物藏品的全貌和重要局部特征照片，藏品本体发生重大变化前后对比照片，修复前后对比照片；

文物藏品档案还宜收录文物藏品的重要纹饰、印记、款识、铭文等局部照片，残损部位照片，保护监测记录照片，与藏品有关的重大活动照片等。

4.2.4　拓片

文物藏品档案宜收录文物藏品的器形、铭文、图案等的拓片。

4.2.5　摹本

文物藏品档案宜收录文物藏品的文字、绘画、纹饰等的摹本。

4.2.6 绘图

文物藏品档案宜收录反映文物藏品整体形、貌或重要局部特征的平面图、立面图、剖面图或复原图等。

4.2.7 相关文件材料

相关文件材料的内容应包括在文物藏品征集、鉴定、入藏、编目、保管、保护、利用和研究等工作过程中形成的行政文件、法律文书和其他相关资料,如历史档案材料、保护修复报告、检查观测记录等。

4.2.8 相关文献资料

相关文献资料的内容应包括与文物藏品有关的具有保存价值的历史文献、专著、论文、研究报告、文摘、报道等文字资料和录像带、录音带、幻灯片、底片、电影胶片等影像资料。

4.2.9 电子文件

电子文件的内容应包括与文物藏品有关的各类数字化文字、图表、声像资料等,并以光盘为载体保存。

5 立卷和装帧

5.1 立卷

文物藏品档案应每件（套）立一个案卷。

5.2 装帧

5.2.1 文物藏品档案应采用左侧活页形式装订。

5.2.2 文物藏品档案应采用国际标准 A4 幅面。

档案材料大于 A4 幅面的应折叠成 A4 幅面,小于 A4 幅面的宜粘贴在 A4 幅面的纸上或装入文物藏品档案专用袋内收录。

照片、绘图、拓片、摹本和光盘等应粘贴在相应的《册页》上或装入文物藏品档案专用袋内收录。相关文件材料和相关文献资料也可粘贴在相应的《册页》上或装入文物藏品档案专用袋内收录。《册页》格式及著录说明见附录 C。

录像带、录音带、幻灯片、底片、光盘等不便装订的档案材料,宜装入文物藏品档案专用袋内收录。文物藏品档案专用袋规格见附录 D。

5.2.3 文物藏品档案应使用统一的卷盒、卷内目录和备考表,卷盒规格及著录说明见附录 D,卷内目录、备考表格式及著录说明见附录 E。

5.2.4 制作档案的书写材料及工具,应符合耐久性要求,不应使用热敏纸、复写纸、铅笔、圆珠笔、红墨水、纯蓝墨水等。

装订材料不宜有金属物。

5.3 卷内文件材料的排列顺序

5.3.1 卷内资料应按类别排序,其顺序为:案卷封面(卷皮)、卷内目录(排列在文件材料之前,不编号)、文件材料、备考表(排列在文件材料之后,不编号)。

5.3.2 卷内的文件材料应按类别排序,其顺序为:《文物藏品登记表》、照片、拓片、摹本、绘图、相关文件材料、相关文献资料、电子文件、《文物藏品动态跟踪记录汇总表》。

5.3.3 同一类别的文件材料应按形成时间先后排序,形成时间早的在前,晚的在后。

5.3.4 同一文件中图、文分别装订的,应文字部分在前,图样部分在后。

5.3.5 同一文件,应原件在前、复印件在后,原文在前、释文在后。

5.3.6 续补档案材料应按归档时间先后顺序排列。

5.4 文件材料的归档要求

5.4.1　归档文件材料：破损的应予以修整，字迹模糊或易褪变的应予以复制。藏品保护监测报告、修复方案等成册的文本，应全文归档不拆分；

5.4.2　照片：应使用相纸（感光）扩印，规格应不小于15.24cm × 11.43cm，即6英寸；

5.4.3　拓片：应使用宣纸捶拓；

5.4.4　摹本：宜使用宣纸临摹；

5.4.5　绘图：不应使用硫酸纸；

5.4.6　相关文件材料和相关文献资料：应收录原件或副本；

5.4.7　电子文件：

——应采用通用格式存储于不可擦除型光盘；

——存储电子文件的光盘应一式两套；

——磁带、幻灯片、电影胶片等其他载体的档案材料，应转换成电子文件，以光盘为载体保存；

——光盘内应编制文件目录。

附录 A

（规范性附录）

《文物藏品登记表》格式及著录说明

A.1 《文物藏品登记表》格式

《文物藏品登记表》见表 A.1。

表A.1 文物藏品登记表

文物藏品登记表

名称			
曾用名			
总登记号		入藏日期	
入馆登记号		入馆日期	
分类账号		入藏库房	
类别		级别	
年代类型		年代	
年代研究信息			
地域类型		地域	
人文类型		人文	
人物传略			
质地		功能类别	
尺寸			

传统数量		实际数量		容积		质量	

第　页

表 A.1 文物藏品登记表（续）

形态特征	
工艺技法	

完残程度		独特标记	

完残状况	

颜色		光泽	

文字种类		字体		字迹颜色	

题识情况	
附属物情况	

第　　页

表 A.1 文物藏品登记表（续）

来源方式			来源号	
来源单位或个人				
搜集经过				
流传经历				
出土情况				
鉴定情况				

第　页

表 A.1 文物藏品登记表（续）

当前状况	
保存条件	
损坏原因	
保护优先等级	拟采取的保护措施
历次保护记录	
主要利用情况记录	

第　页

表 A.1　文物藏品登记表（续）

	文献题名	责任者	出处
文献及研究论著目录			

	题名	责任者	类型	规格	数量	日期
其他声像资料目录						

备注	

填表日期：_____年_____月_____日　　　填表人：　　　负责人：

第　　页

表 A.1　文物藏品登记表（续）

附 页	

第　页

A.2 《文物藏品登记表》著录说明

A.2.1 名称

一级文物藏品按照在国家文物局备案的名称填写,其他级别的文物藏品按照收藏单位总登记账上的名称填写。

A.2.2 曾用名

藏品的其他名称。

A.2.3 总登记号

在现收藏单位总登记账上的登记号。

A.2.4 入藏日期

现收藏单位登记入库的日期,即总登记账上登记的日期。日期表达方式见示例。

示例:

2004 年 1 月 5 日

A.2.5 入馆登记号

在现收藏单位入馆凭证上的登记号。

A.2.6 入馆日期

现收藏单位接收入馆的日期,即入馆凭证上记载的日期。日期表达方式同 A.2.4 示例。

A.2.7 分类账号

现收藏单位的藏品分类账上的编号。

A.2.8 入藏库房

填写藏品现在库房名称。

A.2.9 类别

按收藏单位现行分类办法确定的类别。

A.2.10 级别

藏品的等级包括:一级文物、二级文物、三级文物、一般文物、未定级文物。

A.2.11 年代类型

表明时间概念和藏品之间的关系,可以区分为:制造年代、使用年代、形成年代、生存年代。兼有两种及两种以上年代类型者填写一种主要年代类型。

A.2.12 年代

藏品蕴含的年代信息,应用以下方式表示:地质纪年、中国考古学年代、历史纪年(历史年表)、公元纪年和少数民族政权纪年等。

历史纪年应先填写朝代,同时在括弧内注明公元纪年。

少数民族政权纪年应先填写中央政权年号,然后在括弧内填写少数民族政权年号,同时注明公元纪年。

近现代文物和外国文物年代可直接填写公元纪年。

起止年代之间用"～"表示。

示例 1（地质纪年）:

晚更新世

示例 2（中国考古学年代）:

旧石器时代

示例 3（历史纪年）:

西汉元狩元年（－122）

示例 4（历史纪年）:

清乾隆（1736～1795）

示例5（公元纪年）：

1919年

示例6（公元纪年）：

公元16～17世纪

示例7（少数民族政权纪年）：

元（大理国仁寿三年，1238）

A.2.13　年代研究信息

对藏品年代研究情况和用自然科学手段测试获得的年代资料。

A.2.14　地域类型

表明地域概念与藏品之间的关系，可分为：出土地、生产地、采集地、使用地等。多种地域类型者填写一种主要类型。

A.2.15　地域

藏品蕴含的地域信息，可用以下方式表示：历史地名、现行政区划名称以及世界各国和地区名称等。历史地名可在括号内加注现行政区划名称。现行政区划名称、世界各国和地区名称，分别参照GB/T 2260-2007和GB/T 2659-2000中的汉字名称填写。

示例1：

北平（北京市）

示例2：

陕甘宁边区

示例3：

西藏自治区昌都县

示例4：

德国

A.2.16　人文类型

表明藏品的人文信息与藏品的关系，可分为：制作者、仿制者、使用者、属有者四种类型。兼有两种及两种以上人文类型者填写一种主要类型。

A.2.17　人文

藏品蕴含的体现文物价值的人文信息，可用以下方式表示：考古学文化、历史人物或机构名称、宗教、民族等。如五世班禅金印，与五世班禅有关，可填写"藏传佛教"。

示例1：

大汶口文化

示例2：

太平天国

示例3：

天津市军事管制委员会

示例4：

儒学文化

示例5：

白求恩

示例6：

佛教

A.2.18　人物传略

人文项中涉及人物的传略，包括：姓名（字、号、别名、室名）、国别、籍贯、性别、生卒年、主要经历、事迹或专长、代表性作品等。

A.2.19　质地

指构成藏品自身的物质成分，如石、玉、陶、瓷…；铜、铁、金、银…；木、竹、棉、麻、漆、纸…；骨、毛、皮、丝等。如藏品系多种材质复合而成，应填写全部材质或主要材质。

A.2.20　功能类别

根据藏品的功能与用途划分，如生产工具、生活用具、艺术品、丧葬用品、宗教礼仪用品、武器、其他用品。

A.2.21　尺寸

内容包括：测量部位及测量部位数值。尺寸单位为cm。

示例1：

纵 30cm、横 20.7cm

示例2：

通高 22cm、口径 6.7cm、腹径 11cm、底径 7cm

示例3：

直径 12cm

A.2.22　传统数量

具有统计意义，在功能与内容上相关联的独立个体集合，或独立个体本身的数量。一般以"件"或"套"表示，也可以用习惯量词表示。

示例（马靴）：

1 双

A.2.23　实际数量

可相对独立存在的个体或不可拆分的最小个体数量。一般以"件"表示，也可以用习惯量词表示。散碎品分装于同一容器或同一包装的，可按一件计算。

示例1（贝叶经）：

32 叶

示例2（粮食）：

1 盘

示例3（药材）：

1 包

示例4(酒)：

1 壶

A.2.24　容积

容积单位为 ml。

A.2.25　质量

质量单位为 g。

A.2.26　形态特征

根据如下要求对藏品进行描述：

1）遵循先上后下，先左后右，先内后外的顺序，比较复杂的图案，表达时要层次分明，主体突出。

2）力求客观、准确、简明、规范。

3）尽量使用文物、考古术语。

4）揭示藏品内涵，表示其历史、科学、艺术价值。

A.2.27　工艺技法

包括：成型工艺、绘画技法、装饰生成工艺、文字生成工艺等。

成型工艺如，打制、轮制、编结、装裱等。

装饰生成工艺如，透雕、线雕、描彩等。

文字生成工艺如，铸造、镌刻、手书、印刷等。

绘画技法如，墨笔、设色等。

流派如，扬州画派、苏绣等。

A.2.28　完残程度

完残程度依次为：完整、基本完整、残缺、严重残缺（包括缺失部件）四种。

示例：

完整

A.2.29　独特标记

藏品最具识别意义的特征，包括铭文、纹饰、残损特征等。

示例1：

"卣"内底部阴刻"祖辛"二字铭文

示例2：

画芯左上角有一块约2cm²大小的印迹。

A.2.30　完残状况

藏品的完整、残损、缺失状况。注明残损部位、程度或缺失情况。

示例1：

器形完整，无损伤。

示例2：

口部有轻微磕伤。

示例3：

全套7件，缺失3件。

A.2.31　颜色

藏品颜色简单描述，其中包括单色和多色。

示例1：

祭蓝。

示例2：

黑、红两种颜色。

A.2.32　光泽

藏品表面的光泽。如：光洁润泽、无光泽等。

A.2.33　文字种类

藏品文字的语种类别。如：汉文、满文、契丹文、梵文、阿拉伯文等。

A.2.34　字体

藏品文字的字体，如：篆书、隶书、楷书、行书、草书等。

A.2.35　字迹颜色

藏品文字的字迹颜色，如：蓝色、黑色、红色等。

A.2.36　题识情况

包括：铭文、款识、题跋、题名、印鉴的释文或译文并注明题识位置、作者姓名、字数等相关信息。

A.2.37　附属物情况

与藏品相关并一同收藏、保管的其他物品的名称、年代、数量、质地、形态和完残情况等。

示例1（清代时罗布林卡为其所收藏的"明宣德青花藏文高足碗"配置的碗套）：

碗套，清，1件，皮，通高23cm，完整，西藏本地制造

示例2（现收藏单位为其所收藏的"清中期白玉双系荷包形鼻烟壶"配置的红木座）：

红木座，现代，1件，木，高2.3cm，直径3.2cm，完整

A.2.38　来源方式

现收藏单位获得藏品的方式，包括：旧藏、拨交、移交、交换、拣选、捐赠、收购、征集、采集、发掘、制作、其他等。

A.2.39　来源号

藏品被现收藏单位接收以前，原文物持有方给予藏品的编号，或其他编号，如：天津自然博物馆接收原北疆博物院所藏标本上的北疆博物院编号，即是天津自然博物馆藏品的原编号。

A.2.40　来源单位或个人

现收藏单位获得藏品的来源单位名称或个人姓名。

搜集方式为"旧藏"的，来源单位是指原收藏单位。如：天津市历史博物馆接收原河北第一博物院的藏品，"河北第一博物院"即为藏品的来源单位。

搜集方式为"拨交"的，是指经主管部门批准调拨或主管部门指定其他单位拨交，来源单位是指原拨交单位；

搜集方式为"移交"的，来源单位是指原移交部门。

搜集方式为"交换"的，是指收藏单位之间的藏品交换，来源单位是指与本馆交换藏品的单位。

搜集方式为"拣选"的，是指银行、冶炼厂、造纸厂以及废旧物资回收单位将拣选的文物、标本移交给主管部门指定的博物馆，来源单位是指原移交单位。

搜集方式为"捐赠"的，来源单位或来源人是指原捐赠单位或捐赠人。

搜集方式为"收购"的，来源单位或来源人是指原出售的单位或个人。

搜集方式为"征集"的，来源单位或来源人是指提供文物、标本的单位或个人。

搜集方式为"采集"的，来源单位或来源人是指采集文物、标本的单位或个人。

搜集方式为"发掘"的，来源单位或来源人是指发掘文物、标本的单位或个人。

A.2.41　搜集经过

现收藏单位获得藏品的过程。包括搜集时间、来源对象、经手人、经费情况等。

A.2.42　流传经历

在现收藏单位收藏以前的流传过程。

A.2.43　出土情况

藏品的出土时间、地点、单位，发掘单位或发掘者及出土原因等。

A.2.44　鉴定情况

注明鉴定日期、鉴定机构、鉴定人员情况和鉴定结论。

A.2.45　当前状况

藏品本体现状记录，包括本次与前次记录相比较的完残状况、变化情况等。

A.2.46　保存条件

藏品存放地条件。包括库内环境与库外环境、空气温度与相对湿度、采光照明、技防监控情况等。

示例：

1号库（纸质文物库）温度30℃，湿度70%（据2000年7月28日《库房日志》）

A.2.47　损坏原因

包括：藏品的自然、人为损坏情况的描述，如：白蚁、竹蠹、霉菌、腐蚀、管理不当、意外事故等。

A.2.48　保护优先等级

指抢救保护文物的急缓程度，分为：急需保护修复、需要保护修复、日常维护三种。

示例：

急需保护修复

A.2.49　拟采取的保护措施

拟对藏品采取的主要保护方法。

示例1：

脱水处理

示例2：

除锈

A.2.50　历次保护记录

记载历次保护情况。包括保护技术方案、保护工作开始与结束日期、保护处理前藏品状况、保护处理中藏品状况、保护处理后藏品状况、审批单位、审批人、保护技术工作承担单位、保护技术主要工作人员、验收人、经费情况等。

A.2.51　主要利用情况记录

内容包括：藏品展示、出版、复仿制等使用情况，应反映名称、时间、地点、责任单位、数量以及经济效益和社会反响等情况。

A.2.52　文献及研究论著目录

A.2.52.1　文献题名

文献的标题名称。

A.2.52.2　责任者

作者、编者、译者等。

A.2.52.3　出处

专著应填写出版单位、出版年份、版次；

古籍应填写版本等；

发表在论文集或其他文献汇编的，填写论文集名或汇编的书名、出版单位、出版年份、版次或版本和起止页码；

发表在刊物上的，填写刊物名称、出版年份、期号和起止页码。

发表在报纸上的，填写报纸名称、出版日期和版面号。

示例1：

文物出版社，1985年，第1版

示例2：

清康熙四十一年（1702）刻木

示例3：

《中国博物馆陈列精品图解》，文物出版社，2005年，第1版，第25～33页。

示例4：

《香奁丛书》，清·康熙四十一年（1702）刻本

示例5：

《文物》，2004年，第5期，第15～18页

示例6：

《中国文物报》，2005年8月24日，第3版

A.2.53　其他声像资料目录

A.2.53.1　题名

声像资料的名称。

A.2.53.2　责任者

制作声像资料的责任单位名称或责任人姓名。

A.2.53.3　类型

声像资料的类别，如：电影胶片、磁带、磁盘、光盘等。

A.2.53.4　规格

声像资料载体的长度、时间和尺寸等。

示例1（电影胶片）：

16毫米

示例2（录音磁带）：

90分钟／盒

示例3（光盘）：

120mm/CD－ROM

A.2.53.5　数量

声像资料内容的长度、时间、容量等。

示例1（电影胶片）：

120米

示例2（录音磁带）：

65分钟

示例3（光盘）：

530MB

A.2.53.6　日期

声像资料的制作日期，日期表达方式同A.2.4示例。

A.2.54　备注

其他需要说明的内容。

A.2.55　填表日期：

填表的具体日期，日期表达方式同A.2.4示例。

A.2.56　填表人：

填表责任人签名。

A.2.57　负责人：

填表部门的负责人签名。

A.2.58　附页

表内各栏填写不下，而又不能省略的内容，在附页中续填，文字前加（上续"××"栏）字样。文字过长者，可以另加附页。

示例：

（上续"题识情况"栏）

附录　B

（规范性附录）

《文物藏品动态跟踪记录汇总表》格式及著录说明

B.1　《文物藏品动态跟踪记录汇总表》格式

《文物藏品动态跟踪记录汇总表》见表 B.1。

表 B.1 文物藏品动态跟踪记录汇总表

文物藏品动态跟踪记录汇总表

_____年至_____年

藏品名称		总登记号	
提取 退还 记录			
观察 监测 记录			
保护 修复 记录			
鉴定 变更 记录			
研究 利用 情况			
事故 情况 记录			
藏品 注销 记录			
备注			

填表日期：_____年_____月_____日　　　　填表人：　　　　负责人：

第　　页

表 B.1　文物藏品动态跟踪记录汇总表（续）

附 页	

第　页

B.2 《文物藏品动态跟踪记录汇总表》著录说明

B.2.1 文物藏品动态跟踪记录汇总表

文物藏品动态跟踪记录汇总表的题名。

B.2.2 年至 年

文物藏品动态跟踪记录汇总的起止年份。

B.2.3 藏品名称

同 A.2.1。

B.2.4 总登记号

同 A.2.3。

B.2.5 提取退还记录

藏品出入库的情况记录。包括：出库和归库时间、出库原因、经办部门、经办人、批准部门和负责人等情况记录。

B.2.6 观察监测记录

对藏品进行观察监测的情况记录。包括：观察监测时间、实施监测机构名称、主要技术人员、监测技术方法和结论等。

B.2.7 保护修复记录

对藏品进行保护修复的情况记录。包括：保护修复时间、实施单位或部门名称、主要技术人员、技术路线、使用材料和结果等。

B.2.8 鉴定变更记录

对藏品进行鉴定的情况记录。包括鉴定时间、机构或组织名称、鉴定人员情况、鉴定意见或结论。

B.2.9 研究利用情况

新的研究成果和藏品利用情况记录。研究成果包括：发表时间、题名、责任者、出版单位；利用情况记录包括：时间、用途、利用单位名称、批准部门和需记录的其他情况。

B.2.10 事故情况记录

藏品发生事故的情况记录，包括：时间、地点、原因、事故责任人、藏品损坏情况和处理结果等。

B.2.11 藏品注销记录

藏品注销的情况记录。内容包括：注销时间、批准部门、注销原因及注销后去向。

B.2.12 备注

同 A.2.54。

B.2.13 填表日期

填表的具体日期。日期表达方式同 A.2.4 示例。

B.2.14 填表人

同 A.2.56。

B.2.15 负责人

同 A.2.57。

B.2.16 附页

同 A.2.58。

附录 C
（规范性附录）
册页格式及著录说明

C.1 册页格式

C.1.1 《照片册页》格式
《照片册页》见表 C.1。

C.1.2 《拓片册页》格式
《拓片册页》见表 C.2。

C.1.3 《摹本册页》格式
《摹本册页》见表 C.3。

C.1.4 《绘图册页》格式
《绘图册页》见表 C.4。

C.1.5 《相关文件材料、相关文献资料册页》格式
《相关文件材料、相关文献资料册页》见表 C.5。

C.1.6 《电子文件（光盘）册页》格式
《电子文件（光盘）册页》见表 C.6。

表C.1　照片册页

文物藏品档案专用纸

照片册页

题名			
数码照片编号 /底片号		参见号	
摄影者		摄影日期	
说明			

第　页

表C.2　拓片册页

文物藏品档案专用纸

拓片册页

题名		拓片号	
张数		捶拓人		捶拓日期	
录文	

第　　页

表C.3 摹本册页

文物藏品档案专用纸

摹本册页

题名				临摹者	
规格		编号		临摹日期	

第 页

表C.4 绘图册页

文物藏品档案专用纸

绘图册页

题名					编号	
绘图者			比例		绘图日期	

第　页

表C.5　相关文件材料、相关文献资料册页

文物藏品档案专用纸

相关文件材料、相关文献资料册页

题名			
责任者		出处	

第　　页

表C.6　电子文件（光盘）册页

文物藏品档案专用纸

电子文件（光盘）册页

题名				
光盘号		密级		日期
软件环境		套别		备注

第　页

C.2 著录说明

C.2.1 照片册页著录说明

C.2.1.1 题名

依据照片内容确定的名称。

示例：

白釉围棋盘全貌照片

C.2.1.2 数码照片编号／底片号

数码照片或光学照片底片的存档编号。

C.2.1.3 参见号

有助于查明本照片来源的其他编号。

C.2.1.4 摄影者

拍摄者姓名。

C.2.1.5 拍摄日期

拍摄照片的时间。日期表达方式同 A.2.4 示例。

C.2.1.6 说明

照片内容的简要说明。

C.2.2 拓片册页著录说明

C.2.2.1 题名

依据拓片内容确定的名称。

C.2.2.2 拓片号

拓片的原编号。

C.2.2.3 张数

每一个专用袋内装有拓片的张数。用阿拉伯数字表示，数量单位：张。

C.2.2.4 锤拓人

拓片锤拓人的姓名。

C.2.2.5 锤拓日期

拓片制作完成的时间。日期表达方式同 A.2.4 示例。

C.2.2.6 录文

抄录拓片的文字内容。

C.2.3 摹本册页著录说明

C.2.3.1 题名

摹本的名称。

C.2.3.2 临摹者

临摹者姓名。

C.2.3.3 规格

摹本纵、横长度的尺寸，尺寸单位为cm。

C.2.3.4 编号

摹本的原编号。

C.2.3.5 临摹日期

摹本临摹完成的时间。日期表达方式同 A.2.4 示例。

C.2.4 绘图册页著录说明

C.2.4.1 题名

依据绘图内容确定的名称。

示例：

三彩听琴图枕枕面纹饰展示图

C.2.4.2　编号

绘图的原编号。

C.2.4.3　绘图者

绘图者姓名。

C.2.4.4　比例

绘图的比例，采用数字表达方式。

示例：

1∶2

C.2.4.5　绘图日期

绘图绘制完成的时间。日期表达方式同 A.2.4 示例。

C.2.5　相关文件材料、相关文献资料册页著录说明

C.2.5.1　题名

文件材料的标题名称。

C.2.5.2　责任者

作者、编者、译者。

C.2.5.3　出处

专著应填写出版单位、出版年份、版次。

C.2.6　电子文件（光盘）册页著录说明

C.2.6.1　题名

根据光盘内容确定的名称。

C.2.6.2　光盘号

光盘的原编号。

C.2.6.3　密级

依据保密规定填写卷内文件材料的最高密级：公开、限制、秘密、机密、绝密。密级按照《文献保密等级代码与标识》（GB/T 7156-2003）中的汉字代码填写。

对已升、降、解密的文件，应填写新的密级。公开和限制级可不填写。

示例：

秘密

C.2.6.4　日期

光盘刻录完成的时间。日期表达方式同 A.2.4 示例。

C.2.6.5　软件环境

操作系统、数据库系统、文字处理工具、浏览工具、压缩或解密等相关软件的型号、版本等。

C.2.6.6　套别

归档的光盘为两套，一套供封存保管，另一套供查阅利用。光盘套别指：封存、查阅。

示例：

封存

C.2.6.7　备注

同 A.2.54。

附录　D

（规范性附录）

文物藏品档案卷盒、专用袋、卷皮尺寸规格及著录说明

D.1　尺寸规格

D.1.1　卷盒尺寸规格

卷盒尺寸规格见图 D.1－D.3。

卷盒分硬、软两种。

硬盒外表面幅面为：225mm × 310mm，厚度分别为：25mm、40mm 两种。

软盒幅面为：220mm × 305mm，厚度分别为：20mm、40mm 和无墙三种。

D.1.2　专用袋尺寸规格

专用袋尺寸规格见图 D.4。

专用袋幅面规格为：210mm × 297mm（A4）。

专用袋采用 160 g/m^2 纸张制作，推荐使用无酸牛皮纸。

D.1.3　卷皮尺寸规格

卷皮尺寸规格见图 D.5。

卷皮幅面规格为：210mm × 297mm（A4）。

卷皮采用 250 g/m^2 纸张制作，推荐使用无酸纸。

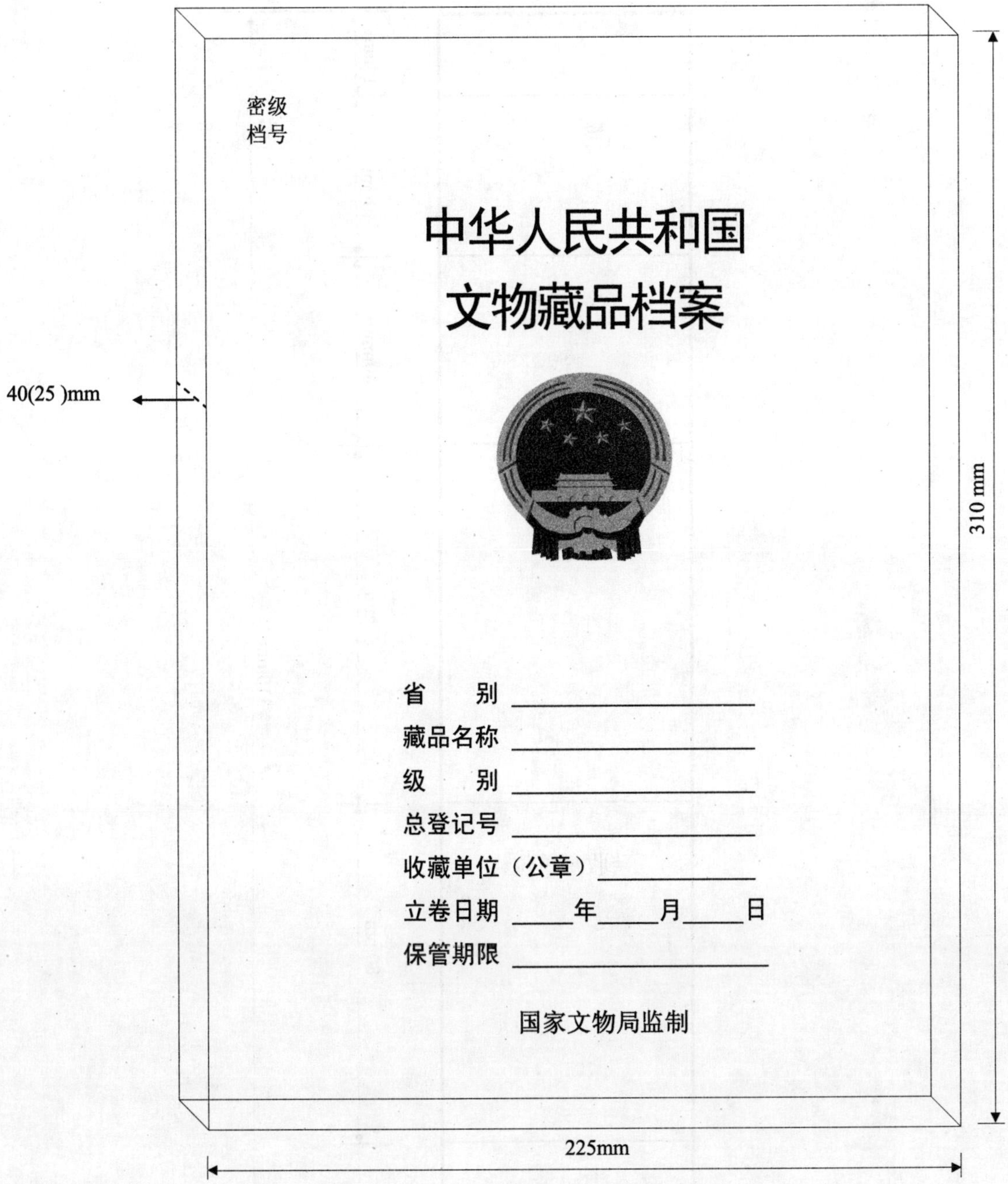

密级
档号

40(25)mm ←

中华人民共和国
文物藏品档案

310 mm

省　别 ＿＿＿＿＿＿＿＿＿

藏品名称 ＿＿＿＿＿＿＿＿＿

级　别 ＿＿＿＿＿＿＿＿＿

总登记号 ＿＿＿＿＿＿＿＿＿

收藏单位（公章）＿＿＿＿＿＿

立卷日期 ＿＿＿年＿＿月＿＿日

保管期限 ＿＿＿＿＿＿＿＿＿

国家文物局监制

225mm

盒高：310mm
盒宽：225mm
脊厚：40mm、25mm 两种

图 D.1　卷盒（硬）尺寸规格

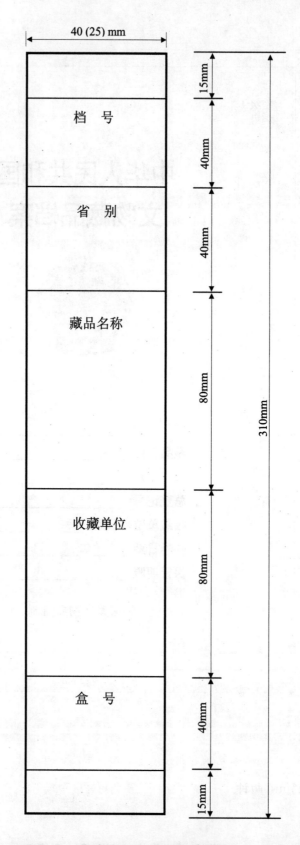

图 D.2 卷盒（硬）盒脊尺寸规格

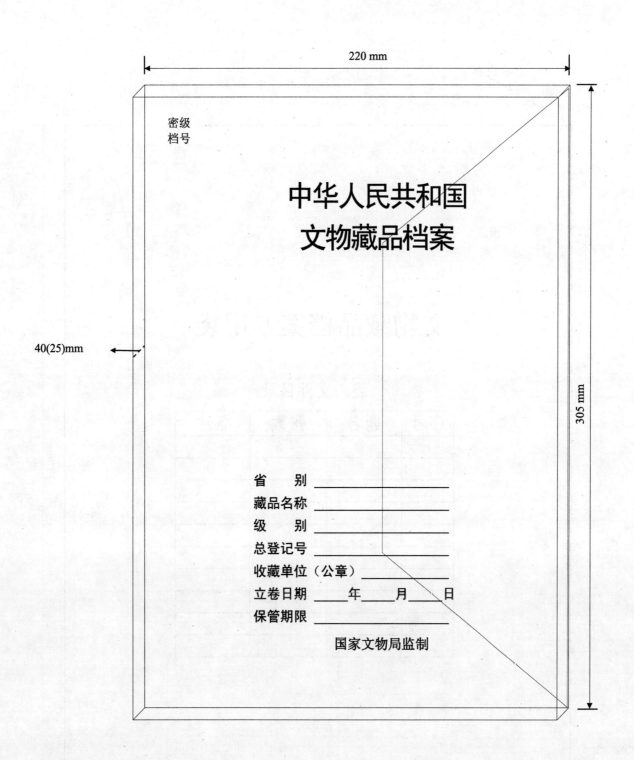

软盒高：305mm

软盒宽：220mm

厚度（墙厚）：40mm、25mm、无墙三种

图 D.3　卷盒（软）尺寸规格

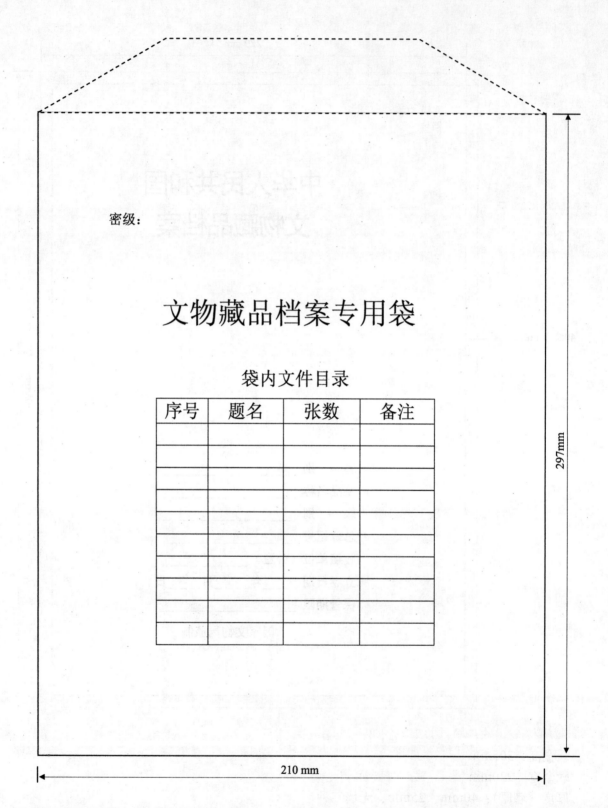

密级：

文物藏品档案专用袋

袋内文件目录

序号	题名	张数	备注

297mm

210 mm

专用袋幅面尺寸为：210 × 297（A4）

图D.4　专用袋尺寸规格

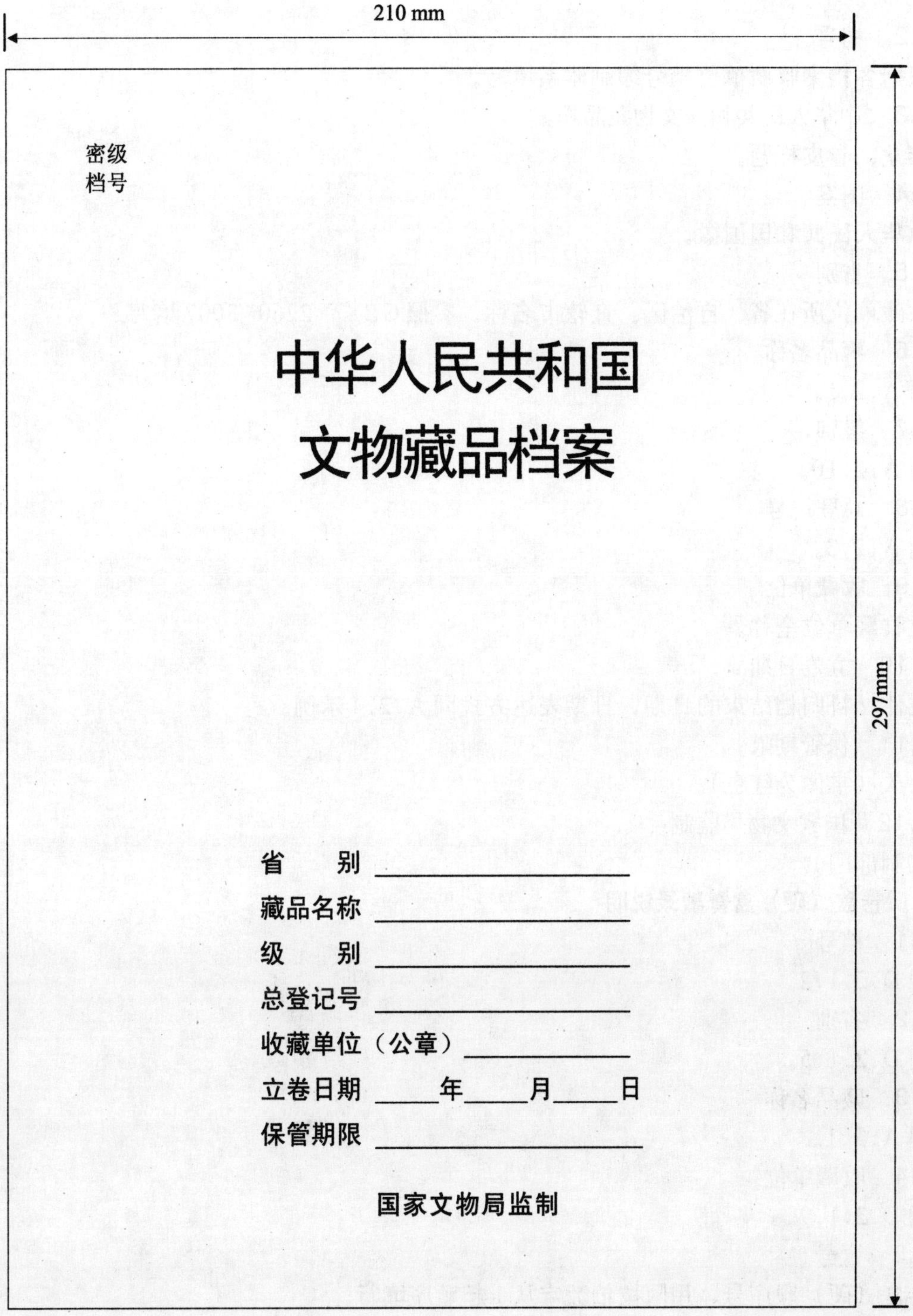

密级
档号

中华人民共和国
文物藏品档案

省　　别 _____

藏品名称 _____

级　　别 _____

总登记号 _____

收藏单位（公章）_____

立卷日期 ____年____月____日

保管期限 _____

国家文物局监制

卷皮幅面尺寸为：210 × 297mm（A4）

图 D.5 卷皮幅面尺寸规格

D.2 著录说明

D.2.1 卷盒（硬、软）及卷皮著录说明

D.2.1.1 密级

同 C.2.6.3。

D.2.1.2 档号

根据各档案收藏单位档号编制体系填写。

D.2.1.3 中华人民共和国文物藏品档案

卷盒、卷皮标题。

D.2.1.4 图案

中华人民共和国国徽。

D.2.1.5 省别

收藏单位所在省、自治区、直辖市名称。参照 GB/T 2260－2007 填写。

D.2.1.6 藏品名称

同 A.2.1。

D.2.1.7 级别

同 A.2.10。

D.2.1.8 总登记号

同 A.2.3。

D.2.1.9 收藏单位

现收藏单位全称。

D.2.1.10 立卷日期

文件材料归档结束的日期，日期表达方式同 A.2.4 示例。

D.2.1.11 保管期限

永久（字体为红色）。

D.2.1.12 国家文物局监制

监制部门。

D.2.2 卷盒（硬）盒脊著录说明

D.2.2.1 档号

同 D.2.1.2。

D.2.2.2 省别

同 D.2.1.5。

D.2.2.3 藏品名称

同 A.2.1。

D.2.2.4 收藏单位

同 D.2.1.9。

D.2.2.5 盒号

卷盒（硬）顺序号，用阿拉伯数字从 1 起顺序填写。

D.2.3 专用袋封面著录说明

D.2.3.1 密级

同 C.2.6.3。

D.2.3.2 文物藏品档案专用袋

专用袋名称。

D.2.3.3　袋内文件目录

D.2.3.3.1　序号

袋内文件的顺序号。用阿拉伯数字从 1 起依次填写，不设虚位。

D.2.3.3.2　题名

袋内文件材料的标题名称。

D.2.3.3.3　张数

袋内每件文件材料的实际张数（光盘为盘数）。

D.2.3.3.4　备注

同 A.2.54。

附录　E
（规范性附录）
文物藏品档案卷内目录、备考表格式及著录说明

E.1　格式

E.1.1　《卷内目录》格式
《卷内目录》见表 E.1。

E.1.2　《备考表》格式
《备考表》见表 E.2。

表E.1　卷内目录

卷内目录

序号	题　名	责任者	日期	页号	张数	备注

表E.2　备考表

备考表

说明：

立卷人

年　月　日

检查人

年　月　日

历次使用情况记录：

E.2 著录说明

E.2.1 卷内目录著录说明

E.2.1.1 序号

文件材料的顺序号，用阿拉伯数字从1起依次填写，不设虚位。

E.2.1.2 题名

文件材料的标题名称。

E.2.1.3 责任者

文件材料形成部门名称或责任者姓名。

E.2.1.4 日期

文件材料的形成日期，用阿拉伯数字表示。日期表达方式同A.2.4示例。

E.2.1.5 页号

文件材料在本册内的起止页号，之间用"～"连接。

E.2.1.6 张数

每件文件材料的实际张数。

E.2.1.7 备注

同A.2.54。

E.2.2 备考表著录说明

E.2.2.1 说明

文件材料件数及照片、绘图、拓片、摹本、光盘等特殊载体的数量和其他需要说明的情况。

示例：

收录档案材料共计13件，其中，照片7张，绘图2张，拓片3张，摹本1张，光盘1张。

E.2.2.2 立卷人

责任立卷人签名。

E.2.2.3 年、月、日

归档日期。日期表达方式同A.2.4示例。

E.2.2.4 检查人

案卷质量检查人签名。

E.2.2.5 年、月、日

检查日期。日期表达方式同A.2.4示例。

E.2.2.6 历次使用情况记录

记录归档文件材料的使用情况，包括：使用日期、用途、经办人、档案管理人员签名和日期。

示例：

2005年9月30日，为出版《精品图录》提供本册收录的王尚恭墓志拓片（本册序号3）。

李 欲

2006年4月12日

参考文献

[1] GB/T 148－1997 印刷、书写和绘画纸幅尺寸（ISO 216:1975,NEQ）

[2] GB/T 3304－1991 中国各民族名称的罗马字母拼写法和代码

[3] GB/T 9705－88 文书档案案卷格式

[4] GB/T 11821－2002 照片档案管理规范

[5] GB/T 11822－2000 科学技术档案案卷构成的一般要求

[6] GB/T 17678.1－1999 CAD电子文件光盘存储、归档与档案管理要求第一部分电子文件归档与档案管理

[7] GB/T 18894－2002 电子文件归档与管理规范

[8] WW/T 0001－2007 古代壁画病害与图示

[9] WW/T 0002－2007 石质文物病害分类与图示

[10] WW/T 0003－2007 馆藏出土竹木漆器类文物病害分类与图示

[11] WW/T 0004－2007 馆藏青铜器病害与图示

[12] WW/T 0005－2007 馆藏铁质文物病害与图示

[13] WW/T 0010－2008 馆藏金属文物保护修复档案记录规范

[14] WW/T 0011－2008 馆藏出土竹木漆器类文物保护修复档案记录规范

[15] WW/T 0012－2008 石质文物保护修复档案记录规范

[16] WW/T 0017－2008 馆藏文物登录规范

[17] WW/T 0018－2008 馆藏文物出入库规范

[18] WW/T 0019－2008 馆藏文物展览点交规范

[19] DA/T 1－2000 档案工作基本术语

[20] DA/T 13－94 档号编制规则

[21] 《交通档案管理办法》（交通部、国家档案局，交办发（1992）89号）

[22] 《公安档案管理规定》（公安部、国家档案局，公发（2000）13号）

[23] 《艺术档案管理办法》（文化部、国家档案局，2002年2月1日）

[24] 《重要科技档案进馆办法》（机电部，（1991）2007号）

[25] 《博物馆藏品管理办法》（文化部文物局 1985）

[26] 《藏品档案填写说明》（国家文物局 1991）

[27] 《博物馆藏品信息指标体系规范（试行）》（国家文物局 文物博发[2001]81号）

A16
备案号：29555-2010

中华人民共和国文物保护行业标准

WW/T 0021—2010

陶质彩绘文物病害与图示

Diseases and legends of polychrome potteries

2010-07-01发布　　　　　　　　　　2010-09-01实施

中华人民共和国国家文物局　　发　布

前　言

本标准按照GB/T 1.1—2009给出的规则起草。

本标准由中华人民共和国国家文物局提出。

本标准由全国文物保护标准化技术委员会（SAC/TC 289）归口。

本标准起草单位：秦始皇兵马俑博物馆。

本标准主要起草人：赵昆、张尚欣、容波、周铁、夏寅、刘江卫、王亮、兰德省、严苏梅、马生涛。

陶质彩绘文物病害与图示

1 范围

本标准规定了陶质彩绘文物病害的相关术语、定义和图示符号。

本标准适用于陶质彩绘文物病害调查、病害评估、保护修复方案编写、保护修复档案记录及陶质彩绘文物保护工作中病害的描述和图示。

2 术语和定义

下列术语和定义适用于本标准。

2.1

陶质彩绘文物 polychrome potteries

以陶为基体，表面利用胶结材料调和颜料涂绘的文物。

2.2

陶胎 pottery substrate

彩绘层附着的陶质基体。

2.3

彩绘层 polychrome layer

陶胎表面上的彩色图案或图画实体。彩绘层一般由底层和颜料层组成，依据其结构可分为有底层彩绘层和无底层彩绘层。

2.4

底层 preparation layer

为了便于涂绘颜料或衬托主体色彩而在陶胎表面上施加的涂层。

2.5

颜料层 paint layer

在底层或陶胎上用颜料涂绘而成的表面层。依据其结构可分为单层或多层。

注：在无底层情况下，颜料层即为彩绘层。

2.6

陶质彩绘文物病害 diseases of polychrome potteries

由于自然和人为因素导致的陶质彩绘文物所发生的各种劣化现象。

3 陶质彩绘文物病害

3.1 龟裂

彩绘层表面微小网状开裂的现象（参见附录A.1）。

3.2 起翘

彩绘层局部脱离其附着体，但脱离区域的部分边缘仍与其附着体相连的现象（参见附录A.2）。

3.3 空鼓

彩绘层局部脱离其附着体，但脱离区域周边仍与其附着体连接的现象。

3.4 脱落

部分或全部彩绘层完全脱离其附着体的现象（参见附录A.3）。

3.5 变色

颜料色相变化的现象。

3.6 剥落

陶胎表面局部呈片状脱落，但未造成器物结构完整性破坏的现象（参见附录A.4）。

3.7 残断

陶胎断裂造成器物结构完整性破坏的现象（参见附录A.5）。

3.8 变形

陶胎在高温、外力等作用下发生形体改变的现象。

3.9 泥土附着物

附着于陶质彩绘文物表面影响器物外貌的泥土（参见附录A.6）。

3.10 硬结物

附着于陶质彩绘文物表面影响器物外貌的较坚硬的钙、镁、钡、铁等盐类沉积物（参见附录A.7）。

3.11 结晶盐

在陶质彩绘文物表面析出形成结晶影响器物外貌的可溶盐（参见附录A.8）。

3.12 其他附着物

附着于陶质彩绘文物表面的金属锈蚀物、炭迹等影响器物外貌的物质（参见附录A.9）。

3.13 裂纹

彩绘层或陶胎中未穿透其厚度的开裂现象。

3.14 裂缝

彩绘层或陶胎中穿透其厚度的开裂现象（参见附录A.10）。

3.15 酥粉

彩绘层或陶胎呈粉状或颗粒状松散的现象（参见附录A.11）。

3.16 刻画

由于人为或其他外力作用而在陶质彩绘文物表面形成的刻划、文字、图案、符号等痕迹（参见附录A.12）。

3.17 植物损害

植物根茎生长对陶质彩绘文物所造成的破坏。

3.18 动物损害

动物活动遗迹、排泄物等对陶质彩绘文物所造成的破坏。

3.19 微生物损害

微生物的滋生或其代谢物对陶质彩绘文物造成的破坏。

4 陶质彩绘文物病害图示

4.1 绘制陶质彩绘文物病害图时，应按照表1规定的图示符号和要求绘制；图示的尺寸使用时可按比例适当扩大或缩小。

4.2 符号为黑色图形，白色衬底。

4.3 病害轻重程度可用文字描述，多种病害出现在同一部位时，可分别绘制病害图表示。

4.4 附录A给出了陶质彩绘文物病害照片示例；附录B列出了陶质彩绘文物病害图示使用范例。

表1 陶质彩绘文物病害图示符号

编号	名称	图示符号	说明
01	龟裂	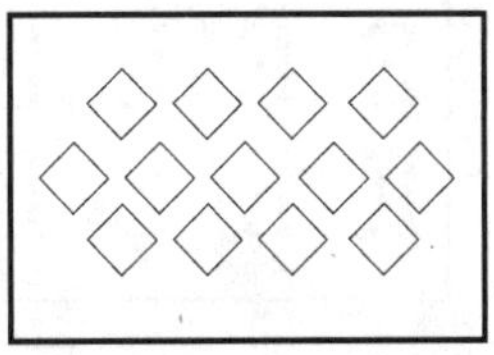	每cm^{2}不少于四个符号。
02	起翘	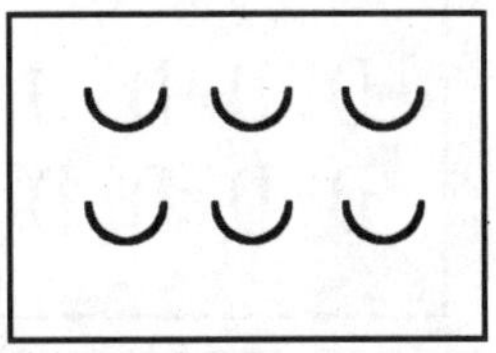	每cm^{2}不少于四个符号。
03	空鼓	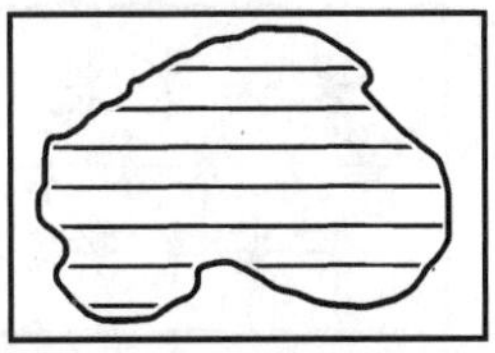	闭合曲线表示空鼓范围，平行线段填充闭合曲线，每cm^{2}不少于四行平行线段。
04	脱落	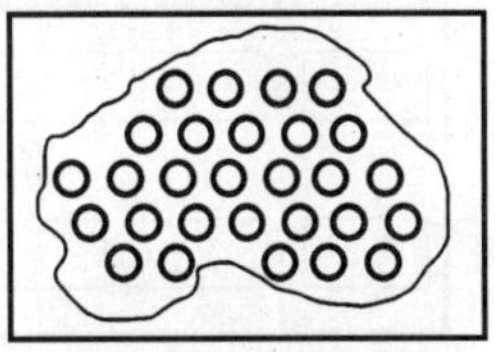	闭合曲线表示脱落范围，符号填充闭合曲线，每cm^{2}不少于四个符号。
05	变色		每cm^{2}不少于四个符号。
06	剥落	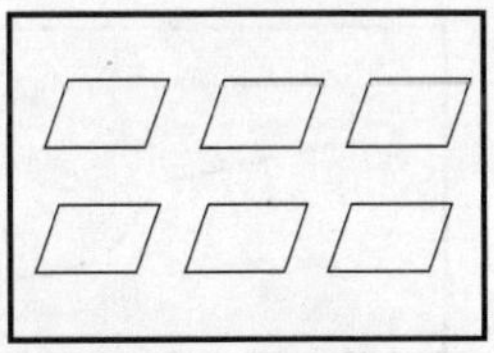	每cm^{2}不少于四个符号。
07	残断	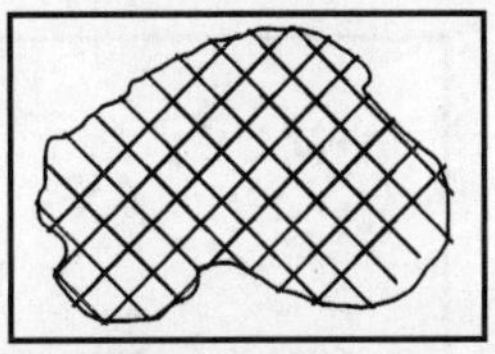	闭合曲线表示残断范围，交叉线填充闭合曲线，各方向线段平行，每cm^{2}交叉点不少于四个。
08	变形	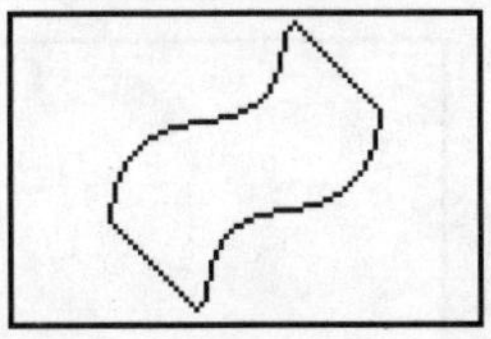	直线段表示变形起始点，曲线段表示变形走向。

351

表1　陶质彩绘文物病害图示符号（续）

09	泥土附着物	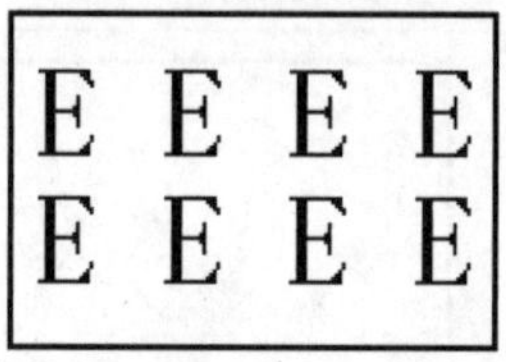	每cm²不少于四个符号。
10	硬结物	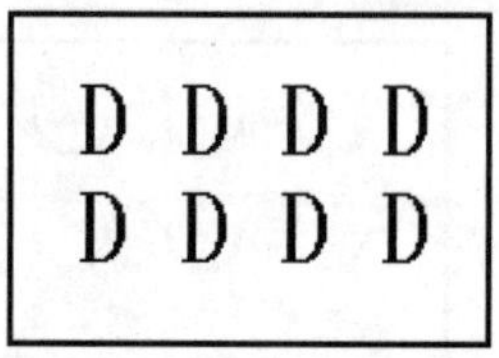	每cm²不少于四个符号。
11	结晶盐	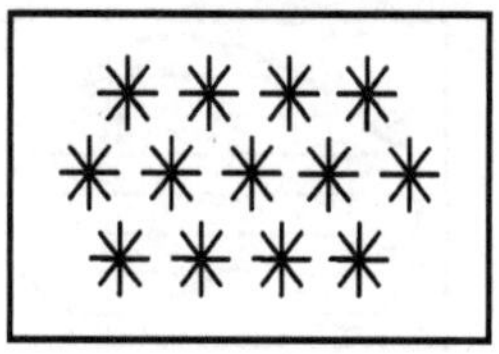	每cm²不少于四个符号。
12	其他附着物	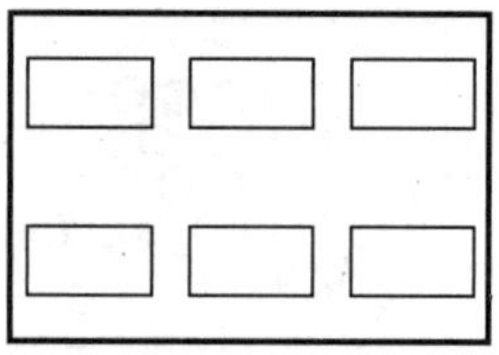	每cm²不少于四个符号。
13	裂纹	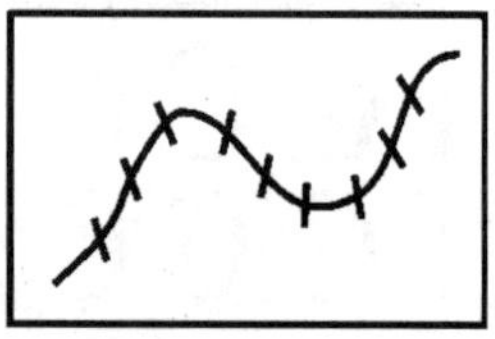	长线段随裂隙走向，短线段每cm不少于两个。
14	裂缝	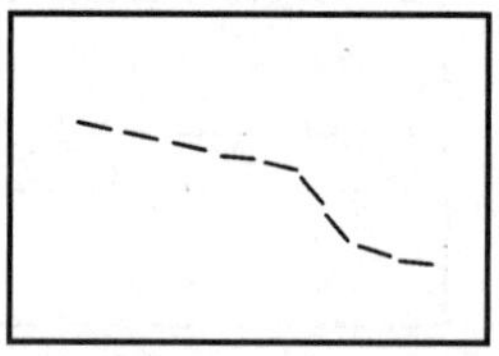	随裂缝走向，每cm不少于两个符号。
15	酥粉	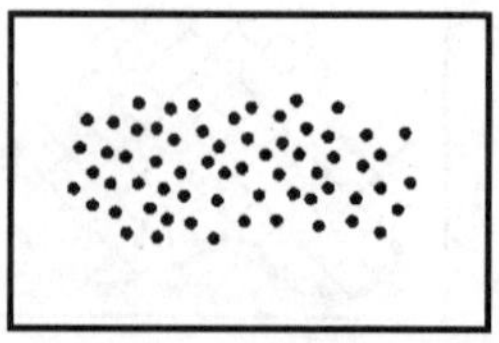	每cm²不少于十个符号。
16	刻画	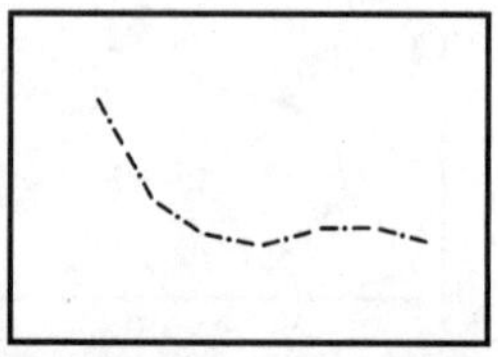	随划痕走向，每cm不少于一个符号。

表1 陶质彩绘文物病害图示符号（续）

17	植物损害		每cm²不少于四个符号。
18	动物损害		每cm²不少于四个符号。
19	微生物损害		每cm²不少于四个符号。

附 录 A

（资料性附录）

陶质彩绘文物病害照片示例

A.1　龟裂

A.2　起翘

A.3　脱落

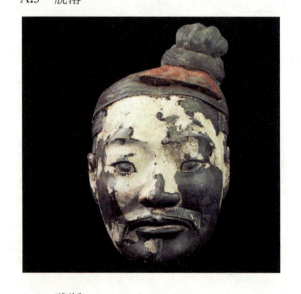

A.4　剥落

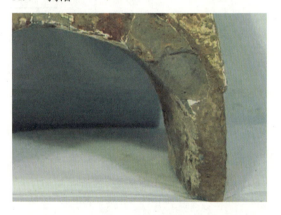

A.5　残断

A.6　泥土附着物

A.7 硬结物

A.8 结晶盐

A.9 其他附着物

A.10 裂缝

A.11 酥粉

A.12 刻画

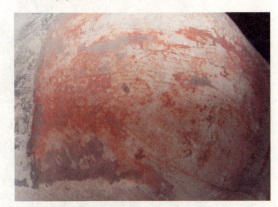

附 录 B

（资料性附录）

陶质彩绘文物病害图示使用示例

图B.1给出了一件陶质彩绘文物照片。

图B.1 ××××博物馆××文物××面照片

图B.2给出了图B.1的陶质彩绘文物病害图示示例。

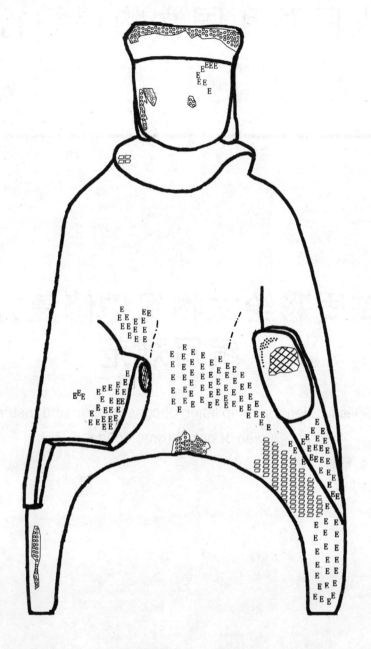

图例：

脱落

泥土附着物

残断

酥粉

刻画

剥落

比例 XX∶XX

病害图制作单位：××××××

××××年××月××日

绘制人：×××

图B.2　××××博物馆××文物××面病害分布图

A16
备案号：29556-2010

中华人民共和国文物保护行业标准

WW/T 0022—2010

陶质彩绘文物保护修复方案
编写规范

Specification for compilation of conservation and restoration
plan of polychrome potteries

2010-07-01发布　　　　　　　　　　　　　　2010-09-01实施

中华人民共和国国家文物局　　发　布

前　言

本标准按照GB/T 1.1—2009给出的规则起草。

本标准由中华人民共和国国家文物局提出。

本标准由全国文物保护标准化技术委员会（SAC/TC 289）归口。

本标准负责起草单位：秦始皇兵马俑博物馆。

本标准主要起草人：容波、周铁、王亮、兰德省、赵昆、夏寅、张尚欣、刘江卫、马生涛、黄建华、严苏梅。

陶质彩绘文物保护修复方案编写规范

1 范围

本标准规定了陶质彩绘文物保护修复中的术语及保护修复方案编写的文本内容和格式。

本标准适用于陶质彩绘文物保护修复方案、陶质彩绘文物保护修复工程设计和实施方案的编写。

2 规范性引用文件

下列文件对于本文件的应用是必不可少的。凡是注日期的引用文件，仅注日期的版本适用于本文件。凡是不注日期的引用文件，其最新版本（包括所有的修改单）适用于本文件。

GB/T 18883—2002　室内空气质量标准

GB 8978—1996　污水综合排放标准

GB 50016—2006　防火设施标准

GB 50348—2004　安全防范工程技术规范

WW/T 0021—2010　陶质彩绘文物病害与图示

WW/T 0023—2010　陶质彩绘文物保护修复档案记录规范

《国家重点文物保护专项补助经费使用管理办法》2001年12月国家文物局发布

3 术语和定义

WW/T 0021—2010和WW/T 0023—2010确立的以及下列术语适用于本标准。

3.1

陶质彩绘文物保护修复技术　techniques of conservation and restoration on the polychrome potteries

为消除或减缓陶质彩绘文物病害所实施的技术措施，包括清理、脱盐、加固、粘接、补缺等以及保存环境的改善。

3.2

清理　cleaning

除去陶质彩绘文物表面的风化物、沉积污染物、微生物等的技术措施。

3.3

脱盐　desalination

清除陶质彩绘文物表面及其空隙内富集的可溶盐的技术措施。

3.4

加固　consolidation

通过引入加固材料提高陶胎强度和使彩绘层得以稳定的技术措施，可分为渗透加固和机械加固。

3.5

粘接　adhesion

采用胶黏剂对陶胎断裂部位连接的技术措施。

3.6

补缺　repair of the lacuna

对残损陶胎修补的技术措施。

4 保护修复方案文本内容

4.1 概述

方案文本内容主要包括：前言，基本信息与价值评估，保存现状的调查与评估，保护修复工作目标，制订方案所需的前期实验，拟采取的保护修复技术路线，保护修复的措施、步骤及要求，保护修复的工作量与进度安排，保存条件建议，安全措施，风险分析，经费预算，方案编制信息表，各方签章。

4.2 前言

应编写任务来源、目的、意义等内容。

4.3 基本信息与价值评估

4.3.1 基本信息

基本信息主要包括：名称、登录号、年代、来源、质地、尺寸、质量、级别、出土时间、出土地点、收藏时间、收藏地点、存放方式、完残程度、现状描述、制作工艺、纹饰、公开发表和出版的相关资料等；陶文、符号等应以描摹等形式记录以及相关文物照片作为保护修复方案的附件保存。

4.3.2 价值评估

包括下列内容：

a）从历史、艺术、科学等方面阐述文物的特点和重要性；

b）文物在其收藏单位文物及本地区文物中的地位；

c）说明在同类别文物或在同时代文物考古研究中的重要性。

基本信息与价值评估表应按照表1填写，一物一表。

4.4 保存现状的调查与评估

4.4.1 历次保护修复情况

已做过保护修复的文物，应提供历次保护修复的有关资料。包括历次保护修复的起止时间，技术措施，所使用的主要材料，设计和操作人员以及保护修复后的效果。

历次保护修复情况应按照表2填写，一物一表。

4.4.2 检测分析

编制保护修复方案时，应依据条件对陶质彩绘文物结构、成分、蜕变产物等检测分析。重要文物可根据具体情况做更多的检测分析，如颜料成分、胎体微观结构、彩绘层次结构等。需要取样的，应遵守相关规定。

文物的检测分析应按照表3填写，一物一表。

4.4.3 病害调查

a）应描述陶质彩绘文物现状，提供可反映病害状况的保存现状照片，照片拍摄应侧重文物病害部位，并应放置标尺和色卡；

b）应描述陶质彩绘文物病害并绘制病害图，在图中标示出病害的种类和分布。病害图的绘制应按照WW/T 0021—2010；

c）应评估陶质彩绘文物病害程度，一般按基本完好、微损、中度、重度、濒危五级划分。

病害现状调查应按照表4填写，一物一表。

4.4.4 保存环境调查

保存环境调查包括当地所处的气候情况，环境污染状况和主要污染源，保存环境调查应按照表5填写。

4.5 保护修复工作目标

4.5.1 应针对保护修复陶质彩绘文物的具体病害，制订出明确、可考核的保护修复工作目标。

4.5.2 应从清理后效果、保护修复处理后颜色、加固后力学强度、修补程度、处理后耐久性以及保护修复处理整体效果等方面考核本次保护修复工作的技术指标或目标。

4.6 制订方案所需的前期实验

4.6.1 概述

根据陶质彩绘文物存在的主要病害，结合检测分析结果，制定保护修复目标。在广泛调研国内外相关陶质彩绘文物保护修复方法的基础上，应对拟使用的保护修复技术措施和材料进行相应的实验室及现场保护前期研究。

4.6.2 基本内容

应对保护修复中的表面清理、脱盐、渗透加固、粘接、加固及补缺中所需材料的化学物质成分、操作工艺、适用范围进行研究。

有关评估方法和评估指标参见附录A。

4.7 拟采取的技术路线

4.7.1 列出所用保护修复材料。

4.7.2 根据需要设计必要的材料、工艺及应用实验，对于珍贵文物应进行局部处理实验。

4.7.3 列出操作的主要技术步骤流程图。

4.8 保护修复的措施、步骤及要求

4.8.1 陶质彩绘文物的保护修复措施、步骤包括：清理、脱盐、加固、粘接、补缺。

4.8.2 各措施中的基本要求：

a）清理

　　1）应对材料、方法、工艺、效果进行评估；

　　2）应能有效地清除文物表面的有害物质；

　　3）应避免对陶胎或彩绘层造成损害。

b）脱盐

　　1）应针对具体可溶盐种类，选择适宜的脱盐方法，有效地清除文物表面及内部的盐分；

　　2）应避免对陶胎或彩绘层造成损害。

c）渗透加固

　　1）针对有一定孔隙率的陶胎有良好的渗透加固能力，应能达到陶胎或未风化部分。

　　2）加固后强度应与陶胎相近，并具有稳定性；

　　3）加固后外观颜色不发生明显变化。

d）粘接

　　1）粘接强度应小于或等于陶胎的强度；

　　2）粘接材料或工艺应具有可再处理性；

　　3）粘接材料应具有耐久性。

e）补缺

使用材料与文物本体相近并具有一定强度。

4.9 工作量及进度安排

4.9.1 应根据文物的数量、种类、难度及基础条件确定项目进度。

4.9.2 在具有一定保护修复场地、设备的情况下，确定所需的技术人员数量和工作时间。

4.9.3 应按年、月安排每阶段进度，一般由下列各项确定：

a）保护修复工作量；

b）工作实施人员数量及投入时间；

c）若存在不可预测的因素影响工作进度，应有相应的安排计划或说明。

4.10 保存条件建议

应提出文物保护修复后保存条件的相应建议。

4.11 安全措施

4.11.1 基本要求

应说明保护修复过程中因化学及生物材料的使用而造成的危害。

4.11.2 有害气体的排放

a）应尽量避免使用产生有害气体的化学及生物材料；

b）保护修复工作场所的空气质量应符合国家标准GB/T 18883—2002。

4.11.3 排放液的处理

a）应尽量避免使用产生有害排放液的化学、生物材料；

b）保护修复操作过程中排放的污水须符合国家标准GB 8978—1996。

4.11.4 工作场地环境控制要求

工作场地的安全、防火防盗要求，应符合国家标准GB 50016—2006和GB 50348—2004。

4.12 风险分析

应说明可能的技术风险及应对措施。

4.13 经费预算

经费预算按照《国家重点文物保护专项补助经费使用管理办法》要求，结合工作实际情况合理编制。

4.14 保护修复方案编制信息表

方案应注明编制单位资质、人员条件、主要目标及技术路线概况等基本信息。

保护修复方案编制信息表应按照表6填写。

4.15 各方签章

应有方案委托单位、方案编制单位和方案参与编制单位的法定代表人/委托代理人的签章，并加盖公章；应有方案编制负责人和方案审核人的签章。各方签章应按照附录B填写。

5 格式

5.1 幅面尺寸

义本幅面尺寸为A4规格的纸张。

5.2 封面格式

陶质彩绘文物保护修复方案封面包括封面一和封面二。

封面一格式应包括方案名称、委托单位、联系人、方案编制单位、联系人等信息。封面一格式应遵照附录C。

封面二格式应包括方案名称、方案编制单位、法定代表人、方案审核人、方案编制负责人等，并在方案后附单位资质复印件。封面二格式应遵照附录D。

5.3 文本字体、照片及图纸格式

方案名称为宋体3号字，正文字体为宋体，英文字体为Times New Roman，正文内所附照片应为有色标卡和标尺的彩色照片，图纸应标明比例尺。图纸、照片遵照WW/T 0023—2010的规定。

表1 基本信息与价值评估表

名　称		文物登录号	
年　代		来　源	
质　地		尺　寸	
质　量		级　别	
出土时间		出土地点	
收藏时间		收藏地点	
存放方式			
完残程度	□完整　　□基本完整　　□残缺　　□严重残损		

现状描述

制作工艺

彩绘纹饰

公开发表的相关资料

文物价值

表2 历次保护修复情况表

文物登录号	名称	保护修复起止时间	技术措施	主要材料	设计人	操作人	保护修复效果	备注

表3 检测分析表

文物登录号	名称	取样部位	检测目的	检测样品所用仪器或方法	检测分析结果	备注

表4 病害现状调查表

文物名称：
文物登录号：

病害类型	病害程度评估
龟裂	
起翘	
空鼓	
脱落	
变色	
剥落	
残断	
变形	
裂纹	
裂缝	
酥粉	
刻画	
泥土附着物	
硬结物	
结晶盐	
其他附着物	
植物损害	
动物损害	
微生物损害	
备注	
病害现状调查评估	

表5 保存环境调查表

<table>
<tr>
<td rowspan="7">气候环境</td>
<td rowspan="4">所在地区气候情况</td>
<td>（年/月/日）平均温度及温度差（℃）</td>
<td>最高温度（℃）</td>
<td>最低温度（℃）</td>
</tr>
<tr>
<td></td>
<td></td>
<td></td>
</tr>
<tr>
<td>（年/月/日）平均相对湿度及湿度差（%）</td>
<td>最高相对湿度（%）</td>
<td>最低相对湿度（%）</td>
</tr>
<tr>
<td></td>
<td></td>
<td></td>
</tr>
<tr>
<td>地区环境污染状况和主要污染源</td>
<td colspan="3"></td>
</tr>
</table>

<table>
<tr>
<td rowspan="8">保存环境具体情况</td>
<td>存放地点</td>
<td colspan="6"></td>
</tr>
<tr>
<td>建筑类型</td>
<td colspan="2"></td>
<td>楼层</td>
<td colspan="2">光源种类</td>
<td></td>
</tr>
<tr>
<td>展陈、保管条件</td>
<td>露天</td>
<td></td>
<td>室内</td>
<td>保护棚</td>
<td>墓室</td>
<td></td>
</tr>
<tr>
<td>陈列展示</td>
<td colspan="6">□长期 □短期 □从未</td>
</tr>
<tr>
<td>湿度控制系统</td>
<td colspan="6">□有 □无 □连续 □不连续</td>
</tr>
<tr>
<td>温度控制系统</td>
<td colspan="6">□有 □无 □连续 □不连续</td>
</tr>
<tr>
<td rowspan="2">库房或陈列环境</td>
<td colspan="2">年均温度</td>
<td colspan="2">最高温度</td>
<td colspan="2">最低温度</td>
</tr>
<tr>
<td colspan="2">年均相对湿度</td>
<td colspan="2">最高相对湿度</td>
<td colspan="2">最低相对湿度</td>
</tr>
</table>

表6 保护修复方案编制基本信息表

方案名称						
委托单位						
方案编制单位	名　称					
	单位所在地					
	通讯地址			邮编		
	资质证书			代码		
	主管部门			代码		
其他主要参加单位	序　号	单 位 名 称				
	1					
	2					
	3					
编制负责人	姓　名		性别	□男□女	出生年月	
	学　历		□研究生 □大学 □大专 □中专 □其他			
	职　称		□中级 　□副高 □正高			
	联系电话		E-mail			
方案主要编制人员	姓　名		职称	□高级 □中级 □初级		
	所在单位					
	编制范围					
	姓　名		职称	□高级 □中级 □初级		
	所在单位					
	编制范围					
	姓　名		职称	□高级 □中级 □初级		
	所在单位					
	编制范围					
方案审核人	姓　名		性别	□男□女	出生年月	
	职　称		□中级　 □副高　 □正高			
	所在单位					

表6 保护修复方案编制基本信息表（续）

主要目标 （200字以内）		
技术路线 （300字以内）		
工作场地环境控制要求		
保护修复工作进度	时 间		计划进度
	年 月至 年 月		
	年 月至 年 月		
	年 月至 年 月		
风险分析		
备 注		

附 录 A

（资料性附录）

有关前期实验研究及保护修复效果评估的方法

性质	常用的测试方法	评价指标	注释	有效评价的标准
视觉方面	视觉检查（含放大镜或野外体视显微镜检查），照相，超近摄影。	微裂隙、颜料粉化、表面粗糙。	现场测试	没有微裂隙的增加，以及表面粗糙度的增加。
显微镜评估	光学显微镜、电子显微镜进行剖面样品观察。	粗糙度（定性、定量），孔隙率，颜料磨损，晶（颗粒）破坏,胶料的缺失，存在有害物质。	实验室样片观察	没有材质微粒的磨损或破坏，以及其他的表面不连续。
颜色	SC-1测色色差计	△L、△a、△b、△E用于长期监测	现场无损试验适于长期检测	评价的标准应该具体情况具体分析。
光泽度	光泽度计	△G	现场无损试验适于长期检测	△G不大于3。
附着力	附着力测试仪	附着力级别	破坏性试验只能用载玻片做	受影响不大于15%或附着力低于2级。
表面强度	铅笔划痕仪	以铅笔的硬度标号表示涂膜硬度	破坏性试验只能用载玻片做	执行GB/T 6739—2006、JIS K5401、ASTMD2197

附　录　B

（规范性附录）

各方签章

各方签章	
方案委托单位（甲方）： 负责人（签章）	（公　章） 年　　月　　日
方案编制单位（乙方）： 负责人（签章）	（公　章） 年　　月　　日
方案编制负责人（签章）	年　　月　　日
方案编制参与单位（丙方）： 负责人（签章）	（公　章） 年　　月　　日
方案编制参与单位（丁方）： 负责人（签章）	（公　章） 年　　月　　日
方案审核人（签章）	年　　月　　日

附 录 C
（规范性附录）
封面一

陶质彩绘文物保护修复方案

方 案 名 称＿＿＿＿＿＿＿＿＿＿＿＿＿

方案委托单位＿＿＿＿＿＿＿＿＿＿＿＿＿

联系人及电话＿＿＿＿＿＿＿＿＿＿＿＿＿

方案编制单位＿＿＿＿＿＿＿＿＿＿＿＿＿

联系人及电话＿＿＿＿＿＿＿＿＿＿＿＿＿

××××年××月
中华人民共和国国家文物局制

附 录 D

（规范性附录）

封面二

可移动文物技术保护设计资质

证书编号：可文设（_____）字____

方 案 名 称

方案编制单位：_____

单 位 法 人：_____

方案审核人：_____

方案编制负责人：_____

方案编制单位

200×年××月

参 考 文 献

［1］　GB/T 6739—2006　色漆和清漆 铅笔法测定漆膜硬度（ISO 15184:1998，IDT）

［2］　WW/T 0007—2007　石质文物保护修复方案编写规范

［3］　JIS K5401　用铅笔划痕的涂膜试验机

［4］　ASTMD2197　用刮板式黏合试验器测定有机涂层黏合性的试验方法　Standard Test Method for Adhesion of Organic Coatings by Scrape Adhesion

［5］　《中国文物古迹保护准则》2000年10月10日国家文物局发布

A16
备案号：29557-2010

中华人民共和国文物保护行业标准

WW/T 0023—2010

陶质彩绘文物保护修复档案
记录规范

Specification for recording of conservation and restoration archives of
polychrome potteries

2010-07-01发布

2010-09-01实施

中华人民共和国国家文物局　　发　布

前　言

本标准按照GB/T 1.1—2009给出的规则起草。

本标准由中华人民共和国国家文物局提出。

本标准由全国文物保护标准化技术委员会（SAC/TC 289）归口。

本标准起草单位：秦始皇兵马俑博物馆。

本标准主要起草人：夏寅、赵昆、王亮、张尚欣、李斌、周铁、容波、马生涛、刘江卫、兰德省、严苏梅。

陶质彩绘文物保护修复档案记录规范

1 范围

本标准规定了陶质彩绘文物保护修复档案的相关术语、文本内容、记录格式、记录用文字、记录信息源及记录方法。

本标准适用于各级各类文物收藏单位陶质彩绘文物保护修复档案的记录。

2 规范性引用文件

下列文件对于本文件的应用是必不可少的。凡是注日期的引用文件，仅注日期的版本适用于本文件。凡是不注日期的引用文件，其最新版本（包括所有的修改单）适用于本文件。

GB/T 11821—2002　照片档案管理规范

GB/T 11822—2008　科学技术档案案卷构成的一般要求

GB/T 18894—2002　电子文件归档与管理规范

WW/T 0020—2008　文物藏品档案规范

WW/T 0021—2010　陶质彩绘文物病害与图示

3 术语和定义

下列术语和定义适用于本标准。

3.1

保护修复档案　archives of conservation and restoration

在文物保护修复全部过程中，对文物本身信息和实施保护修复所使用的各类方法、材料以及检测分析数据、结果、评估的记录，主要包括文字、绘图和影像记录。

[WW/T 0015—2008]

4 文物保护修复档案记录内容

4.1 文物基本信息

4.1.1　文物基本信息的内容包括：文物名称、收藏单位、文物编号、来源、年代、质地、尺寸、质量、级别、照片、工艺、文物描述。

4.1.2　填写应符合WW/T 0020　2008中的A.2中相关内容的规定，记录格式按附录A中的表A.1。

4.2 方案设计及保护修复单位信息

4.2.1　方案设计及保护修复单位信息的内容包括：方案名称和编号、批准单位及时间、文号、方案设计单位的名称、单位所在地、通讯地址、邮编、资质证书、代码，保护修复单位的名称、单位所在地、通讯地址、邮编、资质证书、代码、提取时间、提取经办人、返还日期、返还经办人。

4.2.2　记录格式按附录A中的表A.2。

4.3 文物保存现状

4.3.1　文物保存环境应描述文物保护修复前的保存环境及条件，包括温度、相对湿度、光照等参数。

4.3.2　病害描述按照WW/T 0021—2010中的规定。

4.3.3　历次保护修复情况应描述以往对文物所作的保护处理，包括保护修复的时间、部位、主要材料、方法、人员等。

4.3.4 记录格式按附录A中的表A.3。

4.4 文物检测分析

4.4.1 文物检测分析表的内容包括：样品编号、样品名称、样品描述、分析目的、分析方法、分析结果、报告代码、分析时间、备注等。

4.4.2 记录格式按附录A中的表A.4。

4.5 文物保护修复过程记录

4.5.1 综述

对文物保护修复全过程作综述性记录，内容包括材料、工艺步骤和操作条件。

a）材料是记录文物保护修复过程中使用的材料，包括材料的商品名称、主要成分和用途；

b）工艺步骤是记录文物保护修复过程中使用的技术方法和操作步骤，包括清理、脱盐、加固、粘接和补缺；

c）操作条件是记录文物保护修复过程中使用过的仪器设备和操作环境的温度、湿度等情况。

4.5.2 技术变更

在文物保护修复过程中，如遇到未能预料的情况，应详细记录原因和现象、变更后的方案及实施效果。

4.5.3 日志

日志内容包括：文物名称和编号、保护修复人、日期、工作区域、使用材料、修复工艺、工作内容等，由保护修复人员根据实际工作情况填写，可连续附加。

4.5.4 记录格式

记录格式按照附录A中的表A.5。

4.6 文物保护修复自评估与验收

4.6.1 自评估意见由保护修复人员撰写并签名，应从下列方面记录保护修复效果的自评估：

a）是否完成方案预期目的；

b）变更设计内容及原因；

c）保护修复效果；

d）存在问题及讨论；

e）完成进度；

f）使用与保管条件建议。

4.6.2 专家验收意见内容包括：时间、组织单位、专家名单、验收意见等。

4.6.3 记录格式按照附录A中的表A.6。

4.7 绘图

4.7.1 能够反映文物整体形貌或重要局部特征及病害情况的平面图、立面图和剖面图等。

4.7.2 病害的图示格式和使用应符合WW/T 0021—2010的规定。

4.7.3 记录格式按照附录A中的表A.7。

4.8 影像资料

4.8.1 记录在保护修复过程中具有技术特点的实施过程以及文物现状变化的过程所获的影像资料，包括：视频、照片等。

4.8.2 影像资料可以数字载体形式提供，并注明调取或链接方法。

4.8.3 记录格式按照附录A中的表A.8。

5 文物保护修复档案记录使用材料与形式

5.1 纸质类

5.1.1 保护修复档案记录用纸的幅面为A4大小。

5.1.2 图表和数据资料等应按顺序附在记录的相应位置，或另行整理装订成册并加以编号。

5.1.3 保护修复档案记录应保持完整，不得缺页或挖补；如有缺、漏页，应详细说明原因。

5.2 电子类

使用数码相机、数码摄像机、三维数字扫描仪等电子设备所拍摄的文物保护修复过程，应按编号记录其电子信息并将相关电子资料整理汇集，同时注明电子资料的编号。

6 文物保护修复档案的书写

6.1 书写格式

保护修复档案记录采用横写方式，保护修复档案记录应书写工整，记录用文字应使用规范化的简化汉字，少数民族文字与外文应依其书写规则，并与简化汉字对照记录。

6.2 书写材料

保护修复档案的书写材料及工具，应符合耐久性要求，不应使用热敏纸、复写纸、铅笔、圆珠笔、红墨水、纯蓝墨水等。

6.3 书写文字

保护修复档案记录中外文缩写首次出现时应用中文注释，属译文的应注明其外文名称。

6.4 术语及计量单位

保护修复档案记录应使用规范的专业术语，凡涉及计量单位的记录项目应使用统一的国际计量标准。

6.5 记录用数字

保护修复档案记录数字均采用阿拉伯数字。

6.6 图形符号记录

文物上的图形及符号的记录应符合WW/T 0020—2008中A.2的规定。

7 文物保护修复档案的存档

7.1 保护修复项目完成后，应按GB/T 11822—2008的要求将保护修复档案记录整理归档。照片档案的保存应符合GB/T 11821—2002的要求。将已归档的纸质文件、图纸输入光盘时，按GB/T 18894—2002的有关规定执行。

7.2 归档后的保护修复档案记录不得删除、修改。

8 文物保护修复档案封面格式

保护修复档案记录封面格式按附录B。

附 录 A

（规范性附录）

文物保护修复档案记录

表A.1 文物基本信息表

文物名称			
收藏单位		文 物 编 号	
来 源		年 代	
尺 寸 cm		质 量 g	
质 地		级 别	
照 片			
工 艺			
文物描述			
备 注			

表A.2　方案设计及保护修复单位信息记录表

文物名称：　　　　　　　　　　　　　　　　　　　文物编号：

方案名称和编号			
批准单位及时间		批准文号	
方案设计单位	名　称		
	单位所在地		
	通讯地址	邮　编	
	资质证书	代　码	
保护修复单位	名　称		
	单位所在地		
	通讯地址	邮　编	
	资质证书	代　码	
	提取日期	提取经办人	
	返还日期	返还经办人	

表A.3 文物保存现状表

文物名称：   文物编号：

文物保存环境	
历次保护修复情况	
病害描述	
影像资料	（照片或填写影像资料编号）
备　注	

表A.4 文物检测分析表

文物名称：　　　　　　　　　　　　　　　　　　　　文物编号：

样品编号	样品名称	样品描述	分析目的	分析方法	分析结果	报告代码	分析时间	备注

表A.5 文物保护修复过程记录表

综述（材料、工艺步骤及操作条件，附影像资料）				
技术变更				
项目负责人		保护修复人		
完成日期		审 核		
日 志				
文物名称和编号		保护修复人		日 期

（可后续附加）

表A.6 文物保护修复自评估与验收表

文物名称：   文物编号：

自评估意见： 签章： 日期：		
专家验收意见		
时　间		组织单位	
专家名单			
验收意见： 			

表A.7 绘图登记表

文物名称：   文物编号：

编号	图纸类别	简单描述	绘图人	时间

表A.8 影像资料登记表

文物名称：ㅤㅤㅤㅤㅤㅤㅤㅤㅤㅤㅤㅤㅤㅤㅤㅤㅤㅤㅤ文物编号：

编号	影像类别	内容表述	介质	时长 min	提交人	采集 时间

附 录 B

（规范性附录）

封面

陶质彩绘文物保护修复档案

文物名称：_____

文物编号：_____

××××年××月

中华人民共和国国家文物局制

参 考 文 献

[1]　WW/T 0015—2008　馆藏丝织品保护修复档案记录规范

A16
备案号：29558-2010

中华人民共和国文物保护行业标准

WW/T 0024—2010

文物保护工程文件归档整理规范

Specification for archiving document of conservation project
of cultural heritage

2010-07-01发布

2010-09-01实施

中华人民共和国国家文物局　　发　布

前　言

本标准按照GB/T 1.1—2009给出的规则起草。

本标准由中华人民共和国国家文物局提出。

本标准由全国文物保护标准化技术委员会（SAC/TC 289）归口。

本标准起草单位：浙江省古建筑设计研究院。

本标准参加起草单位：浙江省古典建筑工程监理有限公司。

本标准主要起草人：黄滋、张韵、陈易、陈云根、赵勇。

文物保护工程文件归档整理规范

1 范围

本标准规定了文物保护工程文件归档整理的范围、内容和质量要求，统一文物保护工程文件归档整理的审查标准，界定文物保护工程文件归档整理的基本术语。

本标准适用于文物保护工程文件的归档整理以及工程文件的审查移交。

2 规范性引用文件

下列文件对于本标准的应用是必不可少的。凡是注日期的引用文件，仅注日期的版本适用于本标准。凡是不注日期的引用文件，其最新版本（包括所有的修改单）适用于本标准。

GB/T 10609.3—2009 技术制图 复制图的折叠方法

GB/T 11821—2002 照片档案管理规范

GB/T 17678—1999 （所有部分）CAD电子文件光盘存储、归档与档案管理要求

GB/T 18894—2002 电子文件归档与管理规范

GB/T 50328—2001 建设工程文件归档整理规范

3 术语和定义

下列术语和定义适用于本标准。

3.1

文物保护工程项目 conservation project of cultural heritage

依法经文物行政主管部门批准，按照保护工程设计文件对核定为文物保护单位的或其他具有文物价值的不可移动文物单独立项实施的保护工程。

3.2

项目委托单位 project entrust organization

在某项文物保护工程中，与勘察、设计、施工、监理等单位签署委托合同的法人实体，包括文物古迹的业主单位、管理单位或其他机构。

3.3

单位工程 single project

具有单独的文物保护工程设计文件，并能够据以独立组织施工，实施完工后可作为文物保护工程项目组成部分的分项工程。

3.4

分部工程 subproject

是单位工程的组成部分，指可以按部位独立组织施工的工程内容，也可按文物保护工程的各工种划分。

3.5

文物保护工程文件 conservation project document of cultural heritage

在文物保护工程各阶段实施过程中直接形成的图纸、文字、声像等各类文件，包括工程准备阶段

文件、工程施工阶段文件、竣工图及工程竣工验收阶段文件。

3.6

竣工图 as-built drawing

工程竣工后，真实反映文物保护工程项目实施结果的图样。

3.7

竣工验收文件 handing over document

文物保护工程项目竣工验收过程中形成的文件。

3.8

案卷 file

由互有联系的若干文件组成的档案保管单位。

[GB/T 50328—2001，术语2.0.11]

3.9

立卷 filing

按照一定的原则和方法，将有保存价值的文件分门别类整理成案卷，亦称组卷。

[GB/T 50328—2001，术语2.0.12]

3.10

归档 archiving

文件形成单位完成其工作任务，将形成的文件整理立卷后，按规定提交档案管理机构。

[GB/T 50328—2001，术语2.0.13]

4 基本规定

4.1 项目委托单位以及勘察、设计、施工、监理等单位应将工程文件的形成和积累纳入工程实施管理的各个环节和有关人员的职责范围。

4.2 在工程文件的归档整理工作中，项目委托单位应履行下列职责：

　　a）在与勘察、设计、施工、监理等单位签订协议或合同时，对提交项目委托单位的工程文件的名称、内容、套数、质量、提交时间等应提出明确要求；

　　b）收集和整理工程准备阶段、竣工验收阶段形成的文件，并应进行立卷归档；

　　c）负责组织、监督和检查勘察、设计、施工、监理等单位的工程文件的形成、积累和立卷归档工作，汇总勘察、设计、施工、监理等单位立卷归档的工程文件；

　　d）在工程质量竣工验收前，项目委托单位应提请文物管理部门对立卷归档的工程文件进行审查。

4.3 勘察、设计、施工、监理等单位应将本单位形成的工程文件立卷后向项目委托单位提交。

4.4 文物保护工程项目实行施工总承包的，由总承包单位负责收集、汇总各分包单位形成的工程文件，立卷后按合同规定向项目委托单位提交；由若干个单位承接的，各承接单位应负责收集、整理其承接项目的工程文件，立卷后按合同规定向项目委托单位提交。

4.5 在工程质量竣工验收前，文物管理部门应对立卷归档的工程文件进行审查，主要审查工程文件内容的真实性和完整性。

4.6 文物保护工程文件的归档整理除执行本标准外，病虫害防治、消防、防雷、安防、水电等相关专业的单位工程文件的归档整理应按有关规定执行。在文物保护工程中相关的新建建筑、基础设施等建设工程文件的归档整理，若本标准未作规定的，则应执行GB/T 50328—2001的有关规定。

5 工程文件的归档范围及质量要求

5.1 工程文件的归档范围

5.1.1 对与文物保护工程相关的，从准备阶段到竣工验收阶段的整个过程中形成的具有保存价值的文字、图表、声像等各种载体的工程资料，均应收集齐全，整理立卷后归档。

5.1.2 工程文件的具体归档范围应符合本标准附录A的要求。

5.2 归档文件的质量要求

5.2.1 提交文物管理部门的归档工程文件应为原件。影印、复制的文件应注明原件存档单位，同时加盖提交单位公章并附证明人签字。

5.2.2 工程文件的内容及其深度必须符合国家有关工程勘察、设计、施工、监理等方面的技术规范、标准和规程。

5.2.3 工程文件的内容必须真实、准确、完整，与工程实际相符合。

5.2.4 工程文件应采用耐久性强的书写材料，如碳素墨水、蓝黑墨水，不得使用易褪色的书写材料，如：红色墨水、纯蓝墨水、圆珠笔、复写纸、铅笔等。

5.2.5 工程文件应字迹清楚，图样清晰，图表整洁，签字盖章手续完备。

5.2.6 工程文件中文字材料幅面尺寸规格宜为A4幅面（297mm×210mm）。图纸宜采用国家标准图幅。

5.2.7 工程文件的纸张应采用能够长期保存的韧力大、耐久性强的纸张。

5.2.8 竣工图纸归档质量要求应符合本标准附录B的要求。

5.2.9 不同幅面的工程图纸应按GB/T 10609.3—2009统一折叠成A4幅面（297mm×210mm），图标栏露在外面。

5.2.10 文物保护工程文件应包括完整的声像资料，真实、准确地记录工程实施的全过程，同时，尽量体现实施位置的前后对照。

　　a）照片资料包括常规照片和数码照片两类：

　　　　1）常规照片：包括底片、照片和文字说明三部分。归档整理应按GB/T 11821—2002要求执行。每张照片应写明被拍摄对象所在的具体地点、时间、内容、部位以及拍摄角度等；照片必须用专业相纸冲洗，规格不得小于5英寸。

　　　　2）数码照片：包括数码照片、文字说明两部分。数码照片按采集渠道分为数码照相机照片和扫描照片两类。数码照片归档整理按GB/T 18894—2002要求执行。每张数码照片都应有简要、准确的文字说明，应写明被拍摄对象所在的具体地点、时间、内容、部位以及拍摄角度等；归档的数码照片格式应为TIFF、JPEG格式，像素不低于600万。数码照片应为原件，经过修改的照片不得归档；文字说明采用word文档格式。

　　b）录音、录像资料必须转换成光盘存储。光盘内应编制文件目录，采用word文档格式。光盘上应标示有：序号、题名、密级、形成时间、保管期限、硬件及软件的环境等。

　　c）拓片及摹本资料指摩崖石刻、碑碣、重要铭刻等拓片，壁画、岩画等摹本两类。每张拓片或摹本都应有简要、准确的文字说明，应写明题名、所拓或所临摹文物部位、规格、锤拓人或摹本作者、锤拓或临摹时间、录文等。拓片及摹本资料应为宣纸。

5.2.11 工程文件中涉及电子文件的，应按GB/T 18894—2002、GB/T 17678—1999的统一要求执行。存储电子文件的载体上应标示有：光盘号、题名、密级、形成时间、保管期限、硬件及软件的环境等，电子文件的载体应设置成禁止写操作的状态。

6 工程文件的立卷

6.1 立卷的原则和方法

6.1.1 立卷应遵循工程文件的自然形成规律，保持卷内文件的有机联系，便于档案的保管和利用。照片等影像资料的立卷还应遵循修缮前后对照的原则。

6.1.2 一个文物保护工程项目由多个单位工程组成时，工程文件应按单位工程组卷。

6.1.3 工程文件可按工程实施程序划分为工程准备阶段的文件、工程实施阶段的文件、工程竣工验收文件及竣工图、声像资料四部分进行立卷。

　　a）工程准备阶段文件可按工程实施顺序、专业等组卷；

　　b）工程实施阶段的文件可按单位工程、分部工程、专业、阶段等组卷；

　　c）工程竣工验收文件及竣工图按单位工程、专业等组卷；

　　d）声像资料可按工程实施顺序、专业、修缮前后对照等组卷。

6.1.4 立卷过程中宜遵循下列要求：

　　a）案卷不宜过厚，一般不超过40mm；

　　b）案卷内不应有重份文件，不同载体的文件一般应分别组卷。

6.2 卷内文件的排列

6.2.1 文字材料按事项、专业顺序排列。同一事项的请示与批复、同一文件的印本与定稿、主件与附件不能分开，并按批复在前、请示在后，印本在前、定稿在后，主件在前、附件在后的顺序排列。

6.2.2 图纸按专业排列，同专业图纸按图号顺序排列。

6.2.3 既有文字材料又有图纸的案卷，文字材料排前，图纸排后。

6.2.4 声像资料的排列按形成时间顺序、同一主题内容、修缮前后对照等排列。

6.2.5 工程实施阶段文件的施工文件按管理、设计依据、文物本体、历史环境、残损修补记录、检测实（试）验记录、新发现文物古迹记录、评定、验收排列。

6.3 案卷的编目

6.3.1 编制卷内文件页号应符合下列规定：

　　a）卷内文件有书写内容的页面均应编写页号。编写页号以独立卷为单位，每卷单独编流水号，编写页号用黑墨印油打号机；

　　b）页号编写位置：单面书写的文件在右下角；双面书写的文件，正面在右下角，背面在左下角；空白页不标页码；

　　c）成套图纸或印刷成册的技术文件材料，自成一卷的，原目录可代替卷内目录，不必重新编写页号；成套图纸或印刷成册的技术文件材料必须分成两卷或两卷以上的，应根据重新分成的案卷，编写卷内目录，按编号规定编写页号，原目录应当以卷内材料对待，放在第一卷卷内目录后；

　　d）如成套图纸在原基础上补充了若干张图纸后，仍组成一卷的，补充的图纸补充在本套图纸末页之后，并在原目录上增加补充图纸的图号、图名。成套图纸新增加的图纸须编写页号，页号编写在原页序后依次续增；

e）如成套图纸中缺少了其中若干张图纸，在原目录中应去掉已作废的图纸，页次应重新编写；

f）案卷封面、卷内目录、卷内备考表不编写页号。

6.3.2　卷内目录的编制应符合下列规定：

a）卷内目录式样宜符合本标准附录C的要求；

b）序号：以一份文件、照片自然张为单位，用阿拉伯数字从1依次标注；

c）文件编号：填写工程文件原有的发文号；图纸应填写图号；

d）责任者：填写文件的直接形成单位和个人。有两个以上责任者时，选择两个主要责任者，其余用"等"代替。在工程文件中，除专家建议、领导讲话外均为单位形成，施工文件、监理文件、竣工验收文件基本上也为单位形成，责任者为形成单位。竣工图纸责任者为竣工图的编制单位。影像资料的责任者为摄影单位；

e）文件材料题名：填写文件标题应反映文件的内容。若不能反映文件主要内容，保留原文件名，自拟标题，外加"［］"号；图纸题名，即本张图纸的图名；

f）日期：填写文件形成的日期或声像资料摄录时间；

g）页号：除最后一份文件外，其他的填写文件在卷内所排的起始页号，每份文件无论是单页还是多页，都只填写首页上的页号。最后一份文件应填写起止页号，即本份文件首页和尾页的编号；

h）备注：备注项要填写本份文件需说明的问题；

i）卷内目录排列在卷内文件首页之前。

6.3.3　卷内备考表的编制应符合下列规定：

a）卷内备考表的式样宜符合本标准附录D的要求；

b）卷内备考表主要标明卷内文件材料的总页数、文字、图纸、照片、拓片或摹本、录音或录像各类文件材料页数(照片、拓片或摹本张数，录音或录像份数)，以及立卷人（或审核人）对案卷组卷情况填写的准确、客观说明（或审查）等情况；

c）卷内备考表排列在卷内文件的尾页之后。

6.3.4　案卷封面的编制应符合下列规定：

a）案卷封面印刷在卷盒、卷夹的正表面，也可采用内封面形式。案卷封面的式样宜符合本标准附录E的图E.1和图E.2的要求；

b）案卷封面的内容应包括：档号、档案馆号、工程名称、保护级别、工程等级、立卷单位、起止日期、保管期限、密级；

c）档号应由文物保护单位档案全宗号、档案案卷号两部分组成。档号由档案保管单位填写；

d）档案馆号应填写档案馆给定的编号。档案馆号由档案馆填写；

e）工程名称由工程对象和工程性质组成，与工程合同名称相一致；

f）保护级别分为全国重点文物保护单位，省级文物保护单位，市、县级文物保护单位和未定级四类；

g）工程等级根据国家规定填写一、二、三、四共四个级别；

h）立卷单位应填写负责组卷的单位或部门；

i）起止日期应填写案卷内全部文件形成的起止日期。具体应为：

1）文件材料卷起止日期为：本案卷所有文件中最早形成的文件日期，终止日期为本案卷文件中最晚形成的文件日期；

2）竣工图卷起止日期为本案卷竣工图章（标）上的最早日期为起，最晚日期为止；

3）声像资料卷起止日期为本案卷所有声像资料中最早摄录的日期，终止日期为本案卷声像资料中最晚摄录的日期；

j）保管期限分为永久、长期、短期三种期限。各类文件的保管期限详见附录A。

k）密级分为绝密、机密、秘密三种。同一案卷内有不同密级的文件，应以高密级为本卷密级。

6.3.5 常规照片档案和数码照片档案的编目按GB/T 11821—2002执行。数码照片档案应编制光盘目录和盘内照片目录。

a）光盘目录应逐张编制。项目应包括光盘号、题名、密级、形成时间、保管期限、张数、备注等；

b）盘内照片应逐张编制目录。项目包括光盘号、保管期限、照片号、照片题名、责任者、拍摄时间、摄影者、类别、备注等；

c）光盘按形成时间为序。光盘上应注明盘号，设置光盘封面，填写相关内容说明(应包括：光盘号、题名、密级、形成时间、保管期限、硬件及软件的环境等)，光盘封面内容与盘内内容要保持一致。

6.3.6 卷内目录、卷内备考表、案卷内封面应采用70g以上白色书写纸制作，幅面统一采用A4幅面。

6.4 案卷装订

6.4.1 案卷可采用装订与不装订两种形式。文字材料必须装订。既有文字材料，又有图纸的案卷应装订。装订应采用线绳三孔左侧装订法，要整齐、牢固，便于装进装具内和从装具内取出，并在使用时减少案卷破损和掉页，并且便于保管和利用。

只有图纸案卷的可以散装在装具内，不装订的案卷要注意页号的编写，每件文件上要加盖档号章，并填写档号章内容，按照编号顺序排列好后装盒。并将卷内目录置于文件之前，备考表置于文件之后，装入盒内。档号章尺寸为：20mm×50mm，如图1所示：

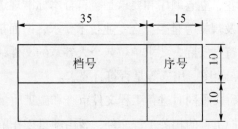

图1 档号章示例

6.4.2 装订时必须剔除金属物和塑料制品。

6.4.3 凡立卷的工程文件（包括文字材料和图纸）小于A4幅面的，一律采用A4幅面的白纸衬托，衬托一般采用五点衬托法，即四角和非装订的中点。

6.5 卷盒、卷夹、案卷脊背

6.5.1 案卷装具一般采用卷盒、卷夹两种形式，具体要求如下：

a）卷盒的外表尺寸为310mm×220mm、430mm×310 mm，厚度分别为20 mm、30 mm、40mm、50mm；

b）卷夹的外表尺寸为310mm×220mm，厚度一般为20～30 mm；

c）卷盒、卷夹应采用无酸纸制作。

6.5.2 案卷脊背的内容：包括保管期限、档号、工程名称、案卷页（件）数等。式样应符合本标准附录F。

6.5.3 盒或卷夹封面、背脊的字迹统一采用黑色。字号统一采用三号仿宋字体。填写应内容清晰，书迹端正。

7 工程文件的归档与移交

7.1 归档应符合下列规定：

    a）归档文件须完整、准确、系统，能够反映文物保护工程项目实施的全过程。工程文件归档范围详见本标准附录A。文件材料的质量符合本标准关于工程文件的质量要求；

    b）归档的文件必须经过分类整理，并应组成符合要求的案卷。

7.2 归档时间应符合下列规定：

    a）根据实施程序和工程特点，工程文件归档可以按阶段分期进行，也可以在单位或分部工程通过竣工验收后进行；

    b）勘察、设计单位应当在任务完成时，施工、监理单位应当在工程质量竣工验收前将各自形成的工程文件立卷后向项目委托单位提交。

7.3 勘察、设计、施工、监理等单位向项目委托单位提交立卷归档的工程文件时，应编制清单，双方签字、盖章后方可交接。

7.4 项目委托单位在汇总勘察、设计、施工单位立卷归档的工程文件后，应根据相关规范要求对工程文件进行审查。

7.5 对立卷归档的工程文件进行审查时，应重点审核以下内容：

    a）工程文件是否齐全、系统、完整；

    b）工程文件的内容是否真实、准确地反映工程实施过程和工程实际状况；

    c）工程文件是否已整理立卷，立卷顺序和要求是否符合本标准规定；

    d）竣工图绘制方法、图式及规格等是否符合专业技术要求，图面是否整洁，是否盖有竣工图章；

    e）文件的形成、来源是否符合实际，要求单位或个人签章的文件，其签章手续必须完备；

    f）文件材质、幅面、书写、绘图、用墨等是否符合要求。

7.6 文物保护工程经申请同意后，可同时进行工程文件审查和施工质量验收。

7.7 终止或暂停实施的文物保护工程的相关工程文件，暂由项目委托单位保管。

7.8 对工程文件提交后新实施的保护工程，包括依据保修合同条款实施的，项目委托单位应当组织设计、施工、监理单位据实修改、完善原工程文件。并在工程竣工验收合格后向原提交的文物管理部门提交一套符合规定的工程文件。

7.9 项目委托单位向文物管理部门提交文物保护工程文件时，应先办理提交有关手续，填写提交目录，双方签字、盖章后方可交接。

附 录 A

（规范性附录）

文物保护工程文件归档范围和保管期限表

文物保护工程文件归档范围和保管期限的归档文件、保存单位（项目委托单位、施工单位、勘察设计单位、监理单位、文物管理部门）和保管期限等如表A.1所示。

表A.1 文物保护工程文件归档范围和保管期限表

序号	归 档 文 件	保存单位和保管期限				
		项目委托单位	施工单位	勘察设计单位	监理单位	文物管理部门
文物保护工程准备阶段文件（由项目委托单位负责收集、整理、归档）						
一	项目准备阶段申请立项文件及批复等					
1	项目立项报告及相关资料	永久				√
2	项目立项报告的审批意见	永久				√
3	与项目立项有关的会议纪要	永久				√
4	保护资金的申请及批复文件	永久				√
5	迁移、原址复原工程的报审及审批意见	永久				√
6	关于迁移、原址复原工程的论证会议纪要	永久				√
7	其他与工程立项有关的应归档文件	永久				√
二	文物古迹内住户搬迁安置文件等					
1	有关住户搬迁的政策性文件	长期				√
2	住户安置意见、方案、协议等	长期				√
3	其他应当归档文件	长期				√
三	勘察（测）设计基础资料					
1	文物古迹价值评估报告	永久	长期	长期	长期	√
2	工程勘察报告					
①	残损情况勘测调查报告	永久	长期	长期	长期	√
②	工程地质（含水文、环境、灾害等）勘察报告	永久	长期	长期	长期	√
③	建筑基础及结构安全性检测报告	永久	长期	长期	长期	√
④	建（构）筑物构件材质鉴定报告	永久	长期	长期	长期	√

WW/T 0024—2010

表A.1 文物保护工程文件归档范围和保管期限表（续）

序号	归档文件	保存单位和保管期限				
		项目委托单位	施工单位	勘察设计单位	监理单位	文物管理部门
⑤	彩绘颜料和依附载体采样分析报告	永久	长期	长期	长期	√
⑥	文物古迹各类病害、危害情况调查分析报告	永久	长期	长期	长期	√
⑦	岩土工程物理、力学特性测试报告	永久	长期	长期	长期	√
⑧	其他有助于研究制订保护措施的勘察报告、采样记录及实验室分析报告	永久	长期	长期	长期	√
3	工程监测报告	永久	长期	长期	长期	√
4	考古勘探发掘资料、考古发掘保护性回填资料、文物保护工程考古配合资料	永久	长期	长期	长期	√
四	方案设计文件					
1	文物保护规划	永久		永久		√
2	文物保护工程方案设计文件					
①	文物保护工程（含白蚁防治、安防、防雷、消防等专项保护）设计方案	永久		永久		√
②	保护工程设计方案论证会议纪要	永久		永久		√
③	保护工程设计方案的报审及批准文件	永久	长期	永久	长期	√
④	彩绘、壁画等专项保护设计方案	永久		永久		√
⑤	其他有关的专业设计方案	永久		永久		√
⑥	有关行政主管部门（消防、水利、港航、白蚁防治、气象等）的批准文件	永久	长期	永久	长期	√
3	施工图设计文件					
①	施工图及说明书	永久	长期	永久	长期	√
②	施工图设计文件报审与批准文件	永久	长期	永久	长期	√
五	招投标文件及合同					
1	工程施工招投标文件	长期	长期			

400

表A.1　文物保护工程文件归档范围和保管期限表（续）

序号	归档文件	保存单位和保管期限				
		项目委托单位	施工单位	勘察设计单位	监理单位	文物管理部门
2	工程施工承包合同	永久	长期			√
3	工程监理招投标文件	长期			长期	
4	监理委托合同	永久			长期	√
5	主要材料及设备采购招投标文件	长期				
6	主要材料及设备采购合同	永久				√
7	勘察设计委托合同	永久		长期		√
8	其他应当归档的合同	永久				√
六	工程开工与质量监督审批文件					
1	文物保护工程开工审查表	永久	长期		长期	√
2	文物保护工程施工许可凭证	永久	长期		长期	√
3	工程质量监督资料	永久	长期		长期	√
七	财务文件					
1	工程投资估算材料	短期				
2	工程设计概算材料	短期				
3	工程施工预算材料	长期			长期	
八	项目负责人质量承诺					
1	项目委托单位项目管理负责人质量保证书	长期				√
2	监理单位项目负责人质量责任书	长期			长期	√
3	施工单位项目负责人质量责任书	长期	长期			√
4	施工单位技术负责人质量责任书	长期	长期			√
文物保护工程施工阶段文件之监理文件（监理单位负责收集、整理、归档）						
一	监理规划和监理实施细则	永久			长期	√
二	工程进度控制文件					
1	工程开工/复工审批表	长期	长期		长期	√

表A.1 文物保护工程文件归档范围和保管期限表（续）

序号	归档文件	保存单位和保管期限				
		项目委托单位	施工单位	勘察设计单位	监理单位	文物管理部门
2	工程开工/复工暂停令	长期	长期		长期	√
3	工程施工进度计划报审表	长期	长期		长期	
三	工程质量控制文件					
1	施工组织设计（方案）报审及审查意见	永久	长期		长期	√
2	监理月报中的有关质量问题	永久			永久	√
3	监理会议纪要中的有关质量问题记录	永久			永久	√
4	不合格工程质量整改通知及回复	永久	长期		长期	√
5	质量事故报告及处理意见	永久			长期	√
四	工程造价控制文件					
1	工程投标实测复查报告	长期			长期	√
2	文物古迹构件解体/落料登记表	永久	长期		长期	√
3	预付款报审与支付单	短期	短期		短期	
4	月付款报审及支付单	短期	短期		短期	
5	设计变更、洽商费用报审与签认单	永久	长期		长期	√
6	工程实际造价核查记录	长期			长期	√
7	工程竣工决算审核意见书	永久	长期		长期	√
五	保护工程各参与单位资质					
1	施工单位资质材料	长期	长期		长期	
2	施工单位管理和专业人员资格材料	长期	长期		长期	
3	试验、检测单位资质材料	长期	长期		长期	
4	供货单位资质材料	长期	长期		长期	
六	工程监理通知					
1	有关进度控制的监理通知	长期			长期	
2	有关质量控制的监理通知	永久			永久	√

表A.1 文物保护工程文件归档范围和保管期限表（续）

序号	归档文件	保存单位和保管期限				
		项目委托单位	施工单位	勘察设计单位	监理单位	文物管理部门
3	有关造价控制的监理通知	长期			长期	
七	合同与其他事项管理					
1	工程延期报告及审批单	永久			长期	√
2	费用索赔报告及审批单	长期			长期	
3	合同争议、违约报告及处理意见	永久			长期	√
4	合同变更材料	永久			长期	√
八	监理工作总结					
1	监理日志				长期	
2	月报总结	长期			长期	
3	专题总结	长期			短期	
4	工程竣工总结	长期			长期	√
5	质量评价意见（报告）	永久			永久	√
文物保护工程施工阶段文件之施工技术文件（施工单位负责收集、整理、归档）						
一	施工技术准备					
1	施工组织设计报审及审查意见	永久	长期		长期	√
2	技术交底记录	长期	长期		长期	
3	图纸会审记录	永久	长期	长期		√
4	施工预算编制及审查意见	长期	短期		短期	
二	施工现场准备					
1	施工安全措施	短期	短期		短期	
2	施工环保措施	短期	短期			
3	文物安全保证措施	长期	长期			√
4	文物保护法律法规培训情况	短期	短期			
三	设计变更、洽商记录					

表A.1 文物保护工程文件归档范围和保管期限表（续）

序号	归档文件	保存单位和保管期限				
		项目委托单位	施工单位	勘察设计单位	监理单位	文物管理部门
1	设计会议会审记录	永久	永久	永久		√
2	设计变更记录	永久	永久	永久		√
3	工程洽商记录	永久	长期	长期		√
四	工程材料、设备证明及检测报告等					
1	工程材料检测、试验汇总表	永久	长期		长期	√
2	工程材料检测、试验报告					
①	工程材料进场报验记录	长期	长期		长期	
②	工程材料选样送检记录	长期	长期		长期	
③	灌浆材料性能测试报告	永久	长期		长期	√
④	化学保护材料性能测试报告	永久	长期		长期	√
⑤	其他材料质量合格证明及检测报告	永久	长期		长期	√
⑥	现代材料试用检（试）验报告	长期	长期		长期	√
3	工程设备检验报告	短期	短期		短期	√
五	残损、修理及补配记录					
1	文物古迹细部、构件残损状况汇总表	永久	长期		长期	√
2	文物古迹细部、构件清污做法汇总表	永久	长期		长期	√
3	文物古迹细部、构件清污做法登记表	永久	长期		长期	√
4	文物古迹细部、构件修复结果登记表	永久	长期		长期	√
5	文物古迹构件防腐、防虫汇总表	永久	长期		长期	√
6	文物古迹构件防腐、防虫登记表	永久	长期		长期	√
六	施工试验记录					
1	文物保护关键工艺试（实）验报告	永久	长期		长期	√
2	新材料、新技术试验报告	永久	长期		长期	√
3	砂浆、混凝土试块强度检测报告	长期	长期		长期	√

表A.1 文物保护工程文件归档范围和保管期限表（续）

序号	归档文件	保存单位和保管期限				
		项目委托单位	施工单位	勘察设计单位	监理单位	文物管理部门
4	商品混凝土出厂合格证、复试报告	长期	长期		长期	√
5	现场锚固拉拔试验报告	永久	长期		长期	√
6	壁画、彩绘颜料试验报告	永久	长期		长期	√
7	其他应当归档的施工试验记录	长期	长期		长期	√
七	施工记录					
1	工程定位测量检查记录	永久	长期		长期	√
2	高程控制	永久	长期		长期	√
3	大木工程施工检查记录	永久	长期		长期	√
4	砖石工程施工检查记录	永久	长期		长期	√
5	屋面工程施工检查记录	永久	长期		长期	√
6	地面与楼面工程施工检查记录	永久	长期		长期	√
7	雕塑工程施工检查记录	永久	长期		长期	√
8	装饰工程施工检查记录	永久	长期		长期	√
9	钢筋混凝土工程施工检查记录	永久	长期		长期	√
10	防腐、油饰等工程施工检查记录	永久	长期		长期	√
11	水电安装工程施工记录	长期	长期		长期	√
12	建筑物位移状况观测记录	永久	长期		长期	√
13	工程竣工测量结果	永久	长期		长期	√
14	化学保护施工检查记录	永久	永久		长期	√
15	锚固施工质量检查记录	永久	长期		长期	√
16	灌浆施工质量检查记录	永久	长期		长期	√
17	新材料、新技术检查记录	永久	长期		长期	√
18	施工日志、大事记		长期			
19	其他应当归档的施工记录	永久	长期		长期	√

表A.1 文物保护工程文件归档范围和保管期限表（续）

序号	归档文件	保存单位和保管期限				
		项目委托单位	施工单位	勘察设计单位	监理单位	文物管理部门
八	隐蔽工程检查（验收）记录					
1	地基加固工程	永久	永久		永久	√
2	结构加固工程	永久	永久		永久	√
3	防雷工程隐蔽部分验收记录	永久	永久		永久	√
4	白蚁防治工程隐蔽部分验收记录	永久	永久		永久	√
5	电气管线地埋工程验收记录	永久	长期		长期	√
6	混凝土浇注隐蔽工程验收记录	永久	长期		长期	√
7	灌浆加固施工验收记录	永久	永久		永久	√
8	其他应当归档的施工隐蔽验收记录	永久	长期		长期	√
九	新发现彩绘、题记及其他文物古迹记录	永久	永久		永久	√
十	工程质量事故处理记录					
1	工程质量事故报告	永久	永久		永久	√
2	工程质量事故调查、处理记录	永久	永久		永久	√
十一	工程质量检验记录					
1	检验批质量验收记录	长期	长期		长期	
2	工序（分项）工程质量验收记录	永久	永久		永久	√
3	分部（子分部）工程质量验收记录	永久	永久		永久	√
4	基础及结构加固工程验收记录	永久	永久		永久	√
5	其他应当归档的质量验收记录	永久	永久		永久	√
文物保护工程竣工图（施工单位负责编制、整理、归档）						
一	综合竣工图					
1	总平面布置图	永久	永久		永久	√
2	竖向布置图	永久	永久		永久	√
3	设计总说明书	永久	永久		永久	√

表A.1 文物保护工程文件归档范围和保管期限表（续）

序号	归 档 文 件	保存单位和保管期限				
		项目委托单位	施工单位	勘察设计单位	监理单位	文物管理部门
二	文物古迹周围相关工程竣工图					
1	给水、消防、雨水、污水、热力等管网综合图	永久	永久		永久	√
2	电气（包括电力、电讯、电视系统等）管线综合图	永久	永久		永久	√
3	环境整治工程竣工图	永久	永久		永久	√
三	文物古迹本体保护工程竣工图					
1	建筑物保护工程竣工图	永久	永久		永久	√
2	基础及结构加固工程竣工图	永久	永久		永久	√
3	危岩土加固工程竣工图	永久	永久		永久	√
4	彩绘、壁画保护工程竣工图	永久	永久		永久	√
5	防雷工程竣工图	永久	永久		永久	√
6	白蚁防治工程竣工图	永久	永久		永久	√
7	其他文物古迹本体保护工程竣工图	永久	永久		永久	√
四	基础设施工程竣工图					
1	装修（装饰）工程竣工图	永久	永久		永久	√
2	电气工程竣工图	永久	永久		永久	√
3	给排水工程（消防工程）竣工图	永久	永久		永久	√
文物保护工程竣工验收阶段文件（由项目委托单位负责收集、整理、归档）						
一	文物保护工程竣工总结					
1	文物保护工程概况表	永久				√
2	项目委托单位提供的工程竣工报告	永久				√
3	施工单位提供的施工总结报告	永久	永久			√
4	设计单位提供的工程质量检查报告	永久		永久		√
5	监理单位提供的工程质量评估报告	永久			永久	√
二	竣工验收记录					
1	单位（子单位）工程施工质量验收记录	永久	永久		永久	√

表A.1 文物保护工程文件归档范围和保管期限表（续）

序号	归 档 文 件	保存单位和保管期限				
		项目委托单位	施工单位	勘察设计单位	监理单位	文物管理部门
2	单位（子单位）工程质量控制资料核查记录	永久	长期		长期	√
3	单位（子单位）工程观感质量检查记录	永久	长期		长期	√
4	分部（子分部、分项）工程施工质量验收记录	永久	永久		永久	√
5	施工现场质量监督检查记录	永久	永久		永久	√
6	验收单位竣工验收意见书	永久	永久		永久	√
7	竣工验收报告	永久	永久		永久	√
8	竣工验收备案表	永久	长期			√
9	相关行政主管部门（消防、水利、白蚁防治、气象等）专项验收认可文件	永久	永久		永久	√
10	竣工验收会议纪要	永久	长期		长期	√
11	文物保护工程质量保修书	永久	长期			√
12	其他应当归档的验收记录资料	永久	长期			√
三	工程结算及决算审核资料	永久	长期		长期	√
四	声像、电子文件					
1	照片资料					
①	工程前后文物古迹全貌及周边环境	永久	永久	永久	永久	√
②	文物古迹位移、变形、细部残损等情况	永久	永久	永久		√
③	文物古迹局部、细部修缮后情况	永久	永久		永久	√
④	文物古迹残损部件修缮、补配后的情况	永久	永久		永久	√
⑤	隐蔽工程施工情况	永久	永久		永久	√
⑥	施工技术处理情况	永久	永久		永久	√
⑦	施工中主要的质量检查、验收等活动	永久	永久		永久	√
⑧	与工程有关的评审、论证会议等活动	永久	永久		永久	√
⑨	新发现的题记、壁画、碑碣和其他文物	永久	永久		永久	√

表A.1 文物保护工程文件归档范围和保管期限表（续）

序号	归档文件	保存单位和保管期限				
		项目委托单位	施工单位	勘察设计单位	监理单位	文物管理部门
⑩	其他具有保存价值的照片资料	永久				√
2	拓片及摹本资料					
①	摩崖石刻、碑碣、重要铭刻等拓片	永久				√
②	壁画、岩画等摹本	永久				√
3	录像资料					
①	隐蔽工程施工情况	永久	永久		永久	√
②	主要施工技术处理情况	永久	永久		永久	√
③	其他具有保存价值的录像资料	永久				√
4	录音资料					
①	与工程有关的评审、论证会议等活动	永久				√
5	电子文件	永久				√

注："√"表示向文物管理部门提交。

附　录　B

（规范性附录）

竣工图纸归档质量要求

B.1　竣工图纸必须使用新的蓝图或计算机直接出图打印，计算机出图必须清晰，不得使用计算机出图的复印件。

B.2　竣工图纸必须与工程实际相符，变更内容必须修改、注记到位（包括被修改部分的相关图纸），标明变更修改依据。修改、注记的方法采用下列五种方法：

　　a）对于文字和数字的修改，可采用杠改法，即用一条细实线将被修改的部分划去，在其附近的适当位置，填写变更后的内容，并注明修改依据；

　　b）对于少量图形的修改，可采用叉改法，即用"×"将被修改部分划去，在其附近的适当位置，绘制修改后的图形，注明修改内容及修改依据；

　　c）对于较多图形的修改，可采用圈改法，即将被修改的部分圈出，在其附近的适当位置，绘制修改后的图形，注明修改内容及修改依据；

　　d）作废图纸不归档，但必须在原施工图目录上进行标注，并注明依据；

　　e）修改依据的要求以及注记方法：

　　　　1）在设计变更的依据性文件中，应当包含被修改图的图号等内容；

　　　　2）设计变更通知单、技术核定单、业务联系单、工程会议纪要等设计变更的依据性文件应注记其原始编号或日期。

B.3　利用施工图改绘竣工图的，按以下三种形式编制：

　　a）凡按图施工无变更的，在原施工图上加盖竣工图章并签字后作为竣工图；

　　b）施工中虽有一般性设计变更，但能将原施工图加以修改补充作为竣工图的，可不重新绘制，在原施工图上修改，注明修改依据，加盖竣工图章并签字后作为竣工图；

　　c）凡施工图结构、工艺、平面布置等有重大改变，或变更部分超过图面1／3的，不宜再在原施工图上修改、补充的，应依据原施工图和设计变更文件重新绘制竣工图。重绘图按原图编号，末尾加注"竣"字或在新图图标内注明"竣工阶段"。

B.4　所有竣工图均应逐张加盖竣工图章并签字认可。

　　a）竣工图章的基本内容应包括："竣工图"字样、施工单位、编制人、审核人、技术负责人、编制日期、监理单位、现场监理、总监；

　　b）竣工图章尺寸为：40mm×70mm，如图B.1所示：

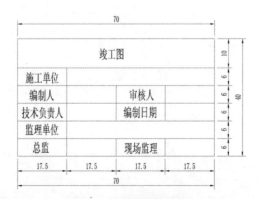

图B.1　竣工图章示例

c）竣工图章应使用不易褪色红印泥或印油，应加盖在蓝图右下角设计图签的上方（即图标栏上方
空白处）；

d）技术负责人、总监必须在审核后签字。

附 录 C
（规范性附录）
卷内目录式样

卷内目录的文件编号、责任者、文件材料题名、日期、页号、备注等如表C.1所示。

表C.1 卷内目录式样

序号	文件编号	责任者	文件材料题名	日期	页号	备注

附 录 D

（规范性附录）

卷内备考表式样

卷内备考表内的文件材料、文字材料、图纸材料、声像材料数量、说明如表D.1所示。

表D.1 卷内备考表式样

本案卷共有文件材料　　　　页，其中：文字材料　　　　页，图纸材料　　　　页， 照片　　　张，拓片或摹本　　　张，录音或录像材料　　　　份。 　说明：   　　　　　　　　　　　　　　　　　　　　　　　　　　立卷人： 　　　　　　　　　　　　　　　　　　　　　　　　　　　　年　月　日 　　　　　　　　　　　　　　　　　　　　　　　　　　审核人： 　　　　　　　　　　　　　　　　　　　　　　　　　　　　年　月　日

附 录 E

（规范性附录）

案卷封面式样

图E.1和图E.2给出了A4、A3案卷封面的档号、档案馆号、工程名称、保护级别、工程等级、立卷单位、起止日期、保管期限等。

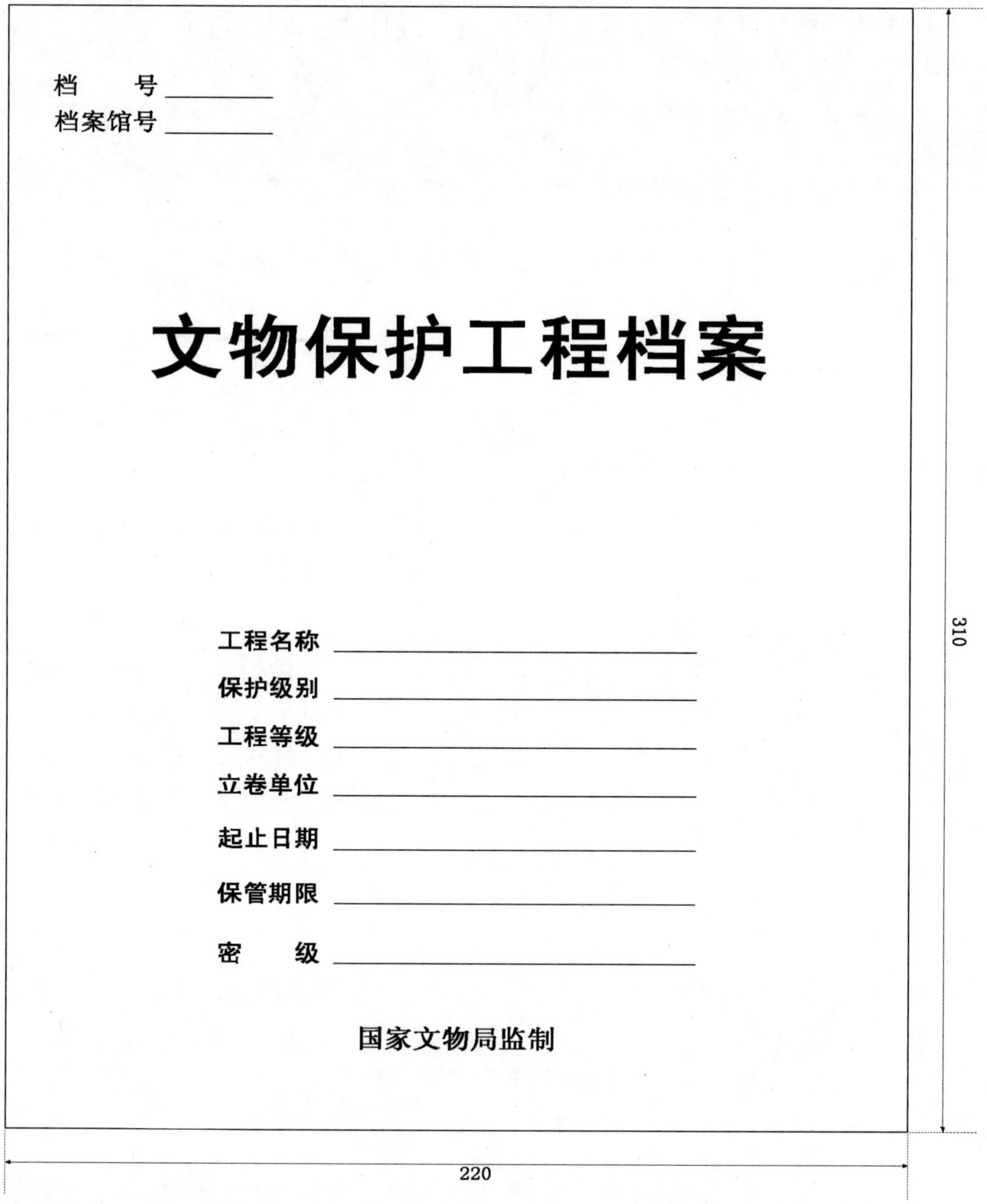

封面尺寸：310mm×220mm

图E.1　A4案卷封面式样

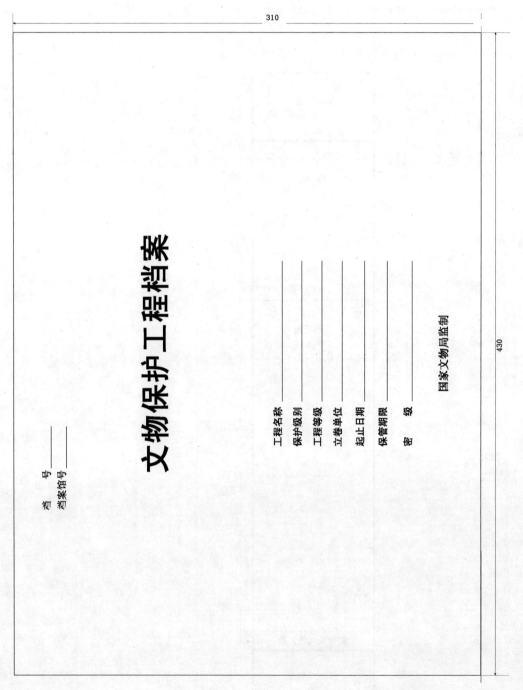

号

档案馆号

文物保护工程档案

工程名称

保护级别

工程等级

立卷单位

起止日期

保管期限

密 级

国家文物局监制

图E.2 A3案卷封面式样

封面尺寸：430mm×310mm

附 录 F

（规范性附录）

案卷脊背式样

图F.1给出了案卷脊背的保管期限、档号、工程名称、页（件）数及尺寸等。

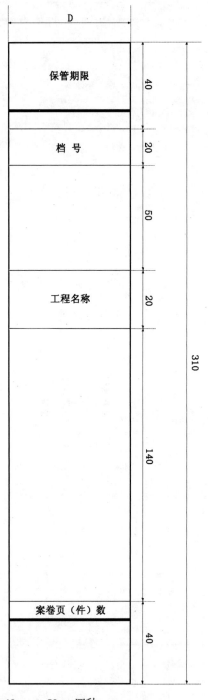

脊背厚度（D）：20 mm、30 mm、40 mm、50 mm四种

图F.1 案卷脊背式样

A16
备案号：29559-2010

中华人民共和国文物保护行业标准

WW/T 0025—2010

馆藏纸质文物保护修复方案编写规范

Specifications for compilation of conservation and restoration
plan of paper collection

2010-07-01发布　　　　　　　　　　　　　　　2010-09-01实施

中华人民共和国国家文物局　　　发　布

前　言

本标准按照GB/T 1.1—2009给出的规则起草。

本标准由中华人民共和国国家文物局提出。

本标准由全国文物保护标准化技术委员会（SAC/TC 289）归口。

本标准起草单位：南京博物院。

本标准主要起草人：奚三彩、郑冬青、范陶峰、陈潇俐、何伟俊、杨毅。

馆藏纸质文物保护修复方案编写规范

1 范围

本标准规定了馆藏纸质文物保护修复方案编写规范的文本内容和格式。

本标准适用于全国馆藏纸质文物保护修复方案的编写。

2 规范性引用文件

下列文件对于本文件的应用是必不可少的。凡是注日期的引用文件，仅注日期的版本适用于本文件。凡是不注日期的引用文件，其最新版本（包括所有的修改单）适用于本文件。

WW/T 0026—2010 馆藏纸质文物病害分类与图示

3 术语和定义

下列术语和定义适用于本标准。

3.1

馆藏纸质文物 paper collection

由收藏机构所收藏的，由纸及写印色料所构成的文物，包括书籍、报刊、档案、图纸、地图、碑帖、拓片、纸币、文书、邮票等。

3.2

消毒 disinfection

通过物理或化学方法杀灭纸质文物上微生物、害虫等。

3.3

清洗 cleaning

通过物理或化学方法去除纸质文物上附着的污染物。

3.4

脱酸 de-acidification

通过脱除纸质文物中所含的游离酸，使pH值处于适宜的范围。

3.5

加固 reinforcement

通过技术措施增加纸质文物的强度，提高其耐久性。

4 保护修复方案文本内容

4.1 概述

馆藏纸质文物保护修复方案文本内容主要包括：封面，各方签章，馆藏纸质文物保护修复方案编制信息表，前言，基本信息与文物价值，保存现状的调查与评估，保护修复工作目标，保护修复的技术路线及操作步骤，风险评估，保护修复的工作量与进度安排，保护修复后的保存和使用条件建议，安全措施，经费预算与管理等。

4.2 封面

馆藏纸质文物保护修复方案封面包括封面一和封面二。封面一是方案文本的首封面,应按照附录A填写;封面二是方案文本的扉页,应按照附录B填写。

4.3 各方签章

馆藏纸质文物保护修复方案应有方案委托单位、方案编制单位和方案参与编制单位法人代表的签章并加盖公章;应有方案编制负责人和方案审核人的签章。各方签章应按照附录C填写。

4.4 保护修复方案编制信息表

馆藏纸质文物保护修复方案编制信息表应按照附录D中的表D.1填写。

4.5 前言

馆藏纸质文物保护修复方案应编写任务来源、目的、意义等内容。

4.6 基本信息与文物价值

4.6.1 基本信息

馆藏纸质文物的基本信息主要包括:登录号、名称、年代、类别、等级、质地、尺寸、质量、收藏单位、入藏时间、来源等。

4.6.2 文物价值

馆藏纸质文物的价值主要包括下列几方面:

a)从历史、艺术、科学等角度说明该文物的文物价值;

b)说明该文物在其收藏单位所收藏文物中的地位及在本地区文物研究中的作用。

馆藏纸质文物的基本信息与文物价值应按照附录E中的表E.1填写,一物一表,附在方案正文之后。

4.7 保存现状的调查与评估

4.7.1 保护修复历史资料调查

若该纸质文物曾做过保护修复,应尽可能提供原保护修复的有关资料。馆藏纸质文物的保护修复历史资料调查情况应按照附录E中的表E.2填写,一物一表,附在表E.1之后。

4.7.2 病害调查

4.7.2.1 应对纸质文物现状进行描述,提供可反映病害状况的保存现状照片。照片拍摄的角度和取景部位应侧重文物病害状况。拍摄时,应在文物旁边放置标尺和色卡。

4.7.2.2 应对纸质文物病害进行描述,绘制病害图,在图中标示出病害的种类和分布。病害图的绘制应根据WW/T 0026—2010。

4.7.2.3 应对纸质文物病害现状做整体评估,一般按基本完好、微损、中度、重度、濒危五级划分。

馆藏纸质文物的病害状况调查应按照附录E中的表E.3填写,一物一表,附在表E.2之后。现状照片和病害图附在表E.3之后。

4.7.3 分析检测

馆藏纸质文物保护修复方案编制时,应对文物做一些必要的分析检测,主要包括:保存环境的温湿度和照度、pH值、写印色料的溶解性、色度等。以上项目未做检测的,需说明原因。重要文物可根据具体情况做更多的检测,如材质纤维、组织结构、书写绘画颜料、有害气体及微生物等。需要取样的,应该按照相关程序申报。

馆藏纸质文物的分析检测情况应按照附录E中的表E.4填写，一物一表，附在表E.3之后。

4.8 保护修复工作目标

4.8.1 保护修复的数量指标

应明确需保护修复馆藏纸质文物的数量。

4.8.2 保护修复的技术指标

应从馆藏纸质文物保护修复前后pH值、色差、柔软度、强度、平整度等方面衡量。

4.9 保护修复的技术路线及操作步骤

4.9.1 保护修复技术路线应是对馆藏纸质文物保存现状调查与评估、保护修复工作目标、保护修复原则、国内外纸质文物保护修复方法充分研究分析的基础上而提出的。

4.9.2 应根据实际情况并依据保护修复技术路线制定操作步骤。

4.9.3 应分别列出各操作步骤中拟采用的材料、工艺，并简述实施过程中的要求。

4.9.4 需异地保护修复处理时，应说明运输过程中运输安全措施、运期等要求。

4.10 风险评估

4.10.1 应说明在馆藏纸质文物保护修复过程中可能出现的技术难题及应对措施。重要文物应先做局部实验，待请专家论证后方可进行技术实施。

4.10.2 应说明在馆藏纸质文物保护修复工作完成后短期和长期保存期间，文物可能出现的问题，并制定应对该问题的具体措施。

4.11 保护修复的工作量与进度安排

4.11.1 保护修复的工作量

应明确整个馆藏纸质文物保护修复项目中各步骤的工作量，根据拟保护修复文物的类别、数量及难度，在具备一定场地、设备的情况下，确定所需技术人员的数量、工作时间等。

4.11.2 工作进度安排

应说明按年月的工作进度时间安排，每时间段的工作量指标。工作进度安排应根据下列各项确定：

a）保护修复的工作量；

b）项目实施技术人员的人数及投入时间；

c）若工作进度可能存在不可预测的风险，应作相应说明。

4.12 保护修复后的保存和使用条件建议

对馆藏纸质文物保护修复后的保存和使用条件提出建议，包括存放方式和环境温湿度、照度等。

4.13 安全措施

4.13.1 应简述馆藏纸质文物保护修复过程中因生化材料的使用而造成的对人体及环境可能的危害，以及应对措施。

4.13.2 馆藏纸质文物保护修复方案的设计中应尽量避免使用产生有害气体的生化材料；在有有害气体产生的情况下，应提出控制方法。

4.13.3 馆藏纸质文物保护修复方案的设计中应尽量避免使用产生有害排放液的生化材料；在有有害排放液产生的情况下，应提出控制方法。

4.14 经费预算与管理

4.14.1　经费预算

馆藏纸质文物保护修复方案应按照国家有关文物保护修复专项经费管理办法编制预算。

4.14.2　经费管理

文物保护修复经费，属于国家专款、地方财政拨款或收藏单位自有（筹）资金的，应按国家有关规定制定使用规则；属于社会捐赠的，制定使用原则时应特别考虑到捐赠单位或个人的有关要求。

5　格式

5.1　幅面尺寸

馆藏纸质文物保护修复方案文本幅面尺寸为A4规格的纸张。

5.2　文本格式

方案名称一律为宋体3号字，正文字体一律为宋体小4号字。

附　录　A

（规范性附录）

封面一

馆藏纸质文物保护修复方案

方　案　名　称 _____

方案委托单位_____

联系人及电话_____

方案编制单位_____

联系人及电话_____

××××年××月

中华人民共和国国家文物局制

附　录　B

（规范性附录）

封面二

可移动文物技术保护设计资质

证书编号：可文设（＿）字＿＿＿＿

方　案　名　称

方案编制单位：

单　位　法　人：

方　案　审　核　人：

方案编制负责人：

方案编制单位

××××年××月

附　录　C

（规范性附录）

各　方　签　章

各方签章

方案委托单位（甲方）：
负责人（签章）　　　　　　　　　　　　　　　（公　章）

　　　　　　　　　　　　　　　　　　　　　　年　月　日

方案编制单位（乙方）：
负责人（签章）　　　　　　　　　　　　　　　（公　章）

　　　　　　　　　　　　　　　　　　　　　　年　月　日

方案编制负责人（签章）

　　　　　　　　　　　　　　　　　　　　　　年　月　日

方案编制参与单位（丙方）：
负责人（签章）　　　　　　　　　　　　　　　（公　章）

　　　　　　　　　　　　　　　　　　　　　　年　月　日

方案编制参与单位（丁方）：
负责人（签章）　　　　　　　　　　　　　　　（公　章）

　　　　　　　　　　　　　　　　　　　　　　年　月　日

方案审核人（签章）

　　　　　　　　　　　　　　　　　　　　　　年　月　日

附 录 D

（规范性附录）

馆藏纸质文物保护修复方案编制信息表

表D.1 馆藏纸质文物保护修复方案编制信息表

方案名称						
方案委托单位						
方案编制单位	名 称					
	单位所在地					
	通讯地址			邮编		
	资质证书			代码		
	主管部门			代码		
方案编制参与单位	序 号	单 位 名 称				
	1					
	2					
	3					
方案编制负责人	姓 名		性别	□男 □女	出生年月	
	学 历	□研究生 □大学 □大专 □中专 □其他				
	职 称	□高级　□中级				
	联系电话			E-mail		
方案主要编制人员	姓 名		职称	□高级 □中级 □初级		
	所在单位					
	编制范围					
方案主要编制人员	姓 名		职称	□高级 □中级 □初级		
	所在单位					
	编制范围					
方案主要编制人员	姓 名		职称	□高级 □中级 □初级		
	所在单位					
	编制范围					

表D.1 馆藏纸质文物保护修复方案编制信息表（续）

方案审核人	姓 名		性别	□男 □女	出生年月	
	职 称	□高级 □中级				
	所在单位					
主要目标 （200字以内）						
技术路线概述 （300字以内）						
方案计划进度			年 月 至 年 月			
方案经费 预算及来源	预算总经费： 万元 其中自筹： 万元，地方财政拨款： 万元，申请国家拨款： 万元					
风险评估						
备 注						

附　录　E
（规范性附录）
馆藏纸质文物情况调查表

表E.1　馆藏纸质文物基本信息与文物价值表

登录号		名　称	
年　代		类　别	
等　级		质　地	
尺寸（cm）		质量（g）	
收藏单位		入藏时间	
来　源			
文物价值描述			

表E.2　馆藏纸质文物保护修复历史资料调查情况表

登录号		名　称	
原保护修复起止时间			
保护修复情况概述	技术方法		
	主要材料		
	设计人员		
	操作人员		
保护修复效果			

表E.3 馆藏纸质文物病害状况调查表

登录号			名　称	
现状描述 （附现状照片）				
病害描述 （附病害图）				
病害类型	纸张病害	水渍	□无　□少量　□大量	
		污渍	□无　□少量　□大量	
		皱褶	□无　□少量　□大量	
		折痕	□无　□少量　□大量	
		变形	□无　□少量　□大量	
		断裂	□无　□少量　□大量	
		残缺	□无　□少量　□大量	
		烟熏	□无　□少量　□大量	
		炭化	□无　□少量　□大量	
		变色	□无　□少量　□大量	
		粘连	□无　□少量　□大量	
		微生物损害	□无　□少量　□大量	
		动物损害	□无　□少量　□大量	
		糟朽	□无　□少量　□大量	
		絮化	□无　□少量　□大量	
		锈蚀	□无　□少量　□大量	
		断线	□无　□少量　□大量	
		书脊开裂	□无　□少量　□大量	

表E.3 馆藏纸质文物病害状况调查表（续）

病害类型	写印色料病害	脱落	□无　□少量　□大量
		晕色	□无　□少量　□大量
		褪色	□无　□少量　□大量
		字迹扩散	□无　□少量　□大量
		字迹模糊	□无　□少量　□大量
		字迹残缺	□无　□少量　□大量
病害的综合评估			□基本完好 □微损 □中度 □重度 □濒危

表E.4　馆藏纸质文物分析检测情况表

登录号		名　称	
分析检测一	取样部位		
	检测目的		
	检测单位		
	检测仪器		
	检测结果		
分析检测二	取样部位		
	检测目的		
	检测单位		
	检测仪器		
	检测结果		
分析检测三	取样部位		
	检测目的		
	检测单位		
	检测仪器		
	检测结果		
分析检测四	取样部位		
	检测目的		
	检测单位		
	检测仪器		
	检测结果		
分析检测五	取样部位		
	检测目的		
	检测单位		
	检测仪器		
	检测结果		

注：分析检测项目超过五项时，表格可向下顺延。

A16
备案号：29560-2010

中华人民共和国文物保护行业标准

WW/T 0026—2010

馆藏纸质文物病害分类与图示

Classification and legends of the diseases of paper collection

2010-07-01发布　　　　　　　　　　　　　　　　2010-09-01实施

中华人民共和国国家文物局　　发　布

前　言

本标准按照GB/T 1.1—2009给出的规则起草。

本标准中的部分内容参照了WH/T 22—2006《古籍特藏破损定级标准》，并与之相协调。

本标准由中华人民共和国国家文物局提出。

本标准由全国文物保护标准化技术委员会（SAC/TC 289）归口。

本标准起草单位：南京博物院。

本标准主要起草人：张金萍、陈潇俐、杨毅、郑冬青、杨隽永、张慧、奚可桢。

馆藏纸质文物病害分类与图示

1 范围

本标准规定了馆藏纸质文物及病害的基本术语、病害分类与图示。

本标准适用于纸质文物病害调查、病害评估、保护修复方案编写、保护修复工作记录制作以及纸质文物保护工作中涉及纸质文物病害的分类及表述工作。

2 术语和定义

下列术语和定义适用于本标准。

2.1

馆藏纸质文物 paper collection

由收藏机构所收藏的，由纸及写印色料所构成的文物，包括书籍、报刊、档案、图纸、地图、碑帖、拓片、纸币、文书、邮票等。

2.2

写印色料 writing materials

在纸张上书写、印刷、绘画以及染纸、涂改所用的材料，主要包括颜料、染料、胶料等。

2.3

纸质文物病害 diseases of paper collection

因物理、化学、生物及人为等因素对纸质文物造成的损害。

3 病害分类

3.1 纸张病害

纸张病害种类有：水渍、污渍、皱褶、折痕、变形、断裂、残缺、烟熏、炭化、变色、粘连、微生物损害、动物损害、糟朽、絮化、锈蚀、断线、书脊开裂。

a）水渍

纸张受水浸润而留下的痕迹。

b）污渍

纸张受污染而形成的斑迹。

c）皱褶

纸张受各种因素作用在纸张表面形成的凹凸皱纹。

d）折痕

纸张由于折叠或挤压而产生的痕迹。

e）变形

纸张因水浸或保存不当导致的整体形状的改变。

f）断裂

纸张从一个整体断为两个甚至多个部分。

g）残缺

由于使用或保管不当等原因，导致纸张出现缺失，无法保持其完整。

h）烟熏

纸张受烟雾熏染产生的痕迹。

ｉ）炭化

因火烧等原因导致的纤维素完全降解。

ｊ）变色

因物理、化学或生物等原因导致化学结构发生变化，纸张颜色发生改变。

ｋ）粘连

因受潮、霉蚀、虫蛀等原因造成的纸张之间的粘结。

ｌ）微生物损害

微生物的滋生对纸张造成的损害。

ｍ）动物损害

昆虫、鼠类等动物活动对纸张造成的污染或损害。

ｎ）糟朽

因化学结构发生严重降解，导致纸张结构疏松，力学强度大幅降低。

ｏ）絮化

因物理、化学或生物原因造成纸张呈棉絮状。

ｐ）锈蚀

铁钉等对纸张造成的腐蚀。

ｑ）断线

线装书的装订线、纸捻损坏。

ｒ）书脊开裂

书脊由于脱胶、线断等原因而导致的开裂。

3.2 写印色料病害

写印色料病害种类有：脱落、晕色、褪色、字迹扩散、字迹模糊、字迹残缺。

ａ）脱落

写印色料与纸张载体发生脱离的现象。

ｂ）晕色

颜色较深部位的呈色物质向浅色部位扩散或沾染的现象。

ｃ）褪色

因物理、化学及生物等因素的作用，导致字迹或颜料色度降低或改变。

ｄ）字迹扩散

字迹边缘呈羽状晕开。

ｅ）字迹模糊

肉眼观察到的字迹不清晰。

ｆ）字迹残缺

字迹出现缺失，无法保持其完整。

4 病害图示

4.1 病害图示的尺寸和颜色

4.1.1 图示的尺寸

图示的尺寸使用时可按比例适当扩大或缩小，符号或线条之间的距离间隔应适度，符号的疏密程度可以反映馆藏纸质文物病害存在的状况。

4.1.2 图示的颜色

图示的颜色为黑色和白色。

4.1.3 图示的线条宽度

图示的线条宽度以0.3mm为宜。

4.2 病害图示的名称和符号

病害图示的名称和符号及其使用说明见表1，病害分类表参见附录A，其图示的使用示例见附录B。

表1 馆藏纸质文物病害图示符号

编号	名称	图示符号	说明
1	水渍	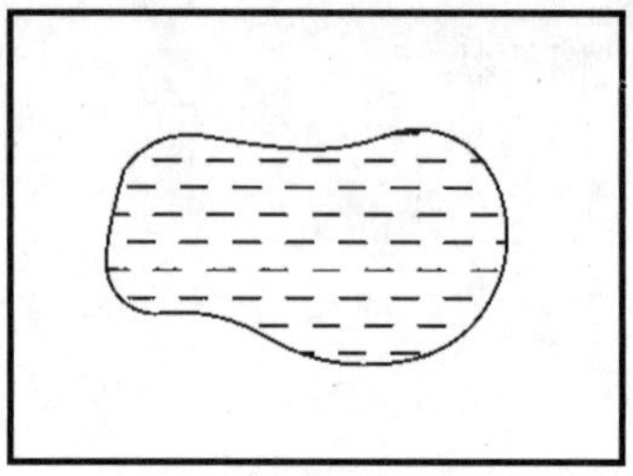	闭合曲线，勾出水渍部位，线段长以2mm、平行线间隔以3mm~5mm为宜。
2	污渍	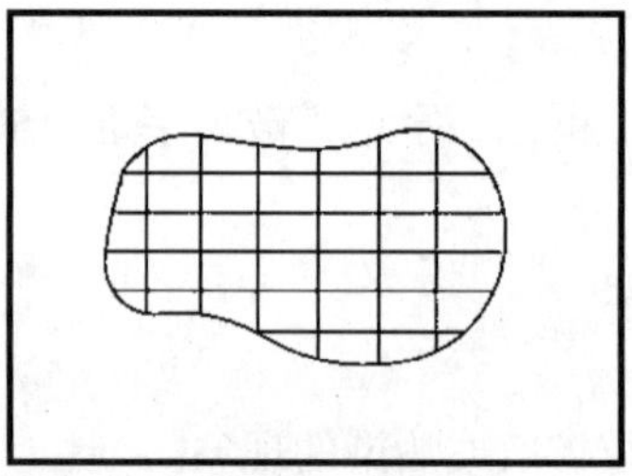	闭合曲线，勾出污渍部位，平行线间隔以3mm~5mm为宜。
3	皱褶	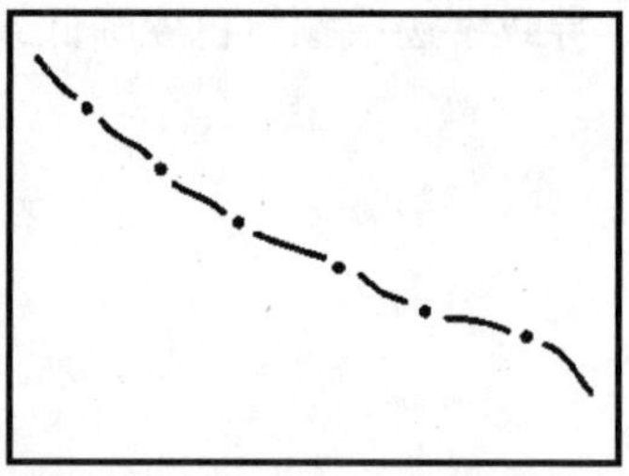	线段长5mm，黑点直径与线段宽度一致。
4	折痕	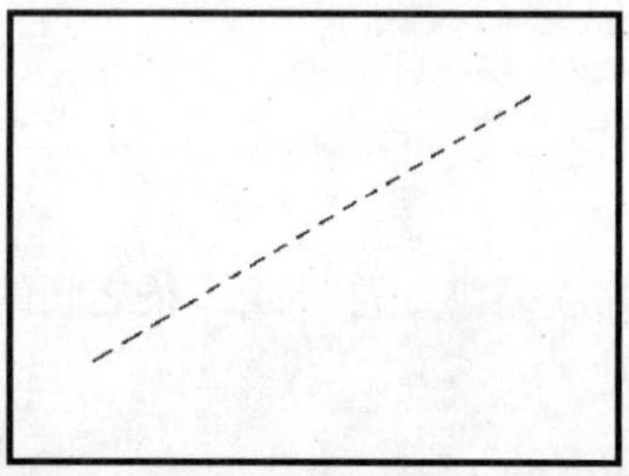	线段以2mm长为宜，随折痕走向勾出折痕痕迹。

表1 馆藏纸质文物病害图示符号（续）

编号	名称	图示符号	说明
5	变形	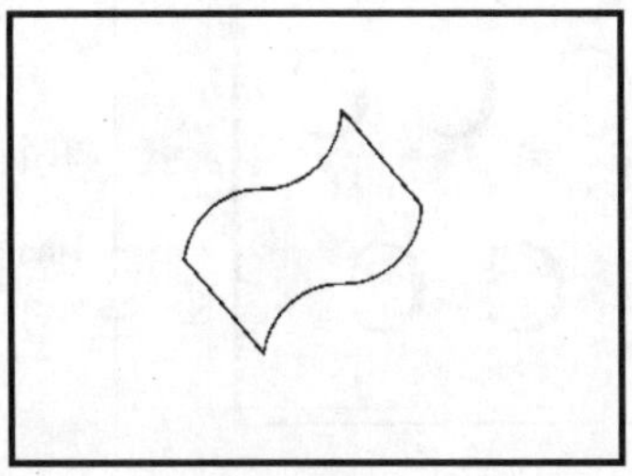	线段长以5mm，曲线以5mm～10mm为宜。
6	断裂	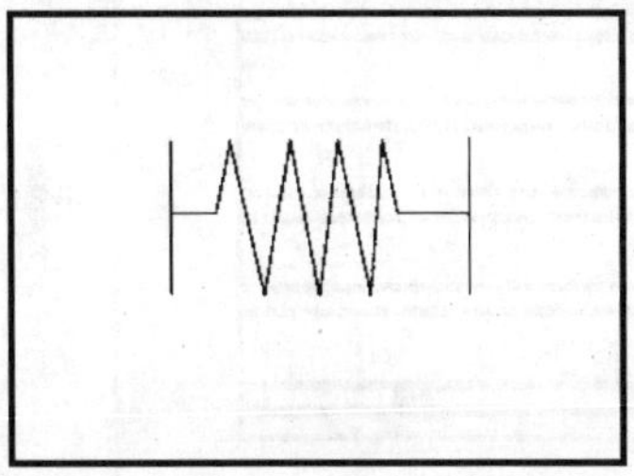	两端线段长以5mm为宜，两线段间连线随断口形状勾出断裂的痕迹。
7	残缺	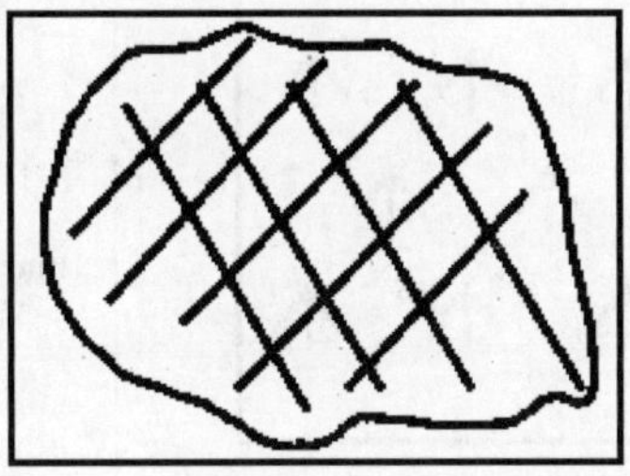	闭合曲线，勾出残缺部位，平行线间隔以3mm～5mm为宜。
8	烟熏	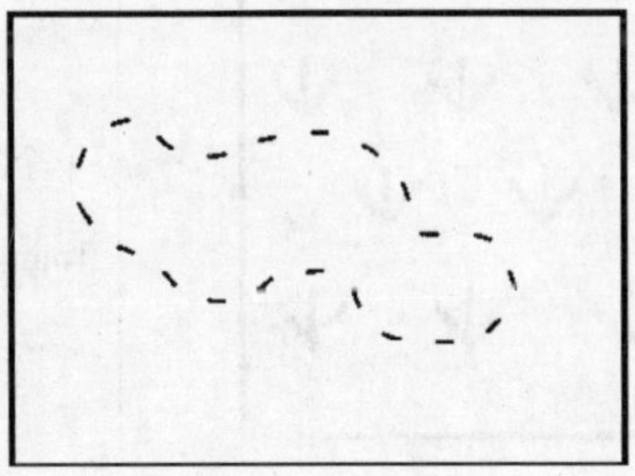	2mm的闭合虚线，勾出烟熏部位。
9	炭化	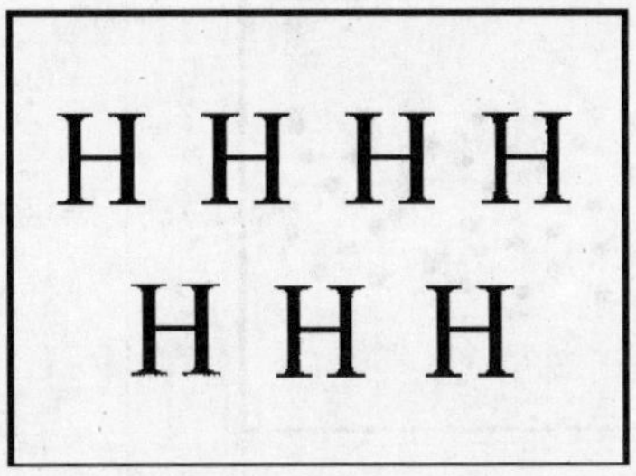	单个符号大小以4mm^{2}为宜，间隔不小于1mm。

表1 馆藏纸质文物病害图示符号（续）

编号	名称	图示符号	说明
10	变色	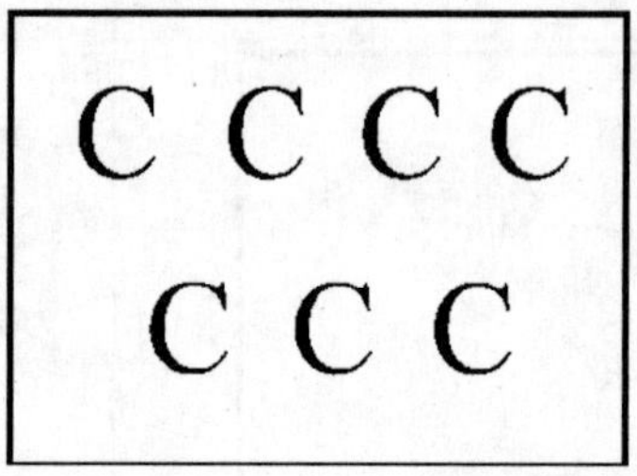 C C C C C C C	单个符号大小以4mm²为宜，间隔不小于1mm。
11	粘连	 （平行线图示）	平行线间隔以3mm～5mm为宜。
12	微生物损害	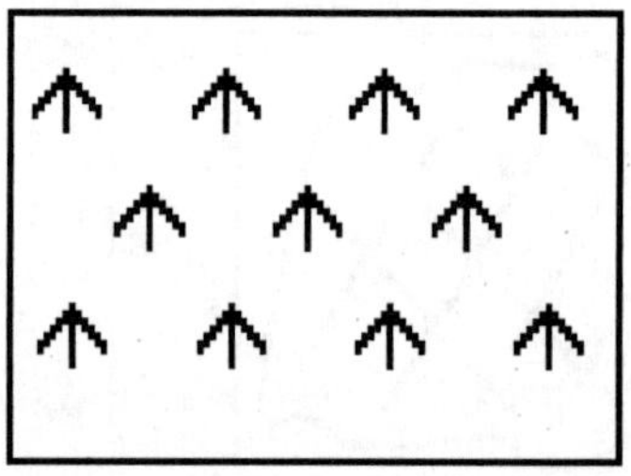 （向上箭头图示）	单个符号大小以4mm²为宜，间隔不小于1mm。
13	动物损害	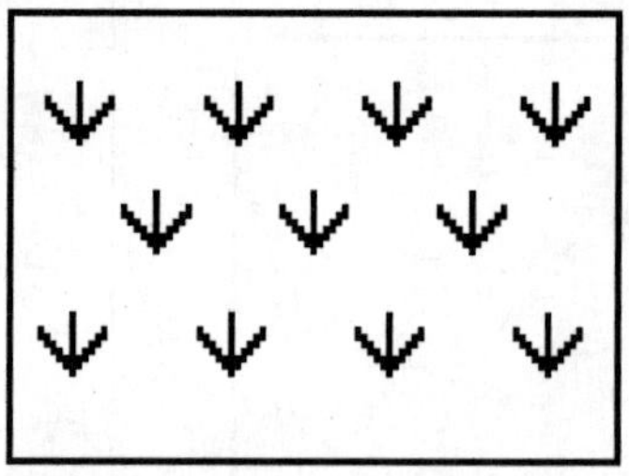 （向下箭头图示）	单个符号大小以4mm²为宜，间隔不小于1mm。
14	糟朽	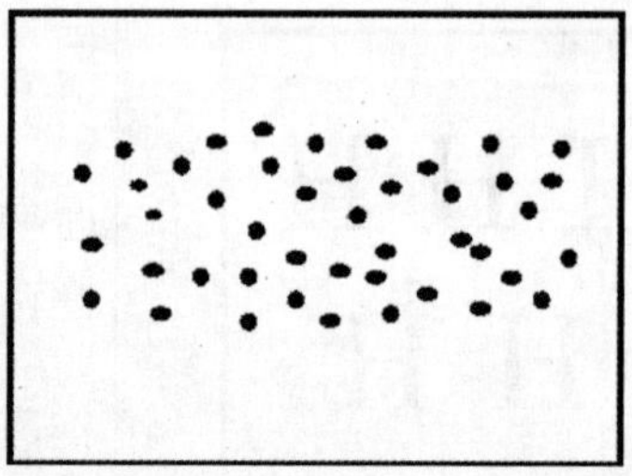 （黑点图示）	黑点直径以不小于0.5mm为宜。

表1 馆藏纸质文物病害图示符号（续）

编号	名称	图示符号	说明
15	絮化	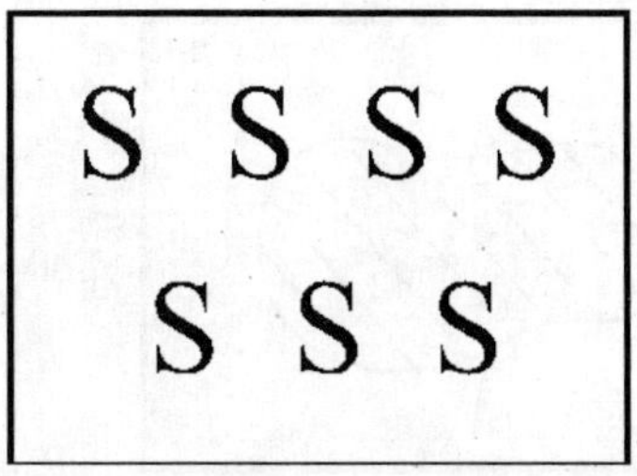 S S S S S S S	单个符号大小以4mm²为宜，间隔不小于1mm。
16	锈蚀	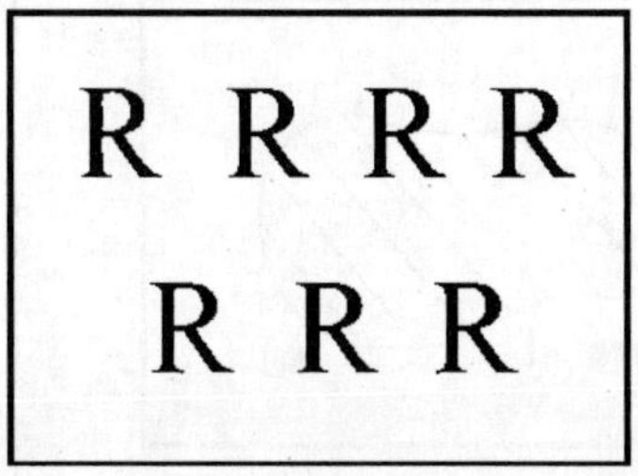 R R R R R R R	单个符号大小以4mm²为宜，间隔不小于1mm。
17	断线	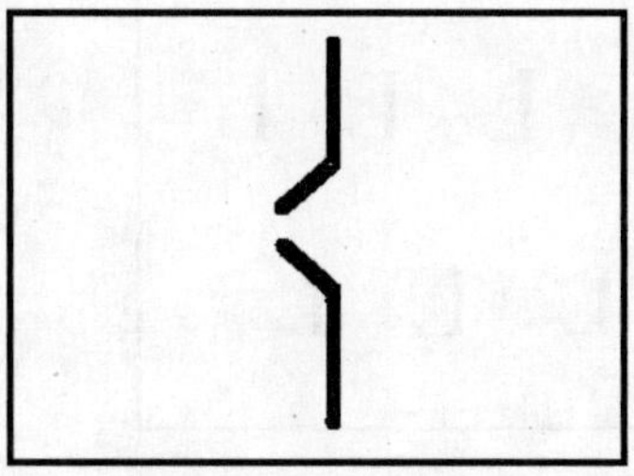	勾出断线部位。
18	书脊开裂	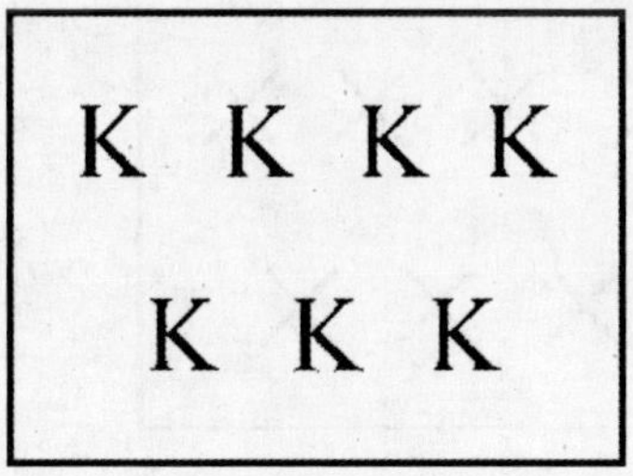 K K K K K K K	单个符号大小以4mm²为宜，间隔不小于1mm。
19	脱落	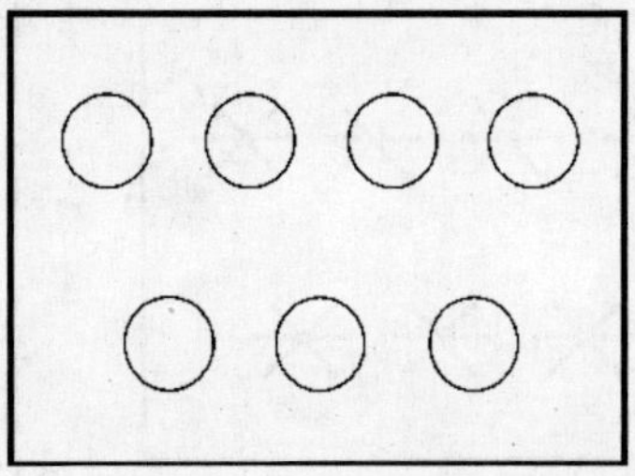 ○ ○ ○ ○ ○ ○ ○	单个符号大小以4mm²为宜，间隔不小于1mm。

表1 馆藏纸质文物病害图示符号（续）

编号	名称	图示符号	说明
20	晕色		闭合曲线，勾出晕色范围，平行虚线间隔以3mm～5mm为宜，倾斜角度以45°为宜。
21	褪色		闭合曲线，勾出褪色范围，平行线间隔以3mm～5mm为宜，倾斜角度以45°为宜。
22	字迹扩散		单个符号大小以4mm^{2}为宜，间隔不小于1mm。
23	字迹模糊		单个符号大小以4mm^{2}为宜，间隔不小于1mm。
24	字迹残缺		单个符号大小以4mm^{2}为宜，间隔不小于1mm。

附　录　A

（资料性附录）

馆藏纸质文物病害分类表

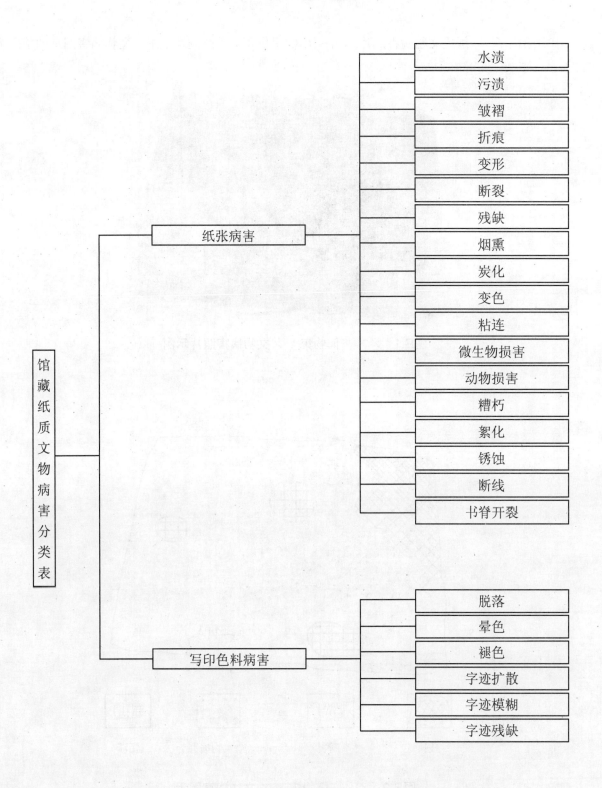

附　录　B

（资料性附录）

馆藏纸质文物病害图示使用示例

　　图B.1给出了××纸质文物病害照片示例；图B.2提供了一种绘制馆藏纸质文物病害图示的使用范例。

图B.1　×××博物馆××文物病害照片示例

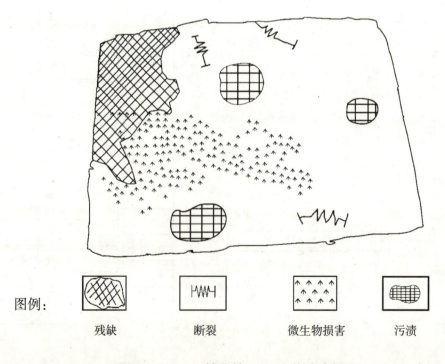

| 图例： | 残缺 | 断裂 | 微生物损害 | 污渍 |

图B.2　×××博物馆××文物病害图示

参 考 文 献

[1] WH/T 22—2006 古籍特藏破损定级标准

_____

A16
备案号：29561-2010

中华人民共和国文物保护行业标准

WW/T 0027—2010

馆藏纸质文物保护修复
档案记录规范

Specification for recording of conservation and restoration
archives of paper collection

2010-07-01发布　　　　　　　　　　　　　　　　2010-09-01实施

中华人民共和国国家文物局　　发　布

前　　言

本标准按照GB/T 1.1—2009给出的规则起草。

本标准由中华人民共和国国家文物局提出。

本标准由全国文物保护标准化技术委员会（SAC/TC 289）归口。

本标准起草单位：南京博物院。

本标准主要起草人：万俐、范陶峰、郑冬青、杨隽永、陈潇俐、奚可桢。

馆藏纸质文物保护修复档案记录规范

1 范围

本标准规定了馆藏纸质文物保护修复档案中的相关术语、文本内容、记录格式、记录用文字、记录信息源及记录方法和规则。

本标准适用于全国馆藏纸质文物保护修复工作的档案记录。

2 规范性引用文件

下列文件对于本文件的应用是必不可少的。凡是注日期的引用文件，仅注日期的版本适用于本文件。凡是不注日期的引用文件，其最新版本（包括所有的修改单）适用于本文件。

GB/T 11821—2002 照片档案管理规范

GB/T 11822—2008 科学技术档案案卷构成的一般要求

GB/T 18894—2002 电子文件归档与管理规范

WW/T 0026—2010 馆藏纸质文物病害分类与图示

3 术语和定义

下列术语和定义适用于本标准。

3.1

馆藏纸质文物 paper collection

由收藏机构所收藏的，由纸及写印色料所构成的文物，包括书籍、报刊、档案、图纸、地图、碑帖、拓片、纸币、文书、邮票等。

3.2

纸质文物病害 diseases of paper collection

纸质文物因物理、化学、生物及人为等因素造成的损害。

4 馆藏纸质文物保护修复档案内容

4.1 概述

馆藏纸质文物保护修复档案记录包括：文物保护修复基本信息、文物保存现状、文物检测分析、文物保护修复过程记录、文物保护修复验收等。

4.2 文物保护修复基本信息

基本信息包括：

a）文物名称、收藏单位、登录号、年代、来源、类别和级别；

b）文物保护修复方案编制单位、保护修复单位、方案名称及编号、批准单位及文号、文物提取日期、返还日期、提取经办人和返还经办人等。

纸质文物的保护修复基本信息按照附录A中的表A.1填写。

4.3 文物保存现状

4.3.1 文物原保存环境

记录纸质文物保护修复前保存环境的条件与状况，包括温湿度条件、采光照明条件、保存形式、保存建筑物情况等。

4.3.2 外形尺寸

4.3.2.1 计量单位

以厘米（cm）为常用单位。

4.3.2.2 记录方法

记录的有效数字宜保留至小数点后一位。

4.3.3 质量

4.3.3.1 计量单位

以克（g）为常用单位。

4.3.3.2 记录方法

记录的有效数字可保留至小数点后两位。

4.3.4 文物原保护修复记录

记录以往对纸质文物所做过的技术处理，注明原保护修复的时间、部位、所使用的主要材料、技术方法、保护修复人员、保护修复效果等。

4.3.5 病害状况

记录纸质文物的病害状况。纸质文物病害状况的记录方法可按照WW/T 0026—2010表示。

4.3.6 影像资料

对保护修复前的纸质文物进行拍照，照片的采集要求参见《文物二维影像技术规范（实行）》。

以上主要涉及的纸质文物原保存环境、外形尺寸、质量、原保护修复记录、病害状况及影像资料按照附录A中的表A.2填写。

4.4 文物检测分析

4.4.1 概述

对馆藏纸质文物的检测分析可分为两种情况，对文物材质的检测分析和病害状况的检测分析。馆藏纸质文物检测分析结果按照附录A中的表A.3填写。

4.4.2 文物材质检测分析

文物材质的检测通常会在馆藏纸质文物保护修复方案中体现，该部分的检测分析数据可以参照方案中提供的数据。如果保护修复方案中没有该数据，则在项目实施前进行相应的检测。

4.4.3 病害状况检测分析

在馆藏纸质文物保护修复项目实施前，通常会对纸张的酸化或老化程度、纸张表面滋生的霉斑等污染物、纸张表面的写印色料的溶解度等进行详细分析。

4.5 保护修复过程记录

4.5.1 概述

对纸质文物保护修复全过程做概述性记录，内容包括保护修复材料、工艺步骤和操作条件。

4.5.2 材料

详细记录纸质文物保护修复过程中所使用的材料，包括材料的名称、质地、规格及来源。

4.5.3 工艺步骤

记录操作过程中所使用的技术方法和操作步骤，包括消毒、清洗、加固、修复、包装、保管等。

4.5.4 操作条件

记录操作过程中使用过的仪器设备和操作环境的温度、湿度等情况。

4.5.5 影像

a）记录对纸质文物保护修复过程中关键工艺的照片，必要时可采取视频的方式；

b）影像资料可以数字载体形式提供，并注明调取或链接方法。

4.5.6 技术变更

纸质文物保护修复过程中，如遇到未能预料的情况，应详细记录原因和现象、变更后的方案及实施效果。

4.5.7 项目负责人

记录负责该保护修复项目的责任人姓名。

4.5.8 保护修复人、完成日期

记录保护修复操作人员的姓名及保护修复完成的时间。

4.5.9 保护修复日志

保护修复日志包括材料、操作步骤、操作条件以及相关影像资料，由保护修复操作人员根据实际工作情况填写，可连续附加。

纸质文物保护修复过程记录按照附录A中的表A.4填写。

4.6 验收

4.6.1 自评估意见

保护修复工作完成后，由保护修复操作人员从下列几方面撰写自评估意见：

a）是否完成方案预期目标；

b）变更方案内容及原因；

c）修复效果；

d）使用与保管条件要求；

e）存在问题及讨论；

f）完成进度。

4.6.2 验收意见

应记录项目评审专家的评审结论，验收意见栏由验收人或单位填写并签章。

以上自评估意见及验收意见按照附录A中的表A.5填写。

4.7 保护修复档案记录封面

保护修复档案记录封面格式按照附录B填写。

4.8 附件

纸质文物检测分析的原始数据资料、详细的保护修复日志及影像资料可作为附件，附在表格后面。

5 保护修复档案记录介质

5.1 介质分类

保护修复档案记录介质分为纸质文本和电子文档。

5.2 纸质文本

5.2.1 保护修复档案记录用纸的幅面为A4大小的材料纸。

5.2.2 制作档案的书写材料及工具，应符合耐久性要求（如：热敏纸、复写纸、铅笔、圆珠笔、红墨水、纯蓝墨水等不能使用）。

5.2.3　计算机打印的图表、数据资料和测试分析机构的检测报告书等应按顺序附在记录的相应位置，或另行整理装订成册并加以编号。

5.2.4　保护修复档案记录应保持完整，不得缺页或挖补；如有缺、漏页或添页，应详细说明原因。

5.3　电子文档

使用数码相机、数码摄像机、扫描仪等电子设备所拍摄的文物保护修复过程，应按编号记录其电子信息并将相关电子资料整理汇集，同时注明电子资料的编号、文件名、路径等，以便查对。

6　保护修复档案的书写

6.1　保护修复档案要详细、清楚、真实地记录文物保护修复的全部过程。

6.2　采用横写方式，书写应工整。文件材料的编号项、时间项、分类项中应使用阿拉伯数字。

6.3　记录用文字必须是规范的简化汉字，少数民族文字及外文依其书写规则。常用的外文缩写应符合规范，首次出现时必须注明外文原文，并加以中文注释。记录中的术语或词汇以译文表示时，应注明其外文名称。对于需多种文字对照的文物保护修复档案，在以汉字记录的同时，应按文物收藏单位的规定确定其他记录用文字。

6.4　保护修复档案记录应使用规范的专业术语。

6.5　保护修复档案记录不得随意删除、修改或增减数据。如必须修改，可在修改处划一斜线，保证修改前的记录能够辨认，并由修改人和批准人签字，注明修改时间及原因。

7　保护修复档案的存档

馆藏纸质文物保护修复项目完成后，应按GB/T 11822—2008的要求将保护修复档案记录整理归档。影像资料档案的保存应符合GB/T 11821—2002的要求。将已归档的纸质文本转化为电子文档及电子文档归档时，按GB/T 18894—2002的有关规定执行。

附 录 A

(规范性附录)

馆藏纸质文物保护修复档案记录

表A.1　馆藏纸质文物保护修复基本信息表

文物名称			
收藏单位		登录号	
来　源		年　代	
类　别		级　别	
方案设计单位		保护修复单位	
方案名称及编号		批准单位及文号	
提取日期		提取经办人	
返还日期		返还经办人	
备　注			

表A.2 馆藏纸质文物保存现状表

文物原保存环境			
外形尺寸		质　量	
文物原保护 修复记录			
病害状况			
影像资料			
备　注			

表A.3 馆藏纸质文物检测分析表

样品编号	
样品名称	
样品描述	
检测目的	
检测分析方法	
检测结果	
检测单位	
备　注	

表A.4　馆藏纸质文物保护修复过程记录表

综述（材料、工艺步骤及操作条件，附影像资料）：		
技术变更		
项目负责人	保护修复人	
完成日期	审　核	
保护修复日志		
日　期	文物保护修复主要过程	

表A.5　馆藏纸质文物保护修复验收表

自评估意见：
签 章： 日 期：
验收意见：
签 章： 日 期：

附 录 B

(规范性附录)

封 面

馆藏纸质文物保护修复

档案记录

项目名称：＿＿＿＿＿＿＿＿

文物名称：＿＿＿＿＿＿＿＿

××年××月

中华人民共和国国家文物局制

参 考 文 献

［1］ 《博物馆文物信息指标体系规范（试行）》（文物博发［2001］81号）中《文物二维影像技术规范（实行）》

_____

A16
备案号：29562-2010

中华人民共和国文物保护行业标准

WW/T 0028—2010

砂岩质文物防风化材料保护效果评估方法

Test methods for the evaluation of anti-weathering materials
for the conservation of the sandstone monument

2010-07-01发布　　　　　　　　　　　2010-09-01实施

中华人民共和国国家文物局　　发 布

前　言

本标准按照GB/T 1.1—2009给出的规则起草。

本标准由中华人民共和国国家文物局提出。

本标准由全国文物保护标准化技术委员会（SAC/TC 289）归口。

本标准起草单位：国家文物局砖石质文物保护重点科研基地（西安文物保护修复中心）、中国文化遗产研究院、武汉大学、广州市白云文物保护工程有限公司、中国地质大学（武汉）。

本标准主要起草人：周伟强、齐扬、高峰、马涛、童华、杜慧茹、方云、甄广全、甄刚、王永进等。

砂岩质文物防风化材料保护效果评估方法

1 范围

本标准规定了砂岩质文物防风化材料保护效果评估中的相关术语、检测内容、检测程序及其具体检测方法。

本标准适用于风化砂岩质文物保护中渗透加固和表面防护材料的效果评估工作。

2 规范性引用文件

下列文件对于本文件的应用是必不可少的。凡是注日期的引用文件，仅注日期的版本适用于本文件。凡是不注日期的引用文件，其最新版本（包括所有的修改单）适用于本文件。

GB/T 17146—1997　建筑材料水蒸气透过性能试验方法

GB/T 2542—2003　砌墙砖试验方法

JGJ/T 23—2001　J115—2001　回弹法检测混凝土抗压强度技术规程

MT 41—1987　岩石孔隙率测定方法

MT 47—1987　煤和岩石单向抗拉强度测定方法

3 术语和定义

下列术语和定义适用于本标准。

3.1

砂岩质文物　sandstone monument

以砂岩制作的文物遗存，包括石窟寺、摩崖题刻、石雕、石刻、造像、碑碣、工具、建筑构件等。

3.2

风化作用　weathering

由环境因素所引起的砂岩物理和化学性能的变化。

3.3

风化层　weathered layer

砂岩表层中由于风化作用所产生的相对脆弱层。

3.4

渗透加固材料　materials for penetrating consolidation

为提高风化砂岩强度所使用的具有一定渗透性的材料。

3.5

表面防护材料　materials for surface protection

为提高风化砂岩表面耐候能力，减缓其风化所使用的材料。

4 检测内容

4.1 安全性检测

砂岩质文物防风化保护必须在保证文物安全的前提下进行，在进行材料保护效果评估之前应先进行材料安全性检测工作，检测材料是否对文物本体造成损伤。检测项目包括材料的酸碱性检测、接触反应试验、崩解试验、膨胀收缩性检测等。

4.2 实验室检测

在实验室内进行的材料性能检测。检测项目包括表面色泽检测、微观结构变化检测、渗透深度检测、吸水率及孔隙率检测、透气性检测、强度检测、防水性检测等。

4.3 人工老化试验

在老化试验设备中对标准样块进行加速老化，检测材料的耐老化性能。检测项目包括湿热老化检测、冻融老化检测、可溶盐老化检测、酸碱老化检测、紫外老化检测等。

4.4 户外暴晒试验

将标准样块放置于和拟保护对象基本相同的环境中进行自然老化，检测此条件下材料的耐候性能。并根据实验进程进行周期性检测。

4.5 现场试验

按照文物保护基本原则，在现场开展针对性的小范围实验，并采用无损或微损检测技术进行表面色泽、微观结构及其防风化性能检测。

5 检测程序

砂岩质文物防风化材料保护效果检测一般按图1所示程序进行。

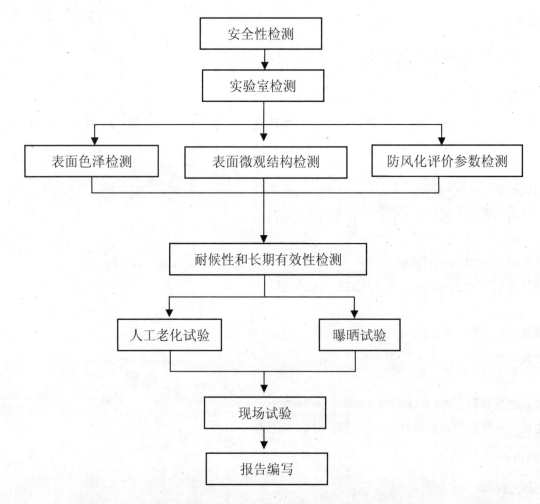

图1 砂岩质文物防风化保护效果评估流程图

6 检测方法

6.1 样块制备

本标准中使用的样块分为试验样块、参比样块和标准样块三类。其中试验样块用于材料安全性检测、渗透性能检测、对比试验以及标准样块制备等工作；参比样块用于保护效果比对工作；标准样块用于实验室检测及暴晒试验工作。具体制备方法如下：

a）试验样块：采取与拟保护砂岩文物质地相同、风化程度相近的砂岩制成底边面积5cm×5cm的长方体或底边直径为5cm的圆柱体，在干燥箱内105℃烘干24h，干燥器内冷却到室温制得试验样块。对试验样块尺寸有特殊要求的检测项目，也可按其检测设备要求尺寸制作样块；

b）参比样块：采取与拟保护砂岩文物质地相同未风化砂岩，采取上述步骤制成参比样块；

c）标准样块：采用文物保护实施过程中拟用的材料浓度及其实施工艺对试验样块进行处理，完成正常养护，待材料加固过程完成后取得标准样块。

标准样块的处理宜采取浸泡处理的方式进行，浸泡时间统一规定为5min；渗透加固试验采用全浸泡处理，处理过程中始终维持加固材料液面高于样块1cm左右；表面防护试验宜采用单边浸泡方式处理，样块风化面向下倒立于处理溶液中，处理过程中始终维持液面高于风化面2mm左右，5min后取出并用滤纸吸去多余液体，完成正常养护。

处理过程中，所有样块纹理朝向与拟保护对象纹理朝向尽可能一致，检测试验过程中每组试验使用的平行样块应在3块以上。

6.2 渗透加固材料检测

6.2.1 材料安全性检测

6.2.1.1 pH值检测

采用酸度计或精密pH试纸测定测试材料（实施浓度）的pH值。

6.2.1.2 接触反应测试

将测试材料滴加在试验样块表面并进行观察，如表面有气泡生成、严重变色及溶蚀等现象，说明测试材料存在安全隐患，终止后续评估试验。

6.2.1.3 崩解试验

将试验样块（如试验样块风化严重，用参比样块代替）浸入测试材料中24h，然后取出置于室温下一周以上，观察样块在浸泡过程和固化过程中是否发生开裂、破损、崩解等破坏现象，如出现上述现象，说明测试材料存在安全问题，终止后续评估试验。

6.2.1.4 膨胀及收缩性检测

将试验样块分别浸泡于测试材料溶液和蒸馏水（或去离子水）中24h（如试验样块风化严重，用参比样块代替），测定浸泡前及浸泡24h后样块的体积，分别计算样块在测试溶液中与水中的浸泡膨胀（收缩）系数。膨胀（收缩）系数按式（1）计算。

$$P = (V_{浸泡} - V_0) / V_0 \times 100\% \quad\cdots\cdots\cdots\cdots\cdots\cdots \text{（1）}$$

式中：

$V_{浸泡}$——为浸泡后试样体积；

V_0——为样块初始体积。

6.2.2 表面色泽检测

分别采用色差测量仪和光泽度测量仪测定标准样块防风化处理前后表面10个测量点以上的色度值与光泽度，要求测量过程中10个测试点必须逐一对应（消除干扰），并求出其色差变化ΔE*的平均值与光泽度变化的平均值。

6.2.3 微观结构检测

采用岩相显微镜、扫描电镜等观察标准样块剖面的微观形貌及材料和砂岩颗粒的胶结情况。

6.2.4 孔隙率检测

按照MT 41—1987的方法进行检测。分别测定标准样块及参比样块的孔隙率。

6.2.5 渗透性能检测

在培养皿中放置厚度约为0.5cm的铁丝网层，将试验样块风化面向下放置于铁丝网上，向培养皿中添加测试材料，始终维持液面高于风化面2mm左右，持续渗透5min，测量材料吸收上升的最大高度。

同时，用纯净水替代测试材料进行上述测试工作进行相互比较。

6.2.6 透气性检测

按照GB/T 17146—1997的方法进行检测。分别测定标准样块及参比样块的透气率。

6.2.7 强度测试（逐项检测或根据具体情况择项进行）

6.2.7.1 表面回弹强度检测

按照JGJ/T 23—2001 J115—2001的方法，采用适合的岩石回弹强度测定仪分别测定标准样块、试验样块和参比样块的回弹强度。

6.2.7.2 抗钻强度检测

采用专用抗钻仪，在适合钻速、推进压力下，分别对标准样块、试验样块和参比样块进行抗钻试验，绘制钻进深度对应钻进时间曲线，曲线斜率为抗钻指数。

6.2.7.3 机械强度检测

按照GB/T 2542—2003中抗压和抗折强度测定方法及按照MT 47—1987中抗拉强度的测定方法，分别测定标准样块、试验样块和参比样块的抗压、抗折与抗拉强度。

6.2.7.4 其他强度检测

针对风化严重的砂岩也可采用点荷载仪或划痕检测方法进行测定。

6.2.8 人工老化试验

6.2.8.1 湿热老化检测

按附录A中湿热老化试验方法分别对试验样块、标准样块进行老化处理。

观察老化过程中标准样块处理层（含过渡层）的变化情况；进行表面色泽、微观结构、孔隙率及其强度检测，并与试验样块进行比较。

6.2.8.2 冻融老化检测

按附录A中冻融老化试验方法分别对试验样块、标准样块进行老化处理。

观察老化过程中标准样块处理层（含过渡层）的变化情况；进行表面色泽、微观结构、孔隙率及其强度检测，并与试验样块进行比较。

6.2.8.3 可溶盐老化检测

按附录A中可溶盐老化试验方法分别对试验样块、标准样块进行老化处理。

观察老化过程中标准样块处理层（含过渡层）的变化情况；进行表面色泽、微观结构、孔隙率及其强度检测，并与试验样块进行比较。

6.2.9 户外暴晒试验

将标准样块放置于和拟保护砂岩文物保存环境条件基本一致的环境下，进行自然老化，评价材料的耐候性检测。按材料老化进程进行持续监测，总检测期不少于3年。检测项目应涵盖表面色泽、微观结构、孔隙率、透气性、强度等。

6.2.10 现场试验

按照文物保护基本原则，对筛选出的材料采用现场适用的施工工艺及其浓度进行小范围的现场实施。采用无损（微损）检测技术进行表面色泽、微观结构、抗钻强度及超声波速等检测。

6.3 表面防护材料检测

6.3.1 材料安全性检测

按照6.2.1中的规定执行。

6.3.2 表面色泽检测

按照6.2.2中的规定执行。

6.3.3 微观结构检测

按照6.2.3中的规定执行。

6.3.4 渗透性检测

按照6.2.5中的规定执行。

6.3.5 透气性检测

按照6.2.6中的规定执行。

6.3.6 防水性检测

6.3.6.1 憎水性测定

采用接触角测定仪测定标准样块表面接触角数值。

6.3.6.2 吸水率测定

标准样块及参比样块分别按下述步骤进行吸水率测定：

a）样块在温度23℃±2℃，相对湿度50%±5%的环境内放置24h，称取试验前初始重量W_1（精确到10mg）；

b）在玻璃水槽中加入蒸馏水或去离子水，调节水温为23℃±2℃，并在整个过程中保持该温度；

c）将样块放入玻璃水槽，并使每个样块完全浸没于水中，液面与样块顶部距离不少于50mm，样块之间间隔不少于10mm。浸泡过程中，如果水的颜色发生变化应予以更换，也可使用循环水系统。如果需要，可在浸泡中途补充水量，持续浸泡24h；

d）在规定的浸泡时间结束后，将样块从槽中取出，用滤纸吸干，在步骤a）的条件下稳定24h，称取浸泡后重量W_2（精确到10mg）。

吸水率按式（2）计算。

$$C=（W_2-W_1）/W_1×100\% \cdots\cdots\cdots\cdots\cdots（2）$$

式中：

W_1——为浸泡前重量；

W_2——为浸泡后重量。

6.3.6.3 卡斯特吸水指数检测

采用卡斯特吸水率测定仪测定标准样块与参比样块单位面积内样块的吸水量对应吸水时间曲线，曲线斜率即为吸水指数。

6.3.7 人工老化试验

6.3.7.1 酸、碱老化检测

按附录A中酸碱老化试验方法分别对试验样块、标准样块进行老化处理。

观察老化过程中标准样块处理层（含过渡层）的变化情况；进行表面色泽、微观结构、透气性及其表面防水性能检测，并与试验样块进行比较。

6.3.7.2 可溶盐老化检测

按附录A中可溶盐老化试验方法分别对试验样块、标准样块进行老化处理。

观察老化过程中标准样块处理层（含过渡层）的变化情况；进行表面色泽、微观结构、透气性及其表面防水性能检测，并与试验样块进行比较。

6.3.7.3 紫外老化检测

按附录A中紫外辐照老化试验方法分别对试验样块、标准样块进行老化处理。

观察老化过程中标准样块处理层（含过渡层）的变化情况；进行表面色泽、微观结构、透气性及其表面防水性能检测，并与试验样块进行比较。

6.3.7.4 冻融老化检测

按附录A中冻融老化试验方法分别对试验样块、标准样块进行老化处理。

观察老化过程中标准样块处理层（含过渡层）的变化情况；进行表面色泽、微观结构、透气性及其表面防水性能检测，并与试验样块进行比较。

6.3.7.5 耐磨检测

按附录A中磨损试验方法分别对试验样块、标准样块进行耐磨处理。

观察老化过程中标准样块处理层（含过渡层）的变化情况；进行表面色泽、微观结构、透气性及其表面防水性能检测，并与试验样块进行比较。

6.3.8 户外暴晒试验

试验方法按6.2.9中的规定执行，进行表面色泽、微观结构、透气性、防水性指标检测。

6.3.9 现场试验

试验方法按6.2.10中的规定执行，进行接触角及卡斯特吸水系数检测，还可采用无损（微损）技术进行其他检测。

7 应用说明

本标准第5章和第6章中列出了渗透加固材料和表面防护材料保护效果评估的基本程序与检测方法。由于材料防风化效果与文物本身材质、保存环境及其处理要求密不可分，因此，对防风化材料保护效果评估时应按文物对象的体量、数量、价值、保护级别、保存环境及其保护要求的不同，而选择进行"全面评价"或"专项评价"。

全面评价应按照本标准第5章中的程序进行，逐条验证，在排除不合格材料的基础上，对材料之间的相关指标进行对比，以筛选出最优的防风化实施材料。

专项评价必须首先完成材料安全性检测、表面色泽检测、透气性检测项目，然后按照拟处理对象的情况，选择本标准第6章中列出的检测项目进行检测与实验，以满足特殊需求。

本标准附录B列出的部分砂岩质文物防风化材料保护效果的评价参数与评价指标，可为砂岩质文物防风化材料保护效果评价工作提供参考。

附 录 A

(规范性附录)

砂岩质文物防风化材料老化试验方法

表A.1 砂岩质文物防风化材料老化试验方法表

试验方法	设备及药剂	试验步骤	备注
湿热老化	恒湿恒温箱:温湿度自动可调。	1.样块置入恒湿恒温箱保持高温低湿(80℃,RH25%)1h; 2.在0.5h内均匀变化至低温高湿(4℃,RH95%)条件,并保持1h; 3.然后再经过0.5h的均匀变化至高温低湿条件,循环次数不少于1000次。	
冻融老化	低温箱:能使温度控制在 -20℃±2℃范围以内。 恒湿恒温箱:能使温度控制在50℃±2℃范围以内。 恒温水槽:能使温度控制在23℃±2℃范围以内。 称量天平:最大称量500g以上,灵敏度0.1mg。	1.样块于温度23℃±2℃,相对湿度50±5%的环境内放置24h,称取试验前原始重量; 2.样块置于水温为23℃±2℃的恒温水槽中,浸泡18h。样块间距不小于10mm; 3.取出样块,然后放入预先降温至-20℃±2℃的低温箱中,自箱内温度达到-18℃时起,冷冻3h; 4.从低温箱中取出样块,立即放入50℃±2℃的烘箱中,恒温3h; 5.取出样块,再按照2规定的条件,将样块立即放入水中浸泡18h; 6.按照3~5的步骤,每冷冻3h、热烘3h、水中浸泡18h,为一个循环。循环次数不少于20次; 7.取出样块,重复1的步骤,称取冻融试验后重量,并计算损失量。	
可溶盐试验	恒温恒湿箱:能使温度控制在50℃±2℃范围以内。 称量天平:最大称量500g以上,灵敏度0.1mg。 试剂:10%硫酸钠(化学纯)。	1.样块放置于温度23℃±2℃,相对湿度50%±5%的环境内放置24h,称取试验前原始重量; 2.样块放入10%硫酸钠溶液中浸泡24h; 3.取出样块,风化面朝上置于室温自然干燥4天; 4.重复2~3步骤,循环处理20次以上; 5.取出样块用蒸馏水清洗干净置于温度23℃±2℃,相对湿度50%±2%的恒温恒湿箱内24h后称重,并计算损失量。	也可采用拟处理对象表面析出可溶盐的检测结果,调配混合盐溶液代替硫酸钠溶液进行试验。

表A.1　砂岩质文物防风化材料老化试验方法表（续）

酸、碱老化	天平：最大称量500g以上，灵敏度0.1mg； 烘箱：温度范围20℃~200℃。 反应容器：高度100cm以上带盖容器，容器的内壁材质应耐酸（碱）。	1.样块置于105℃±2℃烘箱内，干燥24h，取出，放入干燥器内冷却至室温，称量质量m_0； 2.取两个反应容器，将样块放置于容器1和容器2中，样块与样块，及样块与容器壁间隔不小于10mm，在容器1中加入1%（V/V）H_2SO_4溶液，容器2中加入1%NaOH溶液浸没，液面高度至少应高于试样顶部50mm，盖上容器盖，在室温下放置24h后，取出室温放置14天； 3.烘干，冷却至室温，称重m_1； 4.计算相对质量变化 　14天后相对质量变化［m_{14}］按下式计算： 　$m_{14}=(m_0-m_1)/m_0\times100\%$ 　式中： 　m_0—未经腐蚀的试样质量（g）； 　m_1—经腐蚀14天后的质量（g）。	
紫外老化	天平：最大称量500g以上，灵敏度0.1mg； 干燥箱：温度可控制在60℃±2℃范围内； 紫外线老化箱：装有500W高压汞灯耐紫外线老化箱，灯管与箱体平行。	1.样块在60℃±2℃的干燥箱内干燥48h，称取其初始质量m_0。 2.将干燥后的样块放入紫外老化箱内，灯管与箱体平行，试样与灯管的距离为500mm左右。试样表面空间温度保持在45℃±2℃，恒温照射300h。建议紫外线辐射波长控制在350nm~450nm之间。 3.取出样块，然后放入温度为60℃±2℃的干燥箱内干燥48h，称其质量m_1。 4.相对质量变化[m（%）]按下式计算： 　m（%）=（m_0-m_1）/$m_0\times100\%$ 　式中： 　m_0—紫外老化前样块质量（g）； 　m_1—紫外老化后样块质量（g）。	
耐磨试验	设备：道瑞式耐磨试验机 耗材：标准砂	选取重量适合的卡具，进行旋转磨损，旋转圈数按具体情况定。	

附　录　B

(资料性附录)

砂岩质文物防风化材料保护效果评价表

表B.1　渗透加固材料评价表

检测项目		评价参数	评价指标（建议值）
安全性检测	pH值检测	pH值	接近中性或符合相关要求。
	接触反应试验	表面反应	试验样块表面无明显气泡生成、严重变色及溶蚀等不良反应现象产生。
	崩解检测	崩解现象	试验样块无开裂、崩解等现象。
	膨胀及收缩性检测	膨胀系数	试验样块在测试材料中的膨胀系数接近蒸馏水（或去离子水）中的膨胀系数。
表面色泽检测		色差（ΔE*）、光泽度	标准样块表面无明显色泽变化及表面反光、眩光现象。色差及光泽度变化在许可范围内。
微观结构检测		显微形貌	标准样块无微观结构破坏。
渗透性检测		渗透深度	材料渗透深度接近或超过蒸馏水（或去离子水）渗透深度。
孔隙率检测		孔隙率	标准样块孔隙率与参比样块相比减少不超过30%，或满足处理对象要求。
透气性检测		湿流密度或透湿率	标准样块具备透气性，且越接近参比样块越好。
样块强度检测	表面回弹强度检测	回弹强度代表值	标准样块回弹强度较试验样块明显增加，且接近或略高于参比样块。
	抗钻强度检测	抗钻指数	标准样块抗钻指数较试验样块明显增加，且接近或略高于参比样块。
	机械强度检测	抗压、抗折和抗拉强度	标准样块机械强度较试验样块明显增加，且接近或略高于参比样块。
人工老化试验	湿热老化检测	表面色泽、显微形貌、重量、强度	1.老化过程中标准样块处理层（含过渡层）与试验样块相比较不出现新的破坏形式，如起甲、开裂、剥离等；2.标准样块质量、色度、强度与老化前变化不明显；3.标准样块耐候能力及其抗破坏能力较试验样块明显提高。
	冻融老化检测		
	可溶盐老化检测		
户外暴露试验		表面色泽、显微形貌、孔隙率、透气性、强度等	评价指标同上。
现场试验		表面色泽、显微形貌、抗钻强度等	各项评价参数指标满足现场实施要求，通过相关验收。

表B.2 表面防护材料评价表

检测项目		评价参数	评价指标（建议值）
安全性评估检测	pH值检测	pH值	接近中性或符合相关要求。
	接触反应试验	表面反应	试验样块表面无明显气泡生成、严重变色及溶蚀等不良反应现象产生。
	崩解检测	崩解现象	试验样块无开裂、崩解等现象。
表面色泽检测		色差（ΔE*）、光泽度	标准样块表面无明显色泽变化及表面反光、眩光现象。防风化处理前后色差及光泽度变化在许可范围内。
微观结构检测		显微形貌	标准样块无微观结构破坏。
透气性检测		湿流密度或透湿率	标准样块具备透气性，且越接近参比样块越好。
防水性检测	憎水性检测	接触角	大于90°。
	吸水率检测	吸水率	标准样块的吸水率较参比样块明显减低。
	卡斯特检测	吸水系数	标准样块的卡斯特吸水系数较参比样块明显减低。
人工老化试验	耐酸、耐碱及耐盐检测	表面色泽、显微形貌、透气性、腐蚀状况、相对质量变化、防水性	1.老化过程中标准样块处理层（含过渡层）与试验样块相比较不出现新的破坏形式，如起甲、开裂、剥离等；2.标准样块质量、色度、防水性能与老化前变化不明显；3.标准样块耐候能力及抗破坏能力较试验样块明显提高。
	耐紫外线辐照检测		
	耐磨检测		
户外暴露试验		表面色泽、显微形貌、透气性、重量变化率、防水性等	基本同上。
现场试验		表面色泽、显微形貌、防水性（接触角、卡斯特吸水率）	各项评价参数指标满足现场实施要求，通过验收。

参 考 文 献

［1］　GB/T 9966.6—2001　天然饰面石材试验方法

［2］　WW/T 0002—2007　石质文物病害分类与图示

［3］　JC/T 973—2005　建筑装饰用天然石材防护剂

［4］　Marisa Laurenzi Tabasso, Stefan Simon. Review of testing methods and criteria for the selection/ evaluation of products for the conservation of porous building materials, http://www.iiconservation.org

［5］　Rossi Manaresi R. *The Treatment of Stone*, Meeting of the Joint Committee for the Conservation of Stone, Bologna (1971)

［6］　Alessandrini G., Laurenzi Tabasso M. Conservation of cultural property in Italy: the UNI–NORMAL Committee for the definition of technical standards. In *the Use and Need for Technical Standards in Architectural Conservation, ASTM* STP 1355, L.B. Sickel–Taves, Ed., ASTM, West Conshohocken, PA (1999), 24–30

［7］　*UNESCO–RILEM International Symposium on Deterioration and Protection of Stone Monuments*, Paris (1978), Vol. 5

［8］　Appolonia L, et al. *NORMAL Commission, Protectives experimentation subgroup, Methodology for the evaluation of protective products for stone materials. Part II: Experimental tests on treated samples.* [59], 301–316

A16
备案号：29563-2010

中华人民共和国文物保护行业标准

WW/T 0029—2010

长城资源要素分类、代码与图式

Specifications for feature classification，codes and
cartographic symbols of the Great Wall

2010-07-01发布　　　　　　　　　　　　　　2010-09-01实施

中华人民共和国国家文物局　　　发　布

前　言

本标准按照GB/T 1.1—2009给出的规则起草。

本标准由中华人民共和国国家文物局提出。

本标准由全国文物保护标准化技术委员会（SAC/TC 289）归口。

本标准负责起草单位：中国文化遗产研究院。

本标准参加起草单位：国家基础地理信息中心。

本标准主要起草人：杨招君、王臣立、许礼林、雷莹。

长城资源要素分类、代码与图式

1 范围

本标准规定了长城资源要素的分类、代码与图式。

本标准适用于长城资源要素数据的采集、更新、管理和应用；长城文化遗产保护、长城专题地图制作以及长城出版物的出版发行。

2 规范性引用文件

下列文件对于本文件的应用是必不可少的。凡是注日期的引用文件，仅注日期的版本适用于本文件。凡是不注日期的引用文件，其最新版本（包括所有的修改单）适用于本文件。

GB/T 13923—2006 基础地理信息要素分类与代码

3 术语和定义

下列术语和定义适用于本标准。

3.1

长城资源要素 The feature of the Great Wall

长城由墙体、敌楼、关堡、烽火台等防御工事组成。长城资源要素包括长城本体、附属设施及相关遗存三类。

3.2

基础地理信息 fundamental geographic information

作为统一的空间定位框架和空间分析基础的地理信息。

［GB/T 13923—2006 术语和定义 2.1］

3.3

要素类型 feature type

具有共同特征的长城资源要素的种类。

4 分类编码原则

4.1 科学性

按照长城资源要素特征或属性进行科学分类。

4.2 一致性

同一要素在不同比例尺的基础地理数据库中应有一致的分类和唯一的代码。

4.3 稳定性

应选择各要素中最稳定的特征和属性作为分类依据，确保在较长时间里不发生重大变更。

4.4 完整性和可扩展性

应覆盖已有长城资源要素类型，既反映要素的类型特征，又反映要素间的相互关系，具有完整性。代码留有适当的扩充余地。

5 要素分类

5.1 方法

长城资源要素分类方法在遵循GB/T 13923—2006原则基础上，根据长城资源要素的属性和特征进行分类。

5.2 分类

长城资源要素分为以下三类：

a）长城本体：长城墙体及墙体上的设施，如敌台、马面等；

b）附属设施：与长城本体紧密相关的设施，如关堡、烽火台等；

c）相关遗存：与长城本体和附属设施相关的遗迹，如挡马墙、品字窖、驿站、仓储、居住址、砖瓦窑、采石场、积薪等。

5.3 类别及扩充

5.3.1 依据GB/T 13923—2006，长城资源要素属于"居民地及设施"这一大类；其中，长城本体中墙体属于"其他建筑物及其设施（代码38）"这一中类；墙体设施、附属设施与相关遗存属于"名胜古迹（代码35）"这一中类。

5.3.2 大类、中类不得重新定义和扩充。小类和子类可根据需要进行扩充。

5.3.3 凡新发现的长城资源要素，应按其属性及特征进行细分，归入相应小类和子类。

6 长城资源要素代码

6.1 代码结构

长城资源要素代码结构采用地理要素代码结构。由6位码组成，其结构见图1。

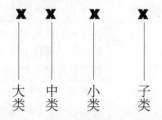

图1 长城资源要素代码结构图

图1说明：

大类码——左起第一位；

中类码——左起第二位，在大类基础上细分形成的要素类；

小类码——左起第三、四位，在中类基础上细分形成的要素类；

子类码——左起第五、六位，在小类基础上细分形成的要素类。

6.2 要素代码

长城资源要素分类代码见表1，大类和中类代码编制遵循GB/T 13923—2006。代码分类如下：

a）大类码"3"表示"居民地及设施"；

b）中类码"5"表示"名胜古迹"，中类码"8"表示"其他建筑物及其设施"；

c）长城墙体小类码分别用"21"、"22"、"23"三类表示。墙体设施小类码为"21"一类；附属设施小类码分别为"21"、"31"两类；相关遗存小类码为"41"一类。采（征）集文物，即与上述三类要素有关的可移动文物，小类码为"31"；

d）子类码01至99表示根据长城资源要素小类再做具体分类形成的细分类。

表1 长城资源要素代码表

分类		代码	要素名称	说明
长城本体	长城墙体	382101	土墙	外观以土筑为主。包括以下几种类型： 1、夯筑：经夯打筑成的墙体。 2、堆土：直接堆土而成。 3、红柳（芦苇）加沙：将红柳、芦苇等植物和泥沙相互叠压，渐次堆高的墙体。 4、土坯垒砌：用黏土做成土坯，垒砌而成，墙面外再抹一层黄泥作保护层。
		382102	石墙	墙体外观以石筑为主。包括以下几种类型： 1、毛石干垒：使用较大的石料垒筑，墙体中不夹泥土的石墙。 2、土石混筑：泥土和石头混合筑成墙体。 3、条石或块石砌筑：用条石或块石砌筑的墙体。
		382103	砖墙	墙体外观以砖筑为主。包括以下几种类型： 1、包砌：墙体内部由夯土或泥土夹碎石构成，外部以青砖包砌。 2、混砌：砖石混砌。
		382104	木障墙	木制栅栏修筑的墙体。
		382105	山险墙	利用险要经人为加工形成的险阻，如：铲削墙、劈山墙等。
		382199	其他墙体	有别于上述各类墙体的其他类型墙体。
		382201	界壕	其修筑方法是在一侧开挖壕沟，将挖出的土在壕沟另一侧夯筑墙体。墙体上还修建有马面等防御设施，在墙体一侧有障址分布。如：金界壕。
		382202	壕堑	壕堑为一种较为特殊的长城修筑方式。修筑方法主要有两种：其一，以自然平地为基础，挖成一条较宽的壕沟，壕内剖面呈倒梯形，将壕内取出的土堆筑于两侧，形成两道墙体；其二，位于山坡处的壕堑，在较低的一侧堆筑一道墙体，墙体剖面呈梯形，取土后的壕沟被利用起来和土墙组成一道防御设施。
		382301	消失的长城	地表遗迹无存。
	天然险	382106	山险	地势险要之处，与墙体共同构成防御体系的山体、沟壑等自然地物。
		382107	河险	与长城墙体关联，能够发挥防御作用的河流、湖泊。
	墙体设施	352101	敌台	突出于墙体的高台，可分为空心和实心两种。
		352102	马面	依附于墙体外侧的台子。
		352103	水关（门）	墙体上开设的排水设施。
		352105	铺房	建于墙体或者敌台上，供戍卒休息和储备军用物品的建筑物。

表1 长城资源要素代码表（续）

分类	代码	要素名称	说明
附属设施	350101	烽火台	在长城沿线用于点燃烟火传递重要信息的高台，是长城防御系统的重要组成部分。还有其他称谓，如：烽燧、墩台、烽堠、烟墩、狼烟台、狼烟墩、火池等。
	352104	城楼	建于长城墙体上或附属设施上的建筑物。
	353101	关	筑有城、围的屯兵地，一般依托于墙体，也称为口。
	353102	堡	筑有城、围的屯兵、居住地，为长城防御系统的重要组成部分，与墙体不发生直接关联。还有其他称谓主要有：城障、障城、障塞、城堡、寨、戍堡、边堡、军堡、屯堡、民堡等。
	353103	镇城、卫城、所城	明代长城防御各级军事指挥及行政机构的所在地。
相关遗存	354101	采石场	为修筑长城开采石料的地方。
	354102	砖瓦窑	为修筑长城烧制砖瓦的窑址。
	354103	戍卒墓	驻守长城官兵的墓葬。
	354104	挡马墙	构筑在长城墙体外，平行于长城墙体或护城壕的墙体。又称羊马垣。
	354105	品字窖	设在墙体外侧用于防卫的陷井，一般呈品字形分布。
	354107	居住址	分布于长城沿线的军民居住遗址。
	354108	古驿站	专为长城防御设置的传递文书、来往官兵中途住宿、补给、换马的处所。又称递铺、驿馆、驿递。
	354109	碑碣	与长城有关的碑刻（含摩崖石刻）。
	354110	石雕	在石质材料上镌刻出具有实在体积的，与长城有关的带有一定艺术性的作品。
	354199	其他遗址遗迹	有别于上述各类遗存的其他类型相关遗存。
长城资源调查采（征）集文物	383101	生产工具	长城守边官兵和居民从事筑城、农业、手工业等生产活动的工具。
	383102	生活用具	长城守边官兵和居民的日常生活物品。
	383103	武器装备	长城沿线守边所用的军事防御器具。
	383104	建筑构件	修筑长城的各种构件。如砖、瓦等。
	383105	古代文书	与长城相关的所有文献资料。如简牍、文书等。
	383199	其他文物	与长城相关的其他遗物。

注：附属设施中"烽火台"的代码"350101"是直接引用GB/T 13923—2006中已确定的代码，以保持协调一致。

7　要素图式

7.1　图式尺寸

7.1.1　图式旁边以数字标注的尺寸，均以毫米（mm）为单位。

7.1.2　图式上需特别标注的尺寸，用点线引出。

7.1.3　附属设施和相关遗存图式的正方形和圆形外框，边长和直径为4mm。一般情况下，线划粗为0.1mm。特殊的线划粗细、线段长短和交叉线段的夹角等，均在表2的说明中以文字描述。

7.2　图式的定位点和定位线

7.2.1　正方形、圆形、长方形等图式，定位点在其几何图形中心。

7.2.2　宽底图式（烽火台、关等）定位点在其底线中心。

7.2.3　线状图式定位线在图式的底线。

7.3　图式方向

7.3.1　线状图式按长城本体真实走向描绘，墙体垛口统一倒向外侧。

7.3.2　点状图式均垂直于南图廓线。

7.4　图式显示

7.4.1　图式中各种图式尺寸是按中等密度的图幅规定的，为使图面要素清晰易读，各图式间的间隔除允许交叉（如墙体和敌台）和结合（如墙体和马面）表示者外，一般不应小于0.2mm。

7.4.2　当要素密集，图上各要素表示的位置发生矛盾时，其避让关系的处理原则为：自然地理要素与长城资源要素矛盾时，突出长城资源要素；长城资源要素中点状要素和线状要素（一般为墙体）发生矛盾时，被压盖掉的线状要素用单实线简略表示。

7.4.3　在中、小比例尺的专题地图中，图上长度小于一个完整图式大小的长城墙体要素，不予直接表达，合并到邻接的线性图式中。在大比例尺的地图中，长城墙体图式统一以0.3mm粗的实线表示。

7.4.4　当点状要素密度过大，图上不能容纳时，允许将图式尺寸缩小（缩小率不大于0.8），并适当取舍。

7.5　图式标识

长城资源要素图式见表2。其他基础地理要素的表达及相应图式图例应遵循相应的国家标准。

表2　长城资源要素图式标识

名称	代码	图式	说明
长城墙体（参见附录A的图A.1）			
土墙	382101	2.0　　2.0	图式底线表示墙体中心线。

表2 长城资源要素图式标识（续）

名称	代码	图式	说明
石墙	382102		图式底线表示墙体中心线。
砖墙	382103		图式底线表示墙体中心线。
木障墙	382104		图式底线表示墙体中心线。
山险墙	382105		折线部分为等腰直角三角形，腰长2.5mm。图式底线表示墙体中心线。
界壕	382201		等腰三角形底边长0.5mm，腰长1.5mm。图式底线表示墙体中心线。
壕堑	382202		等腰三角形底边长0.5mm，腰长1.5mm。图式底线表示墙体中心线。
消失的长城	382301		图式底线表示墙体中心线，线型为间隔0.5mm的虚线。
山险	382106		等腰直角三角形腰长2.5mm。图式底线表示墙体中心线。
河险	382107		弧度为135°，弧高1mm，弧底距横线1mm。图式底线表示墙体中心线。
墙体设施（以正方形外框表明图式号为墙体设施，在其内部加以形象化设计，以确定墙体设施图式。外框边长为4mm。）（参见附录B的图B.1）			
敌台	352101		上部正方突起边长和间隔均为0.5mm。梯形下底距外框边1mm，内接矩形居中。

表2 长城资源要素图式标识（续）

名称	代码	图式	说明
马面	352102		中间突起两侧短边为1mm。
水关（门）	352103		折线呈等腰直角。
铺房	352105		上下矩形共线，长边均为2.5mm。下矩形距外框边1mm。
附属设施（参见附录C的图C.1）			
烽火台	350101		梯形上下底边分别为2mm、4mm，斜边为3mm
城楼	352104		下梯形上下底分别为2.5mm、3mm，上梯形上下底分别为1mm、2mm，矩形边长为1mm、0.5mm。梯形下底距外框边0.5mm,拱门和楼顶居中。
关	353101		半圆弧直径为1mm，拱门居中。
堡	353102		四个矩形等大，边长均为1.5mm，1mm。
镇城、卫城、所城	353103		外接圆直径为4mm。竖线底端距外框0.5mm。
长城相关遗存（以圆形外框表明该图式为相关遗存，在其内部加以形象化设计，以确定相关遗存图,，外框直径为4mm。参见附录D的图D.1）			
采石场	354101		等边三角形边长1mm，呈品字排列。品字中心与外接圆心重合。

表2　长城资源要素图式标识（续）

名称	代码	图式	说明
砖瓦窑	354102		半圆弧直径为1mm。
戍卒墓	354103		半圆直径为3mm。
挡马墙	354104		长线粗0.4mm，长4mm。短线粗0.2mm，长2.5mm。
品字窖	354105		正方形边长1mm。品字中心与外接圆心重合。
居住址	354107		下矩形边为2.5mm、1mm，上矩形边长为1.5mm、1mm。
古驿站	354108		矩形内三角形为等腰直角三角形。
碑碣	354109		半圆弧直径长1mm。
石雕	354110		半圆弧直径1.6mm。
其他相关遗存	354199		正方形线型为间隔0.1mm虚线。
长城资源调查采（征）集文物			
重要文物采集地点	383100		三点呈品字排列。品字中心与外接圆心重合。

8 不同时代长城资源要素表示方法

8.1 对不同时代的长城资源要素用不同颜色进行标识。

8.2 时代划分为：春秋战国、秦、汉、魏晋南北朝、隋唐至元、明、清和时代不明。

8.3 不同时代的长城资源要素颜色设置规定。见表3。

表3 长城资源要素颜色设置

时代	RGB值	颜色
春秋战国	RGB（0,0,128）	
秦	RGB（0,102,0）	
汉	RGB（132,130,4）	
魏晋南北朝	RGB（153,0,204）	
隋唐至元	RGB（153,51,0）	
明	RGB（255,0,0）	
清	RGB（252,142,4）	
时代不明	RGB（68,106,228）	
时代叠压	RGB（253,50,202）	

8.4 不同时代长城资源要素表示方法。附录E的图E.1给出了不同时代长城墙体表示示例。

8.5 如专题图为黑白版，应在要素的注记中加括号注明其所属时代。如：居庸关长城（明）。

附　录　A
（资料性附录）
长城墙体样图

山丹县明长城墙体

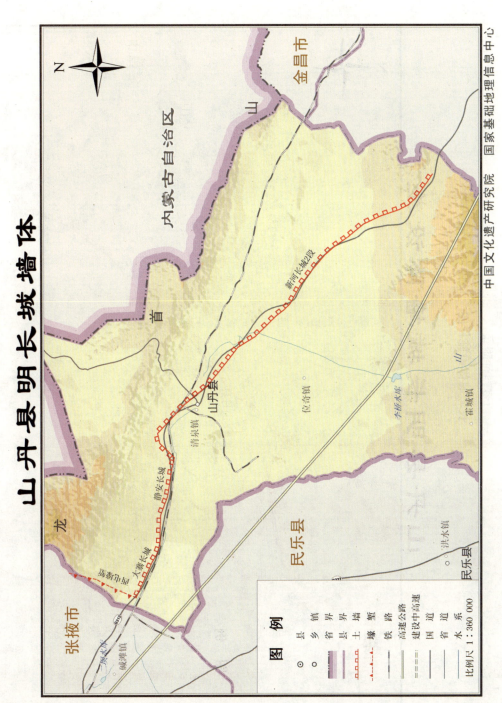

图A.1　长城墙体样图

附 录 B
（资料性附录）
长城墙体设施样图

山丹县明长城墙体设施

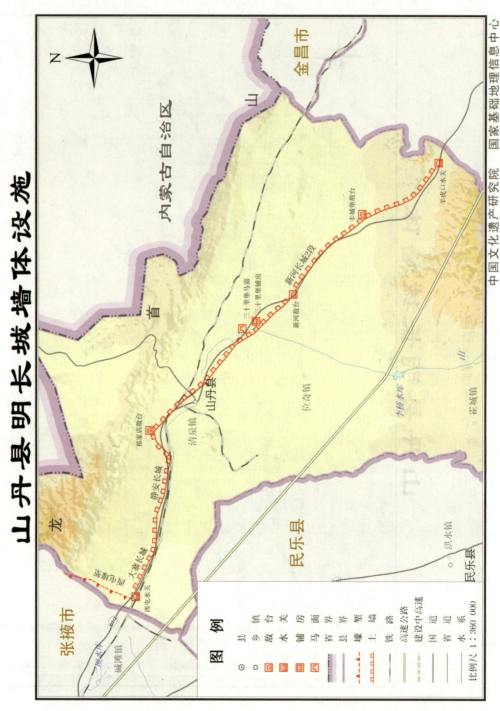

图B.1 长城墙体设施样图

附　录　C

（资料性附录）

长城附属设施样图

山丹县明长城附属设施

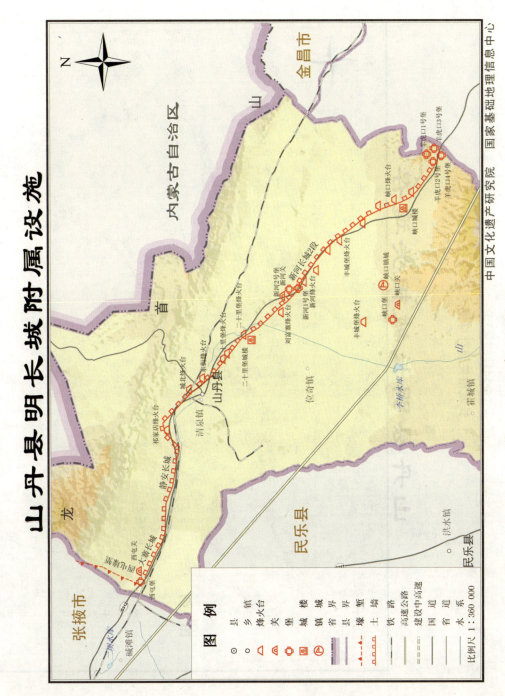

图C.1　长城附属设施样图

中国文化遗产研究院　国家基础地理信息中心

附 录 D

（资料性附录）

长城相关遗存样图

山丹县明长城相关遗存

图D.1　长城相关遗存样图

附　录　E

（资料性附录）

不同时代长城墙体样图

不同时代长城墙体分布示意图

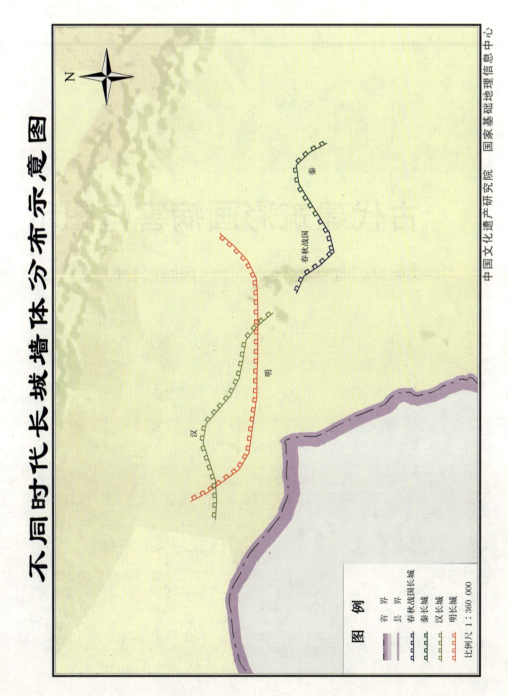

图E.1　不同时代长城墙体样图

中国文化遗产研究院　国家基础地理信息中心

图　例

省　界
县　界
春秋战国长城
秦长城
汉长城
明长城
比例尺 1 : 360 000

秦

春秋战国

明

汉

A16
备案号：29564—2010

中华人民共和国文物保护行业标准

WW/T 0030—2010

古代建筑彩画病害与图示

Diseases and legends of polychrome paintings on historic buildings

2010-07-01发布　　　　　　　　　　　　　2010-09-01实施

中华人民共和国国家文物局　　发　布

前　言

本标准按照GB/T 1.1—2009给出的规则起草。

本标准由中华人民共和国国家文物局提出。

本标准由全国文物保护标准化技术委员会（SAC/TC 289）归口。

本标准起草单位：西安文物保护修复中心。

本标准参与起草单位:颐和园管理处、山西省古代建筑研究所、南京博物院、泉州文物保护中心。

本标准主要起草人：甄刚、马涛、齐扬、周萍、马琳燕、周伟强、丛一蓬、刘瑗、刘宝兰、龚德才、阎敏。

古代建筑彩画病害与图示

1 范围

本标准规定了古代木结构建筑彩画病害以及相对应的图示符号。

本标准适用于我国古代木结构建筑彩画的病害调查、彩画保护方案设计和保护实施等工作。

2 术语和定义

下列术语和定义适用于本标准。

2.1

彩画 Caihua，the polychrome paintings on historic buildings

古代建筑木构件表面的绘画（包括地仗层）。

2.2

颜料层 painting layer

画层

在地仗层或木构件表层上，用颜料绘制而成的彩画画面层。

2.3

地仗层 preparation layer

用油灰或其他材料制成的颜料层的基底层。包括单披灰地仗、麻布地仗、软作地仗、衬底等。

2.4

单披灰地仗 preparation layer without fabric materials

只用油灰制作的地仗，分别有一道灰、二道灰、三道灰、四道灰等，统称单披灰。

2.5

麻布地仗 preparation layer with fabric materials

油灰中加入麻、布制作的地仗，有二麻六灰、一麻一布六灰、一麻五灰等，统称麻布地仗。

2.6

软作地仗 paper-based preparation layer

以宣纸、绢、麻等裱糊于木构件上，作为颜料层的基底层。

2.7

衬底 grounding layer

在木基层上只薄施粉、灰，作为颜料层的基底层。

3 彩画病害

3.1 裂隙

木构件、地仗层、颜料层开裂形成的缝隙（参见附录A.1）。

3.2 龟裂

地仗层、颜料层表层产生的微小网状开裂（参见附录A.2）。

3.3 起翘

地仗层、颜料层在龟裂、裂隙的基础上，沿其边缘翘起、外卷（参见附录A.3）。

3.4 酥解

因地仗胶结材料劣化导致的地仗层疏松粉化。

3.5 空鼓

地仗层局部脱离基底层所形成的中空现象。

3.6 剥离

地仗局部脱离基底层，尚未掉落的现象（参见附录A.4）。

3.7 地仗脱落

地仗脱离基底层形成的缺失或部分地仗残缺的现象（参见附录A.5）。

3.8 颜料剥落

颜料层局部脱离基底层的现象（参见附录A.6）。

3.9 金层剥落

金层脱离、缺失的现象（参见附录A.7）。

3.10 粉化

因颜料层胶结材料劣化，导致的颜料呈粉末状的现象。

3.11 变色

彩画颜料色相改变的现象。

3.12 积尘

灰尘在彩画表面形成的沉积现象（参见附录A.8）。

3.13 结垢

彩画表面因老化产物、积尘、空气中的其他成分等作用形成的混合垢层（参见附录A.9）。

3.14 水渍

因雨水侵蚀及渗漏而在彩画表面留下的痕迹（参见附录A.10）。

3.15 油烟污损

彩画表面油质及烟熏污染的痕迹（参见附录A.11）。

3.16 动物损害

动物的活动、排泄物等对彩画表面造成污染现象（参见附录A.12）。

3.17 微生物损害

微生物在彩画表面形成的菌斑及霉变（参见附录A.13）。

3.18 其他污染

油漆、涂料、沥青、石灰等材料污损彩画表面的现象（参见附录A.14）。

3.19 人为损害

彩画表面人为附加的管线、钉子等对彩画表面造成的损害（参见附录A.15）。

4 彩画病害图示

4.1 彩画病害图示符号

表1给出了古代建筑彩画病害图示符号。

表1 古代建筑彩画病害图示符号表

序号	名称	图示符号	说明
01	裂隙		线长随开裂缝走向表示，短线以长2mm、相隔5mm为宜。
02	龟裂		单个符号大小以4mm²为宜。
03	起翘		单个符号大小以4 mm²为宜。
04	酥解		单个符号大小以4mm²为宜。
05	空鼓		平行线间隔以3mm~5mm为宜。
06	剥离		平行线间隔以3mm~5mm为宜。
07	地仗脱落		平行线间隔以3mm~5mm为宜。
08	颜料剥落		单个符号大小以2mm²~4 mm²为宜。
09	金层剥落		单个符号大小以4mm²为宜。
10	粉化		单个符号点以直径0.5mm为宜。
11	变色		单个符号大小以4 mm²为宜。
12	积尘		单个符号大小以2mm²~3mm²为宜。
13	结垢		单个符号大小以4mm²为宜。

表1 古代建筑彩画病害图示符号表（续）

14	水渍		线段以长2mm，平行线间隔3mm~5mm为宜。
15	油烟污损		单个符号大小以4 mm²为宜。
16	动物损害		单个符号大小以4 mm²为宜。
17	微生物损害		单个符号大小以4 mm²为宜。
18	其他污染		单个符号大小以2mm²~4mm²为宜。
19	人为损害		单个符号大小以5 mm²为宜。

4.2 病害图绘制方法

4.2.1 古代建筑彩画病害图应按照表1规定的图示符号及要求绘制。病害图示符号为单色，线条宽度以0.3mm为宜。

4.2.2 病害图示符号的使用依照表1的符号说明，病害轻重程度等情况用文字描述。

4.2.3 "古代建筑彩画病害图"示例参见附录B。

4.2.4 古代建筑彩画病害图示可直接在彩画线图上标注，或在图片上附透明纸标注。多种病害同时出现在某一部位时可分张绘制。示例参见附录B的图B.2.

附 录 A

（资料性附录）

古代建筑彩画病害照片示例

A.1 裂隙

A.2 龟裂

A.3 起翘

A.4 剥离

A.5 地仗脱落

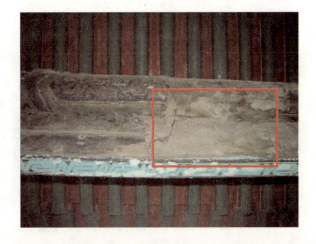

A.6 颜料剥落

A.7 金层剥落

A.8 积尘

A.9 结垢

A.10　水渍

A.11　油烟污损

A.12　动物损害

A.13 微生物损害

A.14 其他污染

A.15 人为损害

附 录 B
（资料性附录）
古代建筑彩画病害图示例

图B.1给出了一种绘制古代建筑彩画病害图示的使用范例。

a） 彩画现状照片

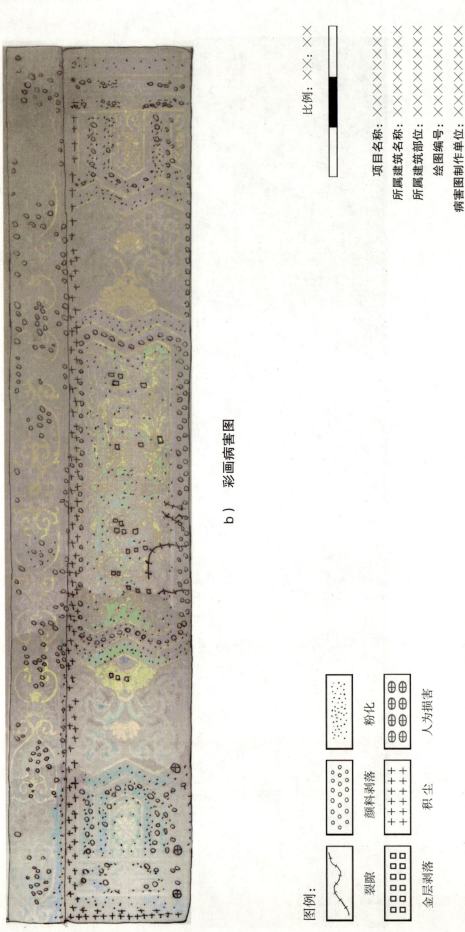

图例：

裂隙

金层剥落

颜料剥落

积尘

粉化

人为损害

b） 彩画病害图

比例： ×× ： ××

项目名称： ××××××××

所属建筑名称： ××××××××

所属建筑部位： ××××××××

绘图编号： ××××××××

病害图制作单位： ××××××××

×××× 年 ××× 月 ××× 日

绘制人或负责人： ×××

图B.1 古代建筑彩画病害图

图B.2给出了一种多种病害同时出现在某一部位时使用分张绘制方法的古代建筑彩画病害图的使用范例。

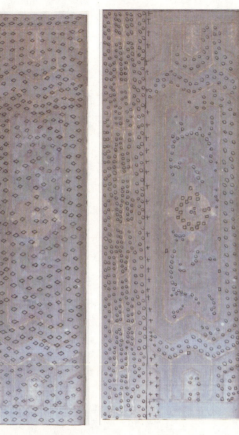

a）彩画现状照片

b）彩画病害图

图例：

龟裂

积尘

金层剥落

颜料剥落

动物损害

结垢

比例：×××：××

项目名称：×××××××××

所属建筑名称：×××××××××

所属建筑部位：×××××××××

绘图编号：×××××××××

病害图制作单位：×××××××××××

×××年××月××日

绘制人或负责人：×××

图B.2 古代建筑彩画病害分张图

499

参 考 文 献

［1］ 《中华人民共和国文物保护法》

［2］ "中国文物古迹保护准则"（国际古迹遗址理事会中国国家委员会，2000年10月，承德）

［3］ "关于东亚地区彩画保护的北京备忘录"（2008年11月1日东亚地区木结构建筑彩画保护国际研讨会通过）

［4］ 古代建筑彩画保护技术及传统工艺科学化研究（科研课题报告）

［5］ GB 50165—19992 古建筑木结构维护与加固规范

［6］ WW/T 0001—2007 古代壁画病害与图示

A16
备案号：29565-2010

中华人民共和国文物保护行业标准

WW/T 0031—2010

古代壁画脱盐技术规范

Technical specification for desalination of ancient murals

2010-07-01发布

2010-09-01实施

中华人民共和国国家文物局　　发 布

前　言

本标准按照GB/T 1.1—2009给出的规则起草。

请注意本文件的某些内容可能涉及专利。本文件的发布机构不承担识别这些专利的责任。

本标准由中华人民共和国国家文物局提出。

本标准由全国文物保护标准化技术委员会（SAC/TC 289）归口。

本标准起草单位：敦煌研究院。

本标准主要起草人：陈港泉、樊再轩、苏伯民、汪万福、段修业。

古代壁画脱盐技术规范

1 范围

本标准规定了酥碱壁画修复加固的脱盐工艺和空鼓壁画灌浆加固后的脱盐工艺。

本标准适用于古代壁画保护修复工程中关于酥碱壁画修复加固脱盐和空鼓壁画灌浆加固后的脱盐。

2 规范性引用文件

下列文件对于本文件的应用是必不可少的。凡是注日期的引用文件，仅注日期的版本适用于本文件。凡是不注日期的引用文件，其最新版本（包括所有的修改单）适用于本文件。

WW/T 0001—2007　古代壁画病害与图示

WW/T 0006—2007　古代壁画现状调查规范

3 术语和定义

WW/T 0001—2007确立的以及下列术语和定义适用于本标准。

3.1

脱盐　desalination

针对壁画盐害实施的一种去除盐分的技术措施。

3.2

脱盐垫　desalination cushion

由壁画保护层、脱盐材料层、缓冲层三部分组合的，起保护壁画和吸收盐分作用的软垫。

壁画保护层接触壁画，一般采用一层棉纸，其作用是保护壁画不受损伤。脱盐材料层是高吸水性、高吸盐性材料，该材料对壁画不产生作用和影响。缓冲层一般用2cm厚的海绵，其作用是防止在一定外力支顶下壁画表面受到损伤。

3.3

脱盐板　desalination board

加载了脱盐垫的、带有透气孔的支撑板。如图1。

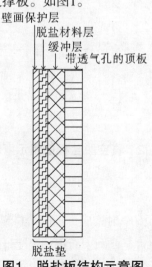

图1　脱盐板结构示意图

4 壁画脱盐

4.1 环境要求

气温应在15℃～35℃之间且相对湿度低于75%时可进行壁画脱盐。

4.2 空鼓壁画灌浆后脱盐工艺

4.2.1 脱盐工艺实施前提

脱盐工艺实施前提应在空鼓壁画灌浆加固后有可溶盐聚集时进行。

4.2.2 空鼓壁画脱盐工具

空鼓壁画脱盐工具由真空盒、脱盐板和真空泵组成。

a）真空盒是放置脱盐板的盒子，其大小应与脱盐板相适应。附录A给出了一种真空盒的样式。
　　真空盒使用时，带孔铝质隔板应放入真空盒隔板后，其上再放入脱盐板；

b）真空泵抽气压力控制范围0KPa～–15KPa。

4.2.3 敷设脱盐板

a）将脱盐板放入真空盒中，用固定在脚手架上的支顶杆把放置有脱盐板的真空盒支顶到壁画上
（如图2）；

b）脱盐板支顶力度应根据壁画情况选择适当的大小，支顶力度太大会伤害壁画，太小脱盐板易滑
落且影响脱盐效果；

c）每次脱盐区域不应过大，脱盐板的边缘比灌浆区域大出20cm～30cm，以减少灌浆材料中的水
分向加固区域外围扩散；

d）抽气嘴接真空泵，调整抽气量，使真空泵负压力处于–5KPa～–7KPa范围。

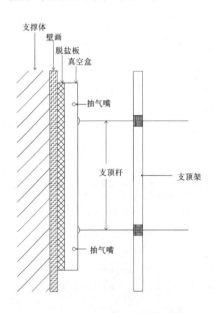

图2　真空脱盐板使用示意图

4.2.4 更换脱盐材料

4.2.4.1　当壁画表面空气相对湿度大于60%时，应更换脱盐材料；当壁画表面相对湿度小于60%时，不用更换脱盐材料，但应继续支顶壁画，直至壁画表面相对湿度与周围环境相对湿度一致。取下脱盐板。

4.2.4.2　当周围环境空气相对湿度大于60%时，若壁画表面空气相对湿度与空气相对湿度达到一致，

每2天更换脱盐材料，更换4次后可取下脱盐板。

4.2.5 脱盐板内空气相对湿度的监测

将湿度指示卡放置于真空脱盐板后面，每次更换时记录湿度值。附录B给出了一种湿度指示卡的样式。

4.2.6 二次脱盐

壁画经过脱盐板脱盐后，在凹凸不平的凹部还有可溶盐残留，这时应对壁画进行二次脱盐。采用超声水蒸气雾化器进行二次脱盐。附录C给出了一种超声水蒸气雾化器的样式及相关技术指标。

    a）用超声水蒸气雾化器产生的蒸汽将5cm×5cm吸水棉纸润湿敷贴在壁画表面，用软海绵轻压使纸块与壁画充分贴合，待纸块干燥后取下；

    b）蒸汽温度20℃，蒸汽流量根据处理的壁面面积适当调整；

    c）经过7次~8次的排列式吸附，可达到清除壁画表面结晶盐的目的。

4.3 酥碱壁画脱盐工艺

4.3.1 除尘

用洗耳球和小羊毛刷清除壁画表面尘土。当酥碱壁画颜料层非常脆弱、地仗层粉化脱落较多时，除尘应掌握好力度，既要清除粉尘，又要注意保留粉化的地仗层。

4.3.2 填垫泥浆

    a）若酥碱壁画地仗粉化脱落或缺失很少时，可进行4.3.3注射黏结剂的步骤；

    b）若酥碱壁画地仗粉化脱落或缺失较多时，颜料层大片悬浮，应填垫泥浆。具体方法是：用较长针头的注射器将经筛选的低浓度加固材料少量多次注入地仗缺失部位，使黏结剂向地仗里层渗透；用较长针头的注射器或滴管将掺有细沙的稀泥浆（细沙和泥土使用前经过去离子水漂洗脱盐处理）均匀地平铺于地仗缺失部位。填垫泥浆的量要严格掌握，防止影响颜料层的回贴效果。填垫的泥浆凝固后，可注射黏结剂。

4.3.3 注射黏结剂

用注射器将前期试验筛选出的黏结剂沿悬浮颜料层边沿注入颜料层的背部，以2遍~3遍为宜。

4.3.4 回贴颜料层

黏结剂被填垫的泥浆和地仗层吸收后，用修复刀将悬浮的颜料层轻轻回贴原处。

4.3.5 颜料层补胶

悬浮的颜料层回贴后，对颜料层表面注射经筛选的黏结剂，以1遍~2遍为宜。

4.3.6 滚压

黏结剂完全渗入壁画后，用棉球对衬有棉纸的颜料层从未裂口处向开裂处轻轻滚压。实施过程中，要保持壁画表面平整，不应压出皱褶，不应产生气泡。

4.3.7 压平壁画

用修复刀将垫有棉纸的壁画压平压实。实施时要掌握力度，不应在壁画表面留下刀痕。

4.3.8 脱盐

酥碱壁画加固修复的脱盐按照4.2.2至4.2.6相关步骤进行。

4.4 记录

4.4.1 在病害现状图上记录脱盐位置、范围，记录脱盐时间和修复人员。壁画病害记录方法应按照WW/T 0001—2007和WW/T 0006—2007中规定的要求进行。

4.4.2 应按照WW/T 0006—2007中4.5的要求，拍摄壁画脱盐处理前和脱盐处理后的照片。

4.4.3 记录在脱盐过程中出现的问题及解决方法。

附 录 A

（资料性附录）

壁画脱盐用的真空盒

图A.1、图A.2、图A.3分别给出了一种根据某壁画脱盐区域制作的真空盒平剖面示意图和真空盒带孔铝质隔板示意图。

以厚0.3cm的铝板制成50cm×50cm，高度为1.2cm的方形盒。在盒内放置9个5cm×5cm，厚度为0.7cm铝制支撑架（见图A.1、图A.2）。在支撑架上放置厚度为0.3cm带孔铝质隔板（孔直径为：0.5cm，孔间距为：0.5cm，见图A.3）。在铝盒的一侧设置两个直径为0.5 cm的铝制圆管，用做负压真空泵的抽气嘴。

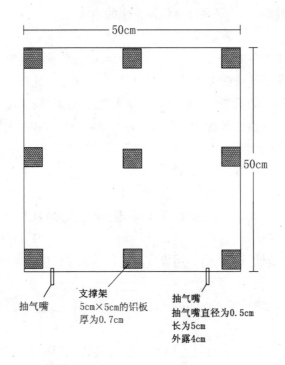

图A.1　真空盒平面示意图（未加带孔铝质隔板）

图A.2　真空盒剖面示意图（未加带孔铝质隔板）

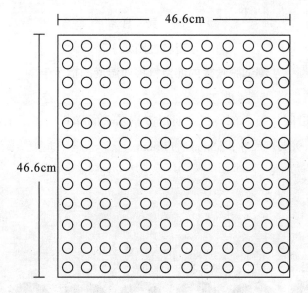

隔板厚0.3cm，孔直径0.5cm，孔间距0.5cm

图A.3 真空盒带孔铝质隔板示意图

附　录　B

（资料性附录）

测试脱盐板内部空气相对湿度的指示卡

图B.1给出了一种测试脱盐板内部空气相对湿度指示卡的样式。指示卡指示点数：30%，40%，50%，60%，70%，80%，90%。尺寸：38mm×114mm。

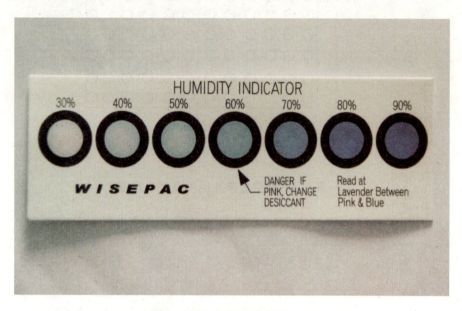

图B.1　湿度指示卡样式

附　录　C

（资料性附录）

修复盐害壁画脱盐用的超声水蒸气雾化器

图C.1给出了一种修复盐害壁画时脱盐用的一种超声水蒸气雾化器样式。其输出水蒸气温度控制范围：0℃～200℃；水蒸气输出量范围：0ml/h～260ml/h；精度等级：±0.5%FS；仪表采样及控制输出周期：≤0.5S；喷头热电阻RTD：Pt100（–199℃～800℃）。

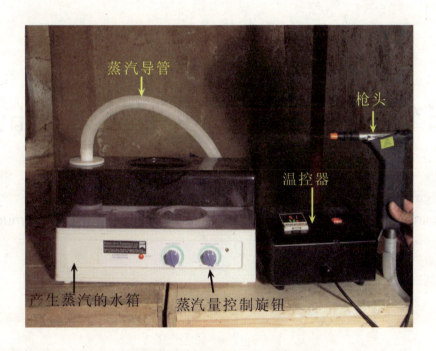

图C.1　脱盐用超声水蒸气雾化器样式

A16
备案号：29566-2010

中华人民共和国文物保护行业标准

WW/T 0032—2010

古代壁画地仗层可溶盐分析的
取样与测定

Sampling and determination for soluble salts in plaster of ancient murals

2010-07-01发布   2010-09-01实施

中华人民共和国国家文物局   发 布

前　言

本标准按照GB/T 1.1—2009给出的规则起草。

请注意本文件的某些内容可能涉及专利。本文件的发布机构不承担识别这些专利的责任。

本标准由中华人民共和国国家文物局提出。

本标准由全国文物保护标准化技术委员会（SAC/TC 289）归口。

本标准起草单位：敦煌研究院。

本标准主要起草人：陈港泉、苏伯民、樊再轩、范宇权、李燕飞。

古代壁画地仗层可溶盐分析的取样与测定

1 范围

本标准规定了古代壁画地仗层中可溶盐分析的取样和分析项目、分析方法。

本标准适用于古代壁画地仗层中可溶盐分析的取样和测定。

2 规范性引用文件

下列文件对于本文件的应用是必不可少的。凡是注日期的引用文件，仅注日期的版本适用于本文件。凡是不注日期的引用文件，其最新版本（包括所有的修改单）适用于本文件。

GB/T 50123—1999 土工试验方法标准

WW/T 0006—2007 古代壁画现状调查规范

3 取样

壁画地仗可溶盐分析取样应选择无颜料层的壁画地仗部位。取样应按照WW/T 0006—2007中4.7.1条款进行。

壁画地仗可溶盐分析的取样分为两种：

a）块状样品。掉落的、重量大于100g的残块，或者在不破坏壁画前提下、能够收集到的大于100g重量的样品；

b）微岩芯样品。为了解壁画地仗不同深度盐分种类及分布情况，可以借用地质勘探钻取岩芯的方法取样，钻孔直径以0.5cm为宜。根据壁画地仗层厚度，从壁画表层至底层划分A、B、C、D四个层位，深度分别为0mm~2mm、2mm~5mm、5mm~10mm、>10mm，如图1。若壁画地仗较薄，可减少取样层位数量。

图1 微岩芯取样示意图

4 可溶盐分析

4.1 分析项目

微岩芯样品分析项目为：K^+、Na^+、Ca^{2+}、Mg^{2+}、Al^{3+}、Cl^-、SO_4^{2-}、NO_3^-。微岩芯样品总盐量以各离子含量的总和表示。

块状样品分析除上述项目外，还应分析CO_3^{2-}、HCO_3^-、可溶盐总量、中溶盐$CaSO_4$。

4.2 样品处理

4.2.1 对于微岩芯样品，准确称取不小于0.1000g的风干的样品（若样品量小于0.1g,可准确称量后全部用于可溶盐分析），按照水土质量比50：1的量加入去离子水。超声振荡器上振荡3min后测试。

4.2.2 对于块状样品，按照水土质量比50：1的量加入去离子水，采用GB/T 50123—1999中第31章的步骤进行。

4.2.3 若浸出液有黄色，可以过滤或分取清液，将溶液转入烧杯中，滴加1+4的H_2O_2溶液（H_2O_2，分析纯以上），反复低温（或水浴）蒸干，直至加入去离子水后溶液完全清亮。按照称取样品时的质量以水土质量比50：1定容；对于分取滤液的样品，按分取体积定容。

4.3 样品分析

4.3.1 微岩芯样品分析方法

采用离子色谱或毛细管电泳法进行K^+、Na^+、Ca^{2+}、Mg^{2+}、Cl^-、SO_4^{2-}、NO_3^-的分析。附录A给出了一种离子色谱测试方法。微岩芯样品地仗中总盐量按照4.4.2中（2）式计算。

4.3.2 块状样品分析方法

采用GB/T 50123—1999第31章、第32章中的分析步骤，进行可溶盐总量、中溶盐和K^+、Na^+、Ca^{2+}、Mg^{2+}、Cl^-、SO_4^{2-}、NO_3^-、CO_3^{2-}、HCO_3^-离子含量的测定。块状样品可溶盐分析中相关离子含量也可以采用离子色谱的方法。计算方法按照4.4.1中（1）式计算。

4.3.3 Al^{3+}分析方法

附录B给出了一种Al^{3+}的分析方法。

4.4 计算方法

4.4.1 地仗中某离子含量的计算

以mg/g表示的地仗中某离子含量Q按式（1）计算：

$$Q（mg/g）= \frac{C \times V \times N}{G \times 1000} \quad\text{…………………………………（1）}$$

式中：

C——测得的某离子浓度，mg/L；

V——待测液体积，ml；

N——稀释倍数；

G——取样量，g。

4.4.2 微岩芯样品分析时的地仗总盐量计算

微岩芯样品分析时地仗中可溶盐总量M按式（2）计算：

$$M（mg/g）= \frac{\sum\limits_{i=A}^{D} Q_{总i}G_i}{G} \quad\text{…………………………………（2）}$$

式中：

$Q_{总i}$——第i层位中各离子总量，mg/g；

G_i——第i层位样品量，g；

G——微岩芯总样品量，g。

5 检测报告内容

检测报告内容应包含：样品编号、样品状态、样品数量、主要仪器、采用方法的名称或简述、分析结果、测试单位、分析人、分析时间、分析报告校核人、异常现象记录、副样处理、备注等。附录C给出了一种检测报告格式。

附　录　A

（资料性附录）

采用离子色谱法分析古代壁画地仗层中可溶盐的方法

A.1　样品过滤

各离子标准工作液和样品待测液采用孔径0.22μm注射针头过滤器过滤后方能上机测试。

A.2　阳离子测试

按照GB/T 15454—2009第31章中的步骤和要求进行K^+、Na^+、Ca^{2+}、Mg^{2+}含量的测定。

A.3　阴离子测试

按照HJ/T 84—2001中的步骤和要求进行Cl^-、SO_4^{2-}、NO_3^-含量的测定。

附 录 B

（资料性附录）

采用比色法分析古代壁画地仗层中可溶性Al^{3+}的方法

B.1 微岩芯样品待测液体积

微岩芯样品可分取0.5ml溶液进行测定。

B.2 分析方法

按照GB/T 8538—2008中4.31.1的步骤和要求进行Al^{3+}的测定。

附　录　C
（资料性附录）

古代壁画地仗层可溶盐分析检测报告格式

表C.1列出了一种古代壁画地仗层可溶盐分析检测报告格式。

表C.1　古代壁画地仗层可溶盐分析检测报告

测试单位：　　　　　　　　　　分析时间：　　　　　　　　样品数量：

分析人：　　　　　　　　　　　分析校核人：

采用方法的名称或简述：

主要仪器：　　　　　　　　　　副样处理：

异常现象记录：

备注：

样品编号	状态	分析结果　mg/g											
		K^+	Na^+	Ca^{2+}	Mg^{2+}	Cl^-	SO_4^{2-}	NO_3^-	Al^{3+}	HCO_3^-	CO_3^{2-}	$CaSO_4$	可溶盐总量

参 考 文 献

［1］　　GB/T 8538—2008　饮用天然矿泉水检验方法

［2］　　GB/T 15454—2009　工业循环冷却水中钠、铵、钾、镁和钙离子的测定　离子色谱法（ISO 14911:1998，NEQ）

［3］　　HJ/T 84—2001　水质　无机阴离子的测定　离子色谱法

A16
备案号：29567-2010

中华人民共和国文物保护行业标准

WW/T 0033—2010

田野考古出土动物标本采集及
实验室操作规范

Specification for the collection and laboratory analysis of
archaeological faunal remains

2010-07-01发布

2010-09-01实施

中华人民共和国国家文物局　　发　布

前　言

本标准按照GB/T 1.1—2009给出的规则起草。

本标准由中华人民共和国国家文物局提出。

本标准由全国文物保护标准化技术委员会（SAC/TC 289）归口。

本标准起草单位：中国社会科学院考古研究所。

本标准主要起草人：袁靖、黄蕴平、李志鹏、罗运兵、吕鹏、杨梦菲。

田野考古出土动物标本采集及实验室操作规范

1 范围

本标准规定了田野考古工作中出土的动物标本的采集与实验室内整理的各项操作规范。

本标准适用于田野考古工作中动物标本采集和室内整理的相关工作。

2 规范性引用文件

下列文件对于本文件的应用是必不可少的。凡是注日期的引用文件，仅注日期的版本适用于本文件。凡是不注日期的引用文件，其最新版本（包括所有的修改单）适用于本文件。

《考古遗址出土动物骨骼测量指南》，安格拉·冯登德里施著，马萧林、侯彦峰译，科学出版社，2007年，北京。

3 术语和定义

下列术语和定义适用于本标准。

3.1

动物标本 archaeological faunal remains

考古遗址、墓葬等出土的贝壳和动物骨骼、牙齿以及特殊埋藏环境下存留下来的动物的毛、皮等遗留物。

3.2

全面采集 complete collection

在考古发掘过程中按出土单位对可视的全部出土动物标本进行手工收集的采集方法。

3.3

抽样采集 Sampling collection

在考古发掘过程中抽取部分出土单位或某一出土单位部分区域，用筛选采集方法获取动物标本的采集方法。

3.4

整体提取 collection of complete specimens

在考古发掘过程中对完整或重要的动物标本采用套箱的方法进行整体提取的采集方法。

3.5

筛选采集 collection by screening

将考古出土单位中采集的土样用网筛进行筛选获取动物标本的采集方法，包括干筛法和湿筛法。

3.6

干筛法 dry screening

将考古出土单位中采集的土样直接过筛获取动物标本的采集方法。

3.7

湿筛法 wet screening

将考古出土单位中采集的土样置于网筛内，用水冲洗或在水中淘洗获取动物标本的采集方法。

4 动物标本采集操作规范

4.1 动物标本采集的信息记录

　　a）基本信息记录：应将动物标本的出土遗址、出土单位、编号、采集方法、采集人、采集日期等记录在标签上，不能用铅笔书写；

　　b）文字、图像记录：对于特殊埋葬的动物，在采集前还应照相、绘图，条件允许的情况下也可采用摄影记录。对这类动物骨骼的特殊埋藏状况、特殊痕迹、摆放姿势、位置、相互关系、伴出遗物与相关现象等还应有详细的文字记录。若对完整动物骨骼进行现场保护性填埋，在填埋前必须由动物考古学家事先提取相关的研究信息；

　　c）动物标本采集信息记录表参见附录A。

4.2 动物标本采集方法

　　动物标本的采集应视发掘性质及发掘具体情况，采用全面采集、抽样采集或整体提取的方法。

4.3 动物标本采集操作规范

4.3.1 全面采集操作规范

　　应对考古发掘中每一出土单位的动物标本按单位进行采集。采集时应保持动物标本的原始状态。对于易碎标本应适当加固、单独装袋。同一件标本若在发掘中发生人为破损、碎裂，也应放置于同一袋中。

4.3.2 抽样采集操作规范

4.3.2.1 取土

　　抽样采集主要采自灰坑、房址和关键柱等单位的土样。

　　抽样采集单位的比例视发掘具体情况而定。

　　在灰坑里取土时，宜结合考古发掘时先挖二分之一的方法，待灰坑纵剖面出来后，再按照剖面显示的堆积状况分层取另半个灰坑的土样。

　　在房址取样时，宜采集居住面上与当时人类活动相关的全部或部分土样。灶坑内的土应全部取样。

　　在贝丘遗址或灰沟等遗迹中取样时，可选定一个25cm×25cm或50cm×50cm的贝壳废弃堆积或灰土堆积较好的区域作为关键柱，先保留下来，待探方发掘结束后，结合文化层的堆积状况，以5cm为单位，对关键柱进行分层取样（参见图1）。

　　注：此图出自《胶东半岛贝丘遗址环境考古》，中国社会科学院考古研究所编著，社会科学文献出版社，1999年，北京。

图1　贝丘遗址关键柱发掘示意图

4.3.2.2 采集

应采用筛选采集方法，包括干筛法和湿筛法。一般对沙质土壤的遗址使用干筛法，对黏性土壤的遗址采取湿筛法，具体方法视遗址的土壤状况而定。

筛选采集可采用不同孔径的多个网筛，最小的网筛网眼必须保证不大于2mm。

4.3.3 整体提取操作规范

整体提取不能破坏骨骼的出土原状。

通过剔剥清理动物骨架上方及周围的土，确定要提取的动物标本的范围；根据骨骼现有的规模范围沿其外侧挖一周沟槽，槽宽度与深度依据要套取的目标对象体量而定；沟槽内侧土壁修整后，使动物标本及其周围土体形成一个整体土台；将大小适度的木箱框套于土台四周，箱框板厚度与箱子规格成正比，四侧箱体宜高过骨架表面最高处10cm以上。于骨架上方衬垫比较柔软的纸张，铺设一层细沙土；箱体与土台间缝隙、标本上方至四侧箱体顶部同高处用松软的细土填充并进行适度压拍，使土台与箱体互连为一个无空隙的整体，再把盖板扣合于箱体之上，采用适当的固定措施；在箱体底边向内平行掏挖出垫撑底板的操作空间，将与箱框板厚度相同的底板塞垫到箱体下，在塞垫底板的同时依次在底板下方悬空部位用硬质物品垫撑，保证整个箱体不至因为操作而产生晃动；在箱体外侧适当采取整体加固措施，最后整体平稳起取。

4.4 动物标本分装

a）每件动物标本宜单独放入封口袋；

b）易碎的动物标本可放入容器中，并填充棉花、泡沫塑料、碎纸等；

c）动物标本的标签应一式两份，分别放入两个封口袋里，再把它们与动物标本放在同一个封口袋中。

5 动物标本实验室整理操作规范

5.1 动物标本的清洗、拼合和编号

5.1.1 清洗

将动物标本放入无污染、无腐蚀性的水中，用软毛刷清洗表面。

对于表面有碳酸钙胶结物的动物标本，应在有关专家指导下进行特殊处理。

5.1.2 拼合

动物标本清洗后，应对破碎的动物骨骼进行拼合。在拼合过程中应确保出土单位不混淆。

对于因发掘、搬运破碎的骨骼应进行粘对，古代破碎的骨骼不宜粘对。

5.1.3 实验室编号

在田野考古编号的基础上，对每一件可进行种属或部位鉴定的动物标本进行实验室编号。

5.2 动物标本的鉴定

5.2.1 种属、骨骼名称和标本部位

鉴定动物标本所属的种属、骨骼名称和骨骼部位、左/右时应参考对比标本和图谱。

a）对比标本包括以下两类：

1）用现生贝类、鱼类、爬行类、鸟类、哺乳类动物等加工制成的骨骼标本；

2）将遗址中出土的、已经确认了种属及部位的动物骨骼作为标本。

b）参照的图谱应为正式出版物，并注明作者、书名、出版地、出版社、出版时间。

5.2.2 年龄

按照哺乳动物上、下颌牙齿的生长阶段、磨蚀级别、头骨骨缝与肢骨的骨骺愈合状况等特征鉴定其年龄。

对以上鉴定的依据应注明出处。

5.2.3 性别

按照猪的犬齿形态，马的犬齿发育程度，马、牛、羊等动物的盆骨特征，鹿头骨上有无鹿角，鸡和雉跗跖骨上是否有距等特征进行性别鉴定。

5.2.4 碎骨

对难以鉴定种属和部位的动物碎骨，可分类进行数量统计并注明分类方法。

5.2.5 骨、牙、角、贝制品

对用动物骨骼、牙齿、角及贝壳等制作的工具和装饰品应鉴定其原材料的动物种属、骨骼名称和部位，观察其取料与加工痕迹。

5.3 动物标本的测量

5.3.1 贝类的测量

对于瓣鳃纲应按种属测量贝壳的长度和高度。对于腹足纲应按种属测量螺壳的高度和宽度。

5.3.2 鱼类、爬行类、鸟类和哺乳类等骨骼的测量

鸟类和哺乳类等的头骨、颌骨、牙齿和肢骨的测量方法应参照《考古遗址出土动物骨骼测量指南》。如果采用了其他的测量方法应做说明。

鱼类、爬行类的测量方法宜引自正式出版物，并注明作者、书名、出版地、出版社、出版时间。

5.4 动物标本的称重

每一件可以鉴定种属或部位的标本都应单独称重。碎骨可按出土单位统一称重。在对动物标本进行称重前，必须对其进行清洗并晾干，不能暴晒。

5.5 动物标本表面痕迹观察

5.5.1 病变现象

对于动物骨骼上出现的各种病变，如骨骼变形、骨质增生及各种创伤痕迹应有详细文字和图像记录。

5.5.2 人工痕迹

人工痕迹主要包括以下几种：

a）屠宰和烹饪痕迹：砍痕、砸痕、割痕和烧烤痕等；

b）骨、牙、角、贝制品的加工痕迹：砍痕、锯痕、砸痕、凿痕、打磨痕迹等。

人工痕迹应予以记录，并注明痕迹的形状、深浅、位置、数量等信息。

5.5.3 自然痕迹

自然痕迹包括：在埋藏过程中由于重力而产生的断裂痕、植物根系的蚀痕、食肉动物和啮齿动物的作用遗留下来的各种咬痕等。

5.6 动物标本鉴定分析信息记录

5.6.1 鉴定分析信息记录

动物标本实验室整理应记录全部鉴定、测量、称重、观察结果等信息。

记录基本信息应包括：出土遗址、出土单位、骨骼编号、动物种属、骨骼名称、左/右、牙齿生长状况、牙齿测量数据、牙齿磨蚀级别、骨骼保存部位、骨骼愈合状况、骨骼测量数据、病变现象、人工痕迹、自然痕迹、骨骼破碎程度、骨骼数量、骨骼重量、年龄、性别、采集方法、鉴定人、鉴定日期及备注等。

动物标本鉴定分析记录表参见附录B。

5.6.2 建立数据库

应建立动物标本信息数据库，将动物标本鉴定分析信息记录输入数据库。

附　录　A

(资料性附录)

动物标本采集信息记录表

备注

附 录 B
(资料性附录)
动物标本鉴定分析记录表

骨骼编号		出土遗址		出土单位		采集方法	
动物种属		骨骼名称		左/右		骨骼部位	
破碎程度		骨骼数量		骨骼重量		骨骺愈合状况	
牙齿状况				牙齿磨蚀级别			
年龄				性别			
病变现象							
人工痕迹							
自然痕迹							
测量数据							
备注							
鉴定人				鉴定日期			